U0895255

中国社会科学院创新工程学术出版资助项目
“十三五”国家重点出版物出版规划项目

朱 伦 刘 泓 主编

ETHNIC POLITICS

A Study of Problems and Policies in Canada

民族政治学

加拿大的族裔问题及其治理研究

■ 周少青 著

中国社会科学出版社

图书在版编目（CIP）数据

民族政治学：加拿大的族裔问题及其治理研究／周少青著．—北京：中国社会科学出版社，2017.10
ISBN 978－7－5203－1196－0

Ⅰ.①民… Ⅱ.①周… Ⅲ.①民族学—政治学—研究—加拿大 Ⅳ.①D0－05

中国版本图书馆 CIP 数据核字（2017）第 249905 号

出 版 人 赵剑英
责任编辑 安 芳
责任校对 赵雪姣
责任印制 李寡寡

出 版 中国社会科学出版社
社 址 北京鼓楼西大街甲 158 号
邮 编 100720
网 址 http://www.csspw.cn
发 行 部 010－84083685
门 市 部 010－84029450
经 销 新华书店及其他书店

印 刷 北京明恒达印务有限公司
装 订 廊坊市广阳区广增装订厂
版 次 2017 年 10 月第 1 版
印 次 2017 年 10 月第 1 次印刷

开 本 710×1000 1/16
印 张 17.75
字 数 300 千字
定 价 75.00 元

目　　录

前　言

加拿大是一个年轻的国家。如果以1867年自治领的建立为起点，这个国家的历史至今也仅有150年。然而，如果就处理民族关系而言，在加拿大这片土地上发生的多民族（族群）关系史已长达四个世纪之久。由于立基于双宗主国殖民地的特殊的国家建构历史，加拿大的族际关系互动过程呈现出高度复杂的特征。加拿大是世界上民族（族群）关系最为复杂多样的国家之一，它的民族（族群）关系具有多主体、多维度、多层次的特征，不仅有土著民族与非土著民族之分，而且在土著民族和非土著民族内部也表现出各自的多样性。就土著民族而言，其内部存在着印第安人、因纽特人和梅蒂斯人，而且这些民族内部也同样存在着一定的差异性。就非土著民族来说，情况就更为复杂：不仅存在着英裔民族、法裔民族这样的历史悠久、文化强势且其来源国在当今世界仍具有强大影响力的所谓的“建国民族”，也存在着众多的来源复杂、内部差异性巨大且各自都有一定文化影响力的其他类少数族群（即所谓新移民少数族群）。如何在这样一个民族（族群）关系极为复杂的国度处理和协调好各民族（族群）的利益，进行多民族国家构建，是摆在加拿大治国者面前的一个艰巨的任务。

在处理民族问题和维护国家的安全与统一的过程中，加拿大政府创造性地提出和运用了一系列的理念、原则、制度和政策，如“包容—妥协”、联邦主义、“有限认同”“非对称性联邦”、保护少数、“多元文化主义”等，这些理念、原则、制度和政策的运用，对于加拿大各民族的和谐相处，维护联邦国家的统一与安全起到重大的作用。加拿大人在处理民族问题上给世界其他多民族国家贡献了他们的智慧。

加拿大复杂的民族国情也为我们研究多民族国家的民族关系和国家主

权建设提供了难得的观察场域和丰富而又生动的素材。本书尝试运用历史学、法学、社会学和族际政治学的分析手段和方法对加拿大（多）民族国家形成和发展的历史过程、族际关系互动以及加拿大政府处理民族关系的政治和历史过程做一系统的梳理和分析，希望从中发现有利于解决中国民族问题的经验和教训。

笔者深信，加拿大政府在民族治理问题上的智慧，加拿大各族人民的相处之道，会给同样有着复杂民族国情的中国以重要的启发。同时也坚信，如果加拿大政府能够在殖民地的基础上，把存在着历史宿怨、异质性很强的各个民族凝聚在一个多民族的大家庭中，将加拿大打造成一个世界瞩目的和谐富裕之邦，那么在自古就存在着天下一家情怀、各民族总体和谐相处的中国，其民族问题的解决和统一、繁荣、富裕之邦的建设将不应是一个过分考验治理者政治智慧的大事。

最后，笔者对本书涉及的相关概念做一个简单的说明。在加拿大的研究中，“民族”的概念问题显然是一个难点。如果说，在中文语境下，“民族”是一个十分复杂甚至是一个纠缠不清的概念的话，那么在加拿大的语境及实践中，“民族”概念的界定和使用则是一件更加复杂的事情。在加拿大，“民族”除了在加拿大“民族国家”（Nation）层面使用以外，还指谓其亚国家群体如土著民族中的“第一民族”（First Nation），此外，魁北克法裔民族也实现了某种程度的国家（Nation）地位。从少数民族（族群）的界定来看，在加拿大存在着三类少数民族（族群），一类是土著少数民族，另一类是法裔少数民族，还有一类是新移民少数族群。这三类少数民族（族群）之间有着严格的界限，他们在政治、经济、文化方面享有不同的权利和地位。因此无论是在政治和法律上，还是在学术研究中，一般情况下这三类少数民族的界限是不能混淆的。

在处理“民族”概念问题上最具挑战性的是，加拿大是一个在殖民地基础上经过长期的政治演变而导致的多民族国家，在此过程中，一些群体如法裔民族其主体性地位经历了巨大的变迁。在法属殖民者时期，他们的身份是“法国殖民者”，进入英属殖民地时期，他们的身份变成了“被征服民族”。自治领建立后，他们的身份实际上已经转化为“法裔加拿大人”（同时也成为加拿大的少数民族）。平静革命以后，法裔加拿大人开始自称为“魁北克人”，并努力寻求魁北克的国家（Nation）地位，同时抗拒“法裔加拿大人”的称谓。法裔民族主体性身份的这种历史的和政治的演变，给我们行文中如何恰当地称谓他们带来很大的困扰。为了避免概念的考究带来的不必要的麻烦，笔者在行文中根据具体的语境或情境，交替使用“法裔民族”“法裔人群”“法裔少数民族”“魁北克法裔”“法裔”等多个相互联系而又有细微差别的概念。“英裔民族”等概念的使用也存在着类似情况。①

① 英裔民族实际上也存在着类似的问题，即从开始的“英国殖民者”演变成自治领建立后的“主体民族”，更加混乱的是，在英属加拿大的历史上，英裔民族在绝大部分历史时期都将自身视为大英帝国的臣民。

第一章　加拿大(民族)国情概述

第一节　国土资源

在多种意义上，加拿大都是一个名副其实的“巨大无比”(humongous) 的国家。加拿大领土西起太平洋，东至大西洋，北起北冰洋的埃尔斯米尔岛（Ellesmere Island），南至伊利湖的霹雳岛（Pelee Island），其国土面积占据了地球面积的 7%——近 1000 万（9976183）平方公里，这一面积超过中国、美国，仅次于俄罗斯。加拿大拥有世界上最长的海岸线（58509 公里）和最长的不设防的边境线（与美国，达 8892 公里）。从东到西，加拿大横亘 7700 多公里，横跨了六个时区；从北到南绵延 4800 多公里，占据了北美洲的大部分。值得注意的是，在这样广袤的土地上，仅仅居住和生活着 3500 多万（35158304①）人口，人口密度不及 4 人/平方公里。

一　自然地理

由于北美大陆的地理分界线是南北方向纵贯，而“发现”与发展的方向却是由东到西横过了大陆的北半部分，由此造成了国家主义（nationalism）与地区主义（regionalism）持续的紧张关系。② 加拿大的地理位置和国土面积对其政治产生了重要影响。地处北国的地理特点以及相伴随的气候特点对加拿大的生活方式、经济发展及所面临的政治问题都有着不言

① 2013 年数据，来源于加拿大联邦统计局。

② Roger Riendeau, *A Brief History of Canada*, Facts On File, 2007, p. 2.

而喻的作用。[①] 地理环境的多样性是理解加拿大政治、文化和社会构成多样性的重要环境物质基础。一般说来，根据地貌和资源分布等特点，加拿大可分为六个区域单位，分别为大西洋地区、圣劳伦斯低地地区、加拿大地盾、哈德逊湾低地及北极地区、（西）中部大平原地区和西部科迪勒拉地区。

大西洋地区　这一地区也被称为阿巴拉契亚地区（又称大西洋省份），包括了纽芬兰、新斯科舍、新不伦瑞克和爱德华王子岛四省以及圣劳伦斯河南的东魁北克的部分地区。大西洋地区的地理景观主要由阿巴拉契亚高地、古老（worn-down）的山系和海拔很少超过4000英尺的高原构成。从阿巴拉契亚高地向南延伸至美国的新英格兰各州[②]，沿海平原逐步变宽。尽管大西洋省份与新英格兰各州覆盖的陆地范围基本相同，但前者只能容纳后者的十分之一的人口。阿巴拉契亚高地土地普遍贫瘠，有限的富饶的农田仅存于河谷（如新不伦瑞克省的圣约翰河谷和新斯科舍省的安纳波利斯河谷）和狭窄的海岸平原一带。崎岖的地形成为阿巴拉契亚地区和这一地区与加拿大其他地方陆地运输的主要障碍。在大部分历史时期，大西洋省份与新英格兰各州的联系要比与加拿大其他地区要容易得多，这一点一直是造成加拿大人对政治不满的重要根源。

另外，阿巴拉契亚高地也带给大西洋省份丰富的森林和矿产资源尤其是煤，这些资源支撑该地区的经济发展一直到20世纪。总的来说，与加拿大其他地区相比，大西洋省份比较贫困和落后，经济上主要以渔业和旅游业为主。近年来，在新斯科舍和纽芬兰近海发现了丰富的油田，石油业因此正在快速发展。

圣劳伦斯低地地区　与大西洋地区有限的资源形成鲜明的对比，圣劳伦斯低地西部有着极其丰富的自然资源。包括魁北克省南部和安大略省南部大部的肥沃的平原，虽然面积不足加拿大总面积的2%，但却生活着超过60%的加拿大总人口。凭借有利的气候，优良的土壤以及陆路和水路的便捷交通，上圣劳伦斯河谷和大湖盆地不仅是历史上的农业发达地区和

---

① 如气候条件使得加拿大人口的绝大多数生活在靠近南部边境的地方，这无疑会受到其邻国美国的影响，而这种影响从一开始就是加拿大政治生活中的一个主要因素。[加] 沃尔特怀特等：《加拿大政府与政治》，刘经美、张正国译，北京大学出版社2004年版，第11页。

② 新英格兰各州由北到南分别为：缅因州、新罕布什尔州、佛蒙特州、马萨诸塞州、罗得岛州、康涅狄格州。

加拿大的发祥地，也历来是国家的商业、工业和金融中心地带——多伦多、蒙特利尔、魁北克城、渥太华都处于这一地带。这一地区既是加拿大的法语区中心，也是英裔人口的重镇。该区域的工业产值占到加拿大全国工业产值的75%；加拿大70%的产品都来自这一地区。

加拿大地盾　哈得逊湾的巨大内陆海延伸到加拿大的中心地带，海湾周围的岩石地貌区被统称为加拿大地盾。加拿大地盾被认为是北美大陆的中心区域。这片被数百万年冰川侵蚀的前寒武纪岩石层，几乎覆盖了加拿大陆地表面的一半，包含了魁北克省北端的大部分、安大略省、曼尼托巴省、萨斯喀彻温省以及努纳武特地区和西北地区的东部边缘。直到19世纪晚期，地盾都是自圣劳伦斯地区西进殖民活动的巨大障碍。然而，技术的进步和工业化将地盾从一个无法居住的荒野改造成一个宝贵的内陆(hinterland)。19世纪80年代加拿大太平洋铁路的修建，不仅使穿过这个屏障的运输和通信常规化，还发现了自然资源的宝库。金属、木材和利用奔流的河流产生的水力发电，极大地促进了工业的发展，特别是在安大略和魁北克南部。20世纪地盾南部的森林、湖泊和河流已成为体育和休闲度假之地。

哈德逊湾低地及北极地区　在加拿大地盾北边，有两个人烟稀少的地区，这两个地区加在一起大约占加拿大三分之一的陆地面积，它们分别是哈德逊湾低地及北极地区。哈德逊湾低地是一片贫瘠的平原，由永久性的冻土构成，此地到处都是沼泽、泥灰和数不清的池塘；广袤的北极地区包括了加拿大北方的沿海大陆和北极的岛屿，这一地区主要是光秃秃的苔原和岩石，一年中有八个月到九个月时间处于冰冻期。除了土著人口外，这一地区还保留着小规模的毛皮贸易站和19世纪以来的捕鲸站。近年来，该地区因作为气象和雷达站的所在地而具有某种战略价值。到目前为止，哈德逊湾低地及北极地区依然不太适合人类居住。实际上包括加拿大地盾和哈德逊湾低地及北极地区在内的广袤无垠的北部地区是造成北美两个国家人口差异的主要因素。

(西)中部大平原地区　(西)中部大平原地区约占加拿大陆地面积的18%，这一地区西起落基山脉，东至加拿大地盾，包括了大熊湖、大奴湖、阿萨巴斯卡湖和温尼伯湖一线以西到科迪勒拉山麓的区域，因牧草丰美，畜牧业很发达，这一区域也被称为“大草原地区”。大草原地区拥有加拿大四分之三的可耕种土地，该地区的阿尔伯特省、萨斯科彻温省和曼尼托巴省的平原是加拿大著名的“面包篮子”，也是世界上最富饶的产区。

西部科迪勒拉地区 该地区约占加拿大陆地面积的16%，包括育空地区的全部、阿尔伯特省的西南部、不列颠哥伦比亚省的大部和西北地区的西部。该地区地势雄伟，许多山峰海拔都在4000米以上，最高峰洛根峰更是高达6000米以上，人口大部分都集中在南部靠近海岸线的地方，温哥华和维多利亚这两个主要城市就坐落在此。西部科迪勒拉地区也是加拿大最著名的风景区之一，旅游业是不列颠哥伦比亚省的主要产业。

二 自然资源

加拿大是一个土地广袤、资源和能源极其丰富的国家。可耕地面积约占全国土地面积的12%，农业用地面积占全国土地面积的7%，约7000万公顷，仅萨斯科彻温一省就占据了三分之一，萨斯科彻温省也是全国最主要的小麦及其他农作物的产区（地）。

加拿大森林覆盖率高达37%，木材资源极其丰富，约占世界森林资源的10%。不列颠哥伦比亚省、安大略省、魁北克省是加拿大著名的“木材之都”，三省的木材的储积量占到全国的70%以上。其中最具特色的树种是枫树，它不仅具有相当的经济价值，而且其树叶——枫叶逐渐发展成加拿大的标志。①

加拿大的淡水资源占世界淡水资源的四分之一，拥有上百万的河流、湖泊，（与美国共同）拥有世界上最大的淡水湖群。矿产储量丰富，分布范围很广。储量和产量均居世界前列的有镍、铁、锌、石棉、钾盐等。金、银、铜、铀、石油、天然气和煤的储量也很丰富。加拿大的矿产品主要用于外销，主要销售对象为美国、日本及欧盟国家，矿产品总值居世界首位。

电力资源非常丰富，人均生产和消费的电量均居世界首位。各省的电力生产来源与其能源状况密切相关，如纽芬兰省、安大略省、曼尼托巴省、不列颠哥伦比亚省和育空地区主要靠水利发电；新斯科舍、萨斯科彻温和阿尔伯特省等主要靠燃煤发电；新不伦瑞克、爱德华王子岛省和努纳

① 1805年法裔加拿大人首先将枫叶视为加拿大的标志；1860年威尔士王子访问加拿大时，枫叶被用于欢迎仪式；1868年英国授予的多伦多和魁北克盾徽上首次使用枫叶；1965年枫叶成为加拿大新国旗上的主要图案，自此枫叶正式成为加拿大的象征。

武特地区则主要靠燃油发电。

植物和动物资源方面，加拿大地形多样，动植物品种非常丰富，已查明的植物种类有3300多种。在靠近北极冰原的地区、太平洋沿岸、西部山区以及东部地区和浅海及潮汐带中，分布着种类不同的丰富的植物群。与世界上其他国家比较，加拿大的自然环境和人文法律环境为野生动物提供了更为理想的生存空间。加拿大动物种群的数量非常可观。

加拿大经济的发展和民生质量的提高，很大程度上依赖于其得天独厚的资源和能源优势。在可见的未来，这种资源和能源优势将继续为这个被称为“上帝宠幸的和平国度”提供支持和保障。

第二节　国家结构与行政规划

加拿大为联邦制国家。全国共划分10省3区，10省分别是不列颠哥伦比亚省、阿尔伯特省、萨斯科彻温省、曼尼托巴省、安大略省、新不伦瑞克省、魁北克省、新斯科舍省、纽芬兰省和爱德华王子岛省；3区分别为西北地区、育空地区和努纳武特地区。省按照宪法条约设立，区依联邦法律设立。省、区以下设市、镇等，在不列颠哥伦比亚省还有郡的建制。10省3区共辖2000多个市镇。

不列颠哥伦比亚省　不列颠哥伦比亚省是加拿大最西边的省份，也是加拿大面向亚洲和太平洋地区的重要门户和窗口。面积近94.5万平方公里，占加拿大总面积的9.5%，人口462万（2012年，其中250万生活在大温哥华地区），主要产业为林业、矿业、渔业和旅游业，地区国民生产总值为2177亿加元（2011年，国内排名第四），人均47579加元（国内排名第八），是加拿大第三大省。

在西方殖民者到来之前，原始的土著居民已经在这里生活了几千年。1774年，西班牙人来到这片土地，重申了西班牙对太平洋海岸的权利（第一次声明由西班牙探险家瓦斯科·努涅斯·德·巴尔沃亚在1513年做出）。1778年，英国的詹姆斯库克船长第一次绘制了该地区的地图。60多年后，英国人在现今的维多利亚市境内建立了第一个永久性殖民地。1857年，弗雷泽山谷发现黄金后，成千上万的人蜂拥而至，寻求黄金梦。为了维持当地的秩序，1858年，英国正式建立不列颠哥伦比亚殖民地［维多利亚女王将其命名为英属哥伦比亚殖民地（Colony of British Columbia)]；1866年，温哥华岛殖民地并入不列颠哥伦比亚殖民地。1871年，不列颠哥伦比亚殖民地作为省加入联邦，成为加拿大的第六个省。

不列颠哥伦比亚省的居民大多有英国血统，但新移民的陆续到来①明显地改变了当地的人口结构——非欧裔尤其是亚裔移民的数量显著提高——在加拿大诸省中，不列颠哥伦比亚省的“可见性”② 少数族裔比例最高，达到其总人口的24.8%，其中亚裔移民占到20.2%，这其中又以华人、南亚人、日本人为多。按照2006年的族裔来源统计数据③，自称英格兰裔占29.6%，苏格兰裔占20.3%，加拿大人占17.7%，爱尔兰裔占15.2%，德裔占13.8%，华裔占10.6%，法裔占8.9%，南亚裔占5.7%，乌克兰裔和荷兰裔各占4.8%，土著人占4.7%，意大利裔占3.5%，挪威裔与波兰裔各占3.2%，俄罗斯裔占2.8%，威尔士裔和瑞典裔各占2.6%，菲律宾裔占2.6%，英裔占1.8%，美国人占1.6%。按使用人数多少的语言排名分别是英语（英语为事实上的官方语言）、中文、旁遮普语、德语和法语，比重分别为71.5%、8.5%、4.0%、2.2%、1.4%。

阿尔伯特省 阿尔伯特省是加拿大三大草原省最西部的省份，纬度与英国相同，面积66.1万平方公里，与美国的得克萨斯州相当，总面积占加拿大的6.6%（全加排名第六），人口为364万（2011年，有一半以上的人居住在其最大城市卡尔加里和首府埃德蒙顿），地区国民生产总值为2952亿加元（2011年，全加排名第三），人均78154加元（2011年，全加排名第二）。经济上以能源业、农牧业、矿业和旅游业为主，是加拿大极其重要的能源产地（石油储量占全国的80%，天然气储量占全国的90%以上）。

阿尔伯特省最早的居民是从亚洲跨过白令海峡的土著人（一万年前），欧洲殖民者到来时，那里主要居住着印第安黑脚族人、血族人、派岗族人、克里族人、格罗斯温特族人、撒西族人、库特奈族人、比弗族人

① 淘金热、太平洋铁路的修建尤其是20世纪60年代移民政策改革以来，平均每年约有3万—4万移民从世界各地移居此地。

② “可见性”少数族裔（visible minority）是加拿大（联邦统计局）所使用的一个与其平等就业政策相关的人口统计类别，指除了土著人以外的所有非高加索人或非白人。在加拿大的语境下，“可见性”这一限定词具有非常重要的意义，因为自殖民地时期开始，加拿大的政治分野传统上一直是以语言（法语对英语）、宗教（天主教对新教）的“不可见性”特点区分的。

③ 统计同时包括了“单一”和“多个”两种认同标准，所以百分比将超过100%。

和特拉维族人等。1754 年，欧洲探险家安东尼·亨迪最早到达今天的阿尔伯特地区；1778 年，皮特·邦德在该地区建立了第一个皮毛交易商埠。1882 年，作为西北地区一部分的阿尔伯特区创立。经过长期的争取自治的斗争，阿尔伯特区终于在 1905 年获得了省的地位并加入加拿大联邦。

阿尔伯特省的人口主要形成于 20 世纪初至 21 世纪初的一百年间，1911 年该省的人口还不足 8 万人，但到了 2013 年其人口已达到了 400 余万人（据加拿大统计局估算）。第二次世界大战后，尤其是 20 世纪 60 年代以来，阿尔伯特省的人口结构发生了变化，来自环太平洋地带、亚洲和加勒比海的移民逐渐增多。阿尔伯特省是仅次于不列颠哥伦比亚省和安大略省的第三个族裔多元的省份，其可见性少数族裔（visible minority）人口占总人口的 13.9%。在卡尔加里和埃德蒙顿，有接近四分之一的人属于可见性少数族裔。

总的来看，具有英国血统（英格兰人、苏格兰人、爱尔兰人）的人仍居于多数，按照每个人可选择多个族裔认同的统计（2006 年），各族裔所占的比例如下，英格兰裔占 27.2%、德裔占 20.9%、加拿大人占 20.5%、苏格兰裔占 20.3%、爱尔兰裔占 16.6%、法裔占 11.9%、乌克兰裔占 10.2%、荷兰裔占 5.3%、波兰裔占 5.2%、土著人占 5.2%、挪威裔占 4.4%、华裔占 4.2%。使用人数最多的语言为英语（英语为官方语言），占总人口的 79.99%，中文次之，占 3.02%，使用德语和法语的人分别占到 2.62% 和 1.90%，其他语言如旁遮普语占 1.13%，菲律宾语占 0.92%，等等。

萨斯科彻温省　萨斯科彻温省位于加拿大的平原地区，是加拿大诸省中唯一全部边界都属人为划定的省份。“萨斯科彻温”来源于克里族，意为“奔腾的河流”。萨斯科彻温省面积约为 65.2 万平方公里，占加拿大总面积的 6.5%（全加排名第七），人口 103 万（全加排名第六，有 40 多万人居住在首府里贾纳和萨斯卡通市），地区国民生产总值 747 亿加元（全加排名第五），人均 70654 加元（全加排名第四）。经济上以农业、林业和矿业为主。萨斯科彻温省生产的小麦超过加拿大小麦总产量的一半；钾碱、铀、煤炭储量丰富，其中钾碱的储量占到世界总储量的三分之二。此外，萨斯科彻温省在空间技术和生物技术方面也越来越得到国际上的认可。

1690 年，当欧洲的探险者来到今天的萨斯科彻温省地区时，他们发现土著民族印第安人已经广泛地建立了定居点。奇帕维安族和克里族在北边，阿西尼博因人在东部，黑脚族人在西部。此外，欧洲人和土著人的混血后裔——梅蒂斯人也是最早的定居者之一。近200年时间里，萨斯科彻温一直是哈德逊湾公司占有并管理的西北领地的一部分，1870年刚刚建立自治领不久的加拿大政府取得了该地区的所有权。1905年萨斯科彻温脱离西北领地，独立建省并加入加拿大联邦。

随着太平洋铁路的修建和《自治领土地法案》的公布实施，萨斯科彻温省的移民高峰很快来临。1901—1931年，萨斯科彻温省的人口由91279人上升至921785人。在其后的80年间，人口总量只增加了10万多。从移民的族裔构成来看，英国血统的大致占到一半，具体情况如下：英格兰裔占26.5%，苏格兰裔占19.2%，爱尔兰裔占15.3%，德裔占30.0%，乌克兰裔占13.6%，法裔占12.4%，土著人（含梅蒂斯人）占16.5%，挪威裔占7.2%，波兰裔占6.0%，荷兰裔占3.7%，俄罗斯裔占3.7%，瑞典裔占3.5%。萨斯科彻温省是一个比较典型的多民族省份，其省格言“汇集多民族之力”（strength from many peoples）反映了这一点。在语言方面，虽然法律规定英语与法语同为官方语言，但实践中英语明显处于主导地位。

曼尼托巴省 曼尼托巴省位于加拿大的中心地带，是加拿大的三个草原省之一，素有“加拿大的阳光之都”之称。面积近65万平方公里（占加拿大总面积的6.5%，全加排名第八），人口120余万（全加排名第五，首府温尼伯是全省最大的城市，居住着60%的省人口），地区国民生产总值558.94亿加元（全加排名第六），人均44654加元（全加排名第九）。曼尼托巴省的主要产业有农业、制造业、交通运输业、矿业、林业、能源和旅游业。

在今天曼尼托巴省的地理范围内，1万多年前就已经有土著民族居住。最早的曼尼托巴人是奥吉布瓦人（Ojibwe）、克里人（Cree）、甸尼族人（Dene）、苏族人（Sioux）、曼丹族人（Mandan）和阿西尼博恩人（Assiniboine）。1612年，托马斯·巴顿船长将两艘船停靠在哈德逊湾入海口的纳尔逊河过冬；1668—1669年，英国船“无与伦比”号驶入哈德逊湾，成为进入这一区域的第一艘商船，这次航行导致哈德逊湾公司的成立。哈德逊湾公司在英国政府的授权下，控制了整个哈德逊湾流域——该领域被命名为“卢帕特地区”（以王子的名字命名）。1684年，约克费托里殖民点（York Factory）建立［在 1682 年建立的纳尔逊堡（Fort Nelson）被法国竞争对手捣毁之后］。1812 年，苏格兰贵族塞尔扣克勋爵在今天的温尼伯市区建立了第一个农业殖民点。

在哈德逊湾公司将土地自主权向加拿大自治领转让的漫长谈判过程中，因梅蒂斯人对土地所有权和文化特性的关注被完全忽略，导致了路易斯·瑞尔领导的梅蒂斯人红河暴动。1869 年，瑞尔建立了由当地人组成的临时政府，通过与新成立的自治领政府谈判，第二年曼尼托巴正式成为加拿大联邦的一个省。

除了土著民族以外，许多早期定居曼尼托巴省的人主要是英裔或法裔人，但是国内外移民的陆续迁入使得该省成为一个多元种族和民族的省份。现今的曼尼托巴省已经是来自全世界几十个族群的家园。它拥有一个重要的法语社群。它也是除了乌克兰本土以外，最重要的乌克兰文化中心之一。同时它还是世界上最大的门诺派教徒的聚居地之一。

从具体的族裔情况构成来看，英格兰裔占 22.9%，苏格兰裔占 18.5%，爱尔兰裔占 13.4%，德裔占 19.1%，乌克兰裔占 14.7%，土著人（含梅蒂斯人）占 17%，波兰裔占 7.3%，法裔占 5.6%，荷兰裔占 4.9%，俄罗斯裔占 4.0%。也有近五分之一的人称他们是“加拿大人”。语言方面，虽然法律规定英语和法语同为省立法和司法领域（不含行政领域）的官方语言，但事实上有多达 89.8% 的曼尼托巴人只说英语，讲法语的人只占 0.2%，能讲英法两种语言的人占 9.1%，还有 0.9% 的人讲英语和法语以外的其他语言。曼尼托巴省的格言是“光荣与自由”（glorious and free）。

安大略省　“安大略”源于土著民族易洛魁语，意为“闪闪发光的水乡”。安大略省不仅南接五大湖区，北连哈德逊湾，而且其本土的六分之一都被河流与湖泊覆盖，是加拿大名副其实的水之城。面积为 107 万多平方公里（占加拿大总面积的 10.8%，全加排名第四）；人口 1285 万（全加排名第一，其中有约 500 万人住在首府多伦多大区，加拿大统计局估计 2013 年的人口数为 1353 万人）。地方国民生产总值 6545 亿多加元（全加排名第一），人均 48971 加元（全加排名第七）。经济上以服务业、制造业、矿业和农业为支柱。①

① 服务业从业人员占全省劳动力的 70%，制造业占全国制造业产值的一半以上，矿业中镍产量占世界总产量的 15%。

安大略省的最早居民是一万年前来到这片土地上的易洛魁人和阿尔冈空人的先祖。1610 年，英国探险家与航海家亨利·哈德逊来到以其名字命名的哈德逊湾，并宣布此地为英国所有。三年后，法国探险家塞缪尔·德·尚普兰等人来到安大略省南部。17 世纪末英国人开始在哈德逊湾建立贸易站，并开始争夺安大略的控制权。七年战争结束后，新法兰西全面落入英国人之手。1774 年，安大略省并入魁北克省。几经分合之后，1867 年安大略省作为独立的省加入加拿大自治领。

除了早期的英格兰、苏格兰和爱尔兰移民（也包括一部分法兰西移民）外，当今的安大略省境内还有大量的来自意大利、德国、中国、印度、波兰、荷兰、葡萄牙、西班牙和加勒比地区的移民，这些移民大约占加拿大移民总量的 60%。土著人的比例为 2%。安大略省是仅次于不列颠哥伦比亚省的加拿大最多元族裔的城市，其可见性少数族裔人口占到总人口的 22% 以上，使用语言或方言 100 多种。安大略省被联合国称为世界上最富有多元文化的城市之一。

语言方面，英语是安大略省的官方语言，以英语为母语的人口占全省的 70%。在该省的中部和东部，也有相当数量的法语人口。根据安大略省“法语语言服务法”（French language services act），如果一个划定区域的法语母语人口达到 10%，省政府就有义务提供法语服务。此外，在安大略省，还存在为数不少的使用意大利语、泰米尔语、中文和旁遮普语的移民人口。

新不伦瑞克省 新不伦瑞克省是加拿大三大沿海省份之一，与新斯科舍省、魁北克省和美国缅因州相邻。面积 7.2 万多平方公里（占加拿大总面积的 0.7%，全加排名第十一），人口 75 万余（全加排名第八）；地区国民生产总值 321 多亿加元（全加排名第九），人均 42606 加元（全加排名第十一）。经济上占主导地位的是食品制造业，其次是与木材相关的产业（该省 85% 的陆地面积为森林覆盖）。另外，矿业、旅游业、渔业和农业也是新不伦瑞克省经济的重要组成部分。

新不伦瑞克省的早期居民是土著民族中的米克马克人、麦勒席人和帕萨马科迪人（Passamaquoddy）。尽管历史上维京人可能到达过远在南边的新不伦瑞克区域，但是人们知道的第一个踏上新不伦瑞克土地的是法国探险家雅克·卡蒂埃，他于 1534 年登陆该地。1604 年，塞缪尔·德·尚普兰登陆新不伦瑞克。此后的一个半世纪，法国人在今天的新不伦瑞克省建立了许多殖民点和庄园，直到1755年英国在这一地区建立统治地位。

新不伦瑞克省原本是新斯科舍省的一部分。美国独立战争使得那些亲英分子北上新斯科舍省并在其西部建立定居地。他们在今天的新不伦瑞克省北部建立社区并很快创建了一个新的殖民地。1784年，新创建的殖民地从新斯科舍省分离，人们以英王乔治三世的家族——不伦瑞克为该地区命名。1867年，新不伦瑞克加入加拿大自治领（为创建联邦的四个省之一）。

从族裔构成来看，新不伦瑞克省具有英国血统（英格兰裔、爱尔兰裔和苏格兰裔）的人大约占60%，具有法国血统的大致占31%，其他族裔如德裔占3.8%，土著人占3.3%，荷兰裔占1.9%，等等。值得注意的是，有33.7%的人认为自己只是“加拿大人”，24.1%的人在认为自己是加拿大人的同时，还选择了另一个族别。语言上，讲英语和法语的人分别占64.83%和32.61%（2006年），其他语言包括米克马克语、中文、德语、荷兰语等占不到3%。新不伦瑞克省是加拿大宪法上英法双语同为官方语言的省份之一。

魁北克省 魁北克省是加拿大的第一大省，也是加拿大国家的历史发祥地。它西连安大略省，东接纽芬兰省和新不伦瑞克省，南面与美国的纽约州接壤，面积154万平方公里（占加拿大总面积的15.4%，全加排名第二），相当于法国的三倍，英国的七倍。人口815万（全加排名第二）。地区国民生产总值3458亿加元（全加排名第二），人均43349加元（全加排名第十）。魁北克省有高度发展的工业和充分发展的农业、制造业和服务业。其生产总值中有接近60%来自出口，约85%的出口产品销往美国。

早在阿尔冈昆人、易洛魁人和因纽特人之前，就有美洲的古印第安人生活在这里。1608年，法裔民族建立魁北克市，此举标志着新法兰西的产生。1759年，魁北克市落入英军之手。1763年，新法兰西成为英国的殖民地。此后魁北克的疆域和行政区划几经变革，于1867年与安大略等省一起加入加拿大自治领。

从族裔构成来看，法裔人口大约占80%①，拥有英国血统（英格兰

---

① 联邦统计局关于法裔人口的统计，使用了“加拿大人”“法裔人”“魁北克人”三类指标，他们分别占60%、29%、2%，根据法语人口和魁北克自己的统计数据推算，法裔人口大约占80%。

裔、爱尔兰裔和苏格兰裔）的人大约占 11.5%，其他人口如意大利裔占 4%，土著人占 3.3%，德裔占 1.8%，等等。魁北克省是加拿大唯一法语人群主导的省份，也是唯一以法语为官方语言的省份。母语为法语的占 78%，英语占 7.7%，阿拉伯语占 2%，西班牙语占 1.8%，意大利语占 1.6%，中文占 0.6%。总人口中大约 94% 能讲法语，47.3% 能讲英语，42.6% 可以同时使用双语（其他地方的双语人口比例只有 10.2%）。总体上，在加拿大 17.5% 的人可以同时使用英法双语。

新斯科舍省 新斯科舍省是加拿大的三个海洋省份之一，也是大西洋省份中人口最多的省。新斯科舍省四面环水，分临大西洋、芬迪湾、诺森伯兰海峡和圣劳伦斯海湾，其地理位置和大片不结冰的深水港成为经济发展的关键因素。新斯科舍省面积 5.5 万平方公里（占加拿大总面积的 0.6%，全加排名第十二），人口 92 万余（全加排名第七），地区国民生产总值 370 多亿加元（全加排名第七），人均 3.9 万加元（全加排名第十二）。渔业、农业和林业为新斯科舍省的传统产业，矿业和旅游业近些年发展较快。此外，近年来沿海石油天然气的开发对日益减少的渔业收入是一个重要的补充。

在欧洲殖民者到来之前，新斯科舍地区是土著民族米克马克人的家园。1604—1605 年，法国殖民者在加拿大建立了欧洲人的第一个永久定居点。皮埃尔·德蒙（Pierre de Monts）和塞缪尔·德·尚普兰等人在今美加边界的帕萨马廓迪湾的一个岛屿上建立了后来被称为阿卡迪亚（Acadia）的第一个居民点，随后又将居民移至罗亚尔港（Port Royal，即今新斯科舍省的安纳波利斯罗亚尔）。

大约与此同时期，英王把这片土地授予苏格兰的威廉·亚历山大勋爵，因此得名“新斯科舍”。此后的一个世纪里，英国人和法国人在阿卡迪亚地区长期斗争，直到 1713 年《乌特勒支条约》法国人将阿卡迪亚的控制权转移给英国人为止。1867 年，新斯科舍省与魁北克省等四省一同组成加拿大自治领。

族裔结构，新斯科舍省最大的族群是苏格兰人，占 28.3%，其次是英格兰人，占 28.1%，最后是爱尔兰人，占 19.9%，总计拥有英国血统的人高达 76.3%，法裔人口占 17.7%，土著人占 10.2%，德裔占 10.0%，荷兰裔占 3.9%，黑人占 2.3%，意大利裔占 1.3%，阿卡迪亚人占 1.2%。新斯科舍省是苏格兰后裔的聚居地（“新斯科舍”意为“新苏格兰”），该省也是加拿大最大的黑人居住区。值得注意的是，有近一半（47.4%）的受访者认为自己是“加拿大人”。从语言使用情况来看，以英语为母语的人群比例高达92.53%。其他语言，法语的比例为3.62%，阿拉伯语0.49%，米克马克语0.45%，德语0.45%，中文0.37%，荷兰语0.27%，波兰语0.17%，西班牙语0.15%，希腊语0.12%，意大利语0.10%，朝鲜语0.10%，盖尔语0.10%。

纽芬兰省　纽芬兰省自2001年正式更名为纽芬兰—拉布拉多，该省是加拿大最东部的一个省份，由北美大陆以东的纽芬兰岛及附近岛屿和与纽芬兰岛隔海相望的拉布拉多地区及其附属岛屿两部分组成。纽芬兰和拉布拉多面积40.5万平方公里（全加排名第十），人口51.4万（2011年，全加排名第九）。地区国民生产总值336亿加元（全加排名第八），人均65556加元（全加排名第五）。经济上纽芬兰在十省中属于落后省份，渔业是其著名的传统产业，石油开采业、服务业、矿业和旅游业也是重要的经济支撑产业。

纽芬兰省是最后一个加入加拿大的省份（1949年）。人类在纽芬兰省居住的历史可以追溯到9000年前。族裔结构方面，纽芬兰省的最大族群是英格兰人，占39.4%，其次是爱尔兰人占19.7%，最后是苏格兰人占6.0%，总体上具有英国血统的人口比例达到65.1%。其他族群，法裔民族占5.5%，土著人占3.2%。在2003年的族裔多样性调查中，一半的受访者认为他们是“加拿大人”，38%的受访者认为他们是“纽芬兰人”。语言方面，以英语为母语的人群比例为97.7%，法语为0.4%，因努埃蒙语（Innu-aimun）为0.3%，中文为0.2%。西班牙语、德语、因纽特语、乌尔都语、阿拉伯语均为0.1%，其他语言如荷兰语、俄语、意大利语均在0.1%以下。

爱德华王子岛省　爱德华王子岛省位于圣劳伦斯湾南部，是加拿大最小的省份。面积5660平方公里（全加排名第十三），人口14万（全加排名第十），地区国民生产总值53.5亿加元（全加排名第十），人均36740加元（全加排名第十三）。经济以农业、旅游、渔业和林业为主，种植业是其支柱产业，它生产加拿大25%的土豆。

在欧洲殖民者进入之前，土著民族米克马克人是这里的主人。1534年，雅克·卡蒂埃第一次发现该岛屿。爱德华王子岛省的首府是夏洛特敦，1720年，该市为英国所占，以英王乔治三世之妻夏洛特王后的名字命名。1864 年 9 月，这里首次举办讨论建立加拿大联邦的会议，所以夏洛特敦市素有“联邦的摇篮”之称。

族裔结构，根据 2011 年的全国家庭普查资料，拥有苏格兰血统的人最多，占 39.2%，其次和最后分别是拥有英格兰和爱尔兰血统的人，分别占 31.1% 和 30.4%。具有法国血统的占 21.1%，德国血统的占 5.2%，荷兰血统的占 3.1%。爱德华王子岛省的居民主要是白人，可见性少数族裔的人口很少。华人是该省最大的可见性少数族裔人群，占到总人口的 1.3%。近一半的受访者认为他们的族裔身份是“加拿大人”。爱德华王子岛省是加拿大苏格兰人最多的省份，该省或许也是世界上最大的除苏格兰以外的苏格兰人聚居地。在关于母语的调查中，93.8% 的人申明他们的母语是英语，以法语为母语的人口占到 4.0%，其他语言的母语人口比例情况是，荷兰语占 0.6%，德语占 0.2%，西班牙语占 0.2%，中文、阿拉伯语、匈牙利语、米克马克语、日语、波兰语和朝鲜语均在 0.1% 的率值内。

西北地区　西北地区面积 134.6 万平方公里（全加排名第三），人口 4.1 万人（全加排名第十一），地区国民生产总值 47.9 亿加元（全加排名第十一），人均 108394 加元（全加排名第一）。经济上以采矿业为主，黄金、钻石、天然气等储量丰富。

1870 年 7 月，西北地区加入加拿大联邦，但是它现在的省界形成于 1999 年 4 月 1 日，时年，加拿大政府通过《努纳武特法案》《努纳武特领土声明协议法案》划出努纳武特区。族裔结构方面，土著人在西北地区处于主体民族的地位，其人口比例超过总人口的一半。具体说来，北美印第安人占 36.5%，因纽特人占 11.1%，梅蒂斯人占 6.9%，英格兰人占 17.2%，苏格兰人占 14.3%，爱尔兰人占 11.8%，法裔人占 10.5%，德裔人占 8.5%，乌克兰裔人占 3.5%，认同为“加拿大人”的占 14.7%。语言方面，为了平衡不同的语言利益，西北地区规定了契帕瓦族语、克里语、英语、法语等十一种官方语言。母语人群的分布情况：英语占 77.5%，多格里布语占 4.8%，南斯莱维语（South Slavey）占 3.2%，法语占 2.4%，北斯莱维语（North Slavey）占 2.1%，因纽特语占 1.7%，塔加拉族语占 1.2%，契帕瓦族语占 1.0%，越南语占 0.8%，中文占 0.6%，克里语占 0.5%，库钦语占 0.5%，印纽那科特语（Inuinnaqtun）占 0.1%。

育空地区　育空地区位于加拿大最西边，是加拿大三个地区中最小的一个。1898 年，育空地区从西北地区分离出来。“育空”印第安语的意思是“伟大的河”，该地区面积 48.2 万平方公里（全加排名第九），人口约 3.4 万（全加排名第十二），地区国民生产总值 26.6 亿加元（全加排名第十二），人均 75141 加元（全加排名第三）。工业以采矿业为主。

族裔结构方面，根据 2006 年的调查，育空地区总人口中只有 43% 的人对族裔归属作了单一性的回复，而 57% 的人对族属来源作了多元性的答复，这使得对此地区的族裔结构作简易的评价成为不可能的事情。或者说，当一个地区一半以上的人口同时属多元性族裔时，对其人口作族群归属并没有多大确定性和意义。在总的答案中，有 13% 的人有土著人血统；土著人身份的育空人占到总人口的 25%。语言方面，英语占 85.69%，法语占 3.69%，德语占 2.59%，中文占 0.87%，塔加拉族语占 0.48%，荷兰语占 0.47%，西班牙语占 0.43%，越南语占 0.35%，匈牙利语占 0.27%，旁遮普语占 0.27%，库钦语占 0.25%，特林吉特语和雅库特语均占 0.11%。尽管育空地区的官方语言是英语和法语，但育空地区政府也承认土著人的语言。

努纳武特地区　努纳武特地区位于加拿大最北端，也是最新成立的地区。努纳武特地区的成立是加拿大政治版图自纽芬兰省加入联邦以来的最大的变化。“努纳武特”在因纽特语中的意思是“我们的土地”。

努纳武特地区是加拿大最大的行政单位，面积超过 200 万平方公里，(203.8 万平方公里，全加排名第一)，人口 3.2 万（全加排名第十三），地区国民生产总值 19.6 亿加元（全加排名第十三），人均 58452 加元（全加排名第六）。经济上以矿业、石油天然气为主。族裔结构和语言方面，因纽特人占 83.6%，“第一民族”① 人口占 0.34%，梅蒂斯人占 0.44%，非原住民占 14.96%。语言方面，因纽特语、法语及英语为官方语言。其中，因纽特语占 69.54%，英语占 26.75%，法语占 1.27%，伊努克梯图语（Inuinnaqtun）占 1.02%。

自 20 世纪 70 年代初期，因纽特人就不断提出土地和自治权的要求，这些要求得到联邦法院的认可和支持。地区政权由议会、内阁和地区法院构成，议会 19 人中有 15 人为因纽特人。按照法律，因纽特人在地区公务

① 这里，“第一民族”是指非因纽特人和梅蒂斯人的土著人。

员中的比例应与其人口比例一致，即应达到85%，但目前只有50%。地区议会中没有政党的代表。议案通过采取协商一致或多数通过的原则。

第三节　政治和法律制度(体系)

一　基本政治制度

加拿大是一个君主立宪的议会制民主国家。从英属殖民时期开始直到现在，英王一直被尊奉为加拿大的国家元首，但这种国家元首实际上只是名义上的，其职能也多限于礼仪性的。英王的职权由其代表——总督代为行使。加拿大所有的重要政治活动如联邦总理的任命、议会通过的法案、议会的开会、闭会、解散等都需要总督批准。实践中，总督的批准只是一个程序和形式，因为总督一般总是同意或接受相关机构（总理）做出的选择、决定或建议。当然，正如弗兰克·麦金农（Frank MacKinnon）说，“总督的职责类似于突发火灾中的灭火器。尽管灭火器不经常被用到，但这并不说明灭火器是无用的”。总之，尽管女王或总督（省督）在加拿大的政治生活中没有什么实质性作用，但作为一种历史（政治传统）甚至法律渊源，在加拿大的政治体系和法律传统中仍具有不可替代的作用。

加拿大在中央与地方关系方面采取的是联邦制。1867年的《不列颠北美法案》最早划定了中央与地方的权限。根据该法案，联邦政府享有国防、外交、邮政、铸币、银行、商贸规则、刑法等29项权力；省政府的权力主要有省内的税收、立法、教育、财产和民事权、公有土地和自然资源的管理权等，属于联邦与省共管的事项主要有农业、移民等。

加拿大实行自由竞争的多党制度。加拿大的政党萌芽于英属殖民地时期的代议制、“改革运动”和责任政府期间的议会政治。1867年自治领建立后，保守党和自由党逐渐成为两大全国性的政党。1921年进步党异军突起成为联邦议会的第二大党。从此以后，加拿大政党的基本格局表现为保守党和自由党交替执政，第三党参与和平衡其中，逐步形成富有加拿大特色的“两个半政党”制。

在加拿大的政治舞台上活跃着多个政党。联邦层面的主要政党有自由党、保守党、新民主党、魁北克党团、绿党等，省和地区层面的主要政党有新民主党、魁人党、魁北克未来联盟、自由党、进步保守党、野玫瑰党

(阿尔伯特省)、绿党等。除了上述政党以外，加拿大还存在着许多代表民族、阶层、行业、政治立场的其他社会组织（团体），如加拿大人理事会（Council of Canadian，1985 年)、加拿大土著人委员会（Native Council of Canada，1970 年)、妇女地位全国行动委员会（National Action Committee on the Status of Women，1971 年)、加拿大全国妇女联合会（National Council of Women of Canada，1893 年)、加拿大全国工会联盟（Confederation of National Trade Unions，1960 年)、加拿大工人大会（Canadian Labour Congress，1956 年)、加拿大公务员联合会（Canadian Union of Public Employees)、加拿大童子军（Scouts Canada)，等等。省和地区层面也存在大量其他类的政治性党团组织。

加拿大政党制度的一个重要特点是，政党主要不以阶级分野的意识形态来展开竞争。由于社会分层以地区和地区（民族）为主要特点，加拿大的两大政党——自由党和保守党在实践中均将地区的和民族的利益诉求作为自身的主要关切点。通过平衡地区和民族利益，结合最大多数选民的政治诉求，两党牢牢地控制着国家权力。与此同时，第三党如新民主党则通过反映一定的阶级或阶层诉求来平衡两大政党的政治主张或诉求。

在地方层面，由于地方和民族利益的牵扯其中，“同一政党在联邦和省两个层次上往往有着相互独立的组织、财政和领导人。在一个省内，联邦政党的省级组织和省级政党也常常互不相干”①，导致“省的政党制度和联邦的政党制度经常不同，而选民们总是在联邦层次和省层次上支持不同的政党。政党制度在联邦和省层次上特殊的分离可能部分地是源于联邦和省的激烈冲突，这使得一个与联邦政府紧密联系的政党很难使自己表现为一个可信的省的利益的保卫者”②。

通过体现现代政治文明的、具有普遍意义的政党制度化解地方和民族利益的冲突是加拿大解决地方主义和民族主义的一个行之有效的做法。实践证明，“代表了加拿大社会中占主导地位的中、上阶层对地方利益和语言文化的政治关怀”的两大联邦政党对加拿大多民族国家的稳定和发展

---

① 虽然有着相同或相似的名称，加拿大联邦层级的政党与其省级层面的政党通常只有松散的联系。唯一的例外是新民主党，它和大多数的省级（新民主党）政党组织上实行一体化包括党员身份共享等。

② 张宏艳：《加拿大政党制度及执政方式研究》，《黑龙江省社会主义学院学报》2006 年第 2 期。

做出了重要贡献。但是也要看到，这种政党制度在解决问题的同时也潜含着内在的风险，那就是一旦某个（些）特定的政党在联邦层面不能有效地代表某些地方或民族的利益，这些地区或民族的具体代言人——省级政党就有可能挑起分离主义运动——历史上和现实中代表西部地方主义和魁北克分离主义①的政党的所为已经充分地证明了这一点。

总之，加拿大的东部与西部之间、农业地区与工业地区之间、地方和联邦政府之间以及英裔民族与法裔民族之间的发展不平衡及矛盾无时无刻不考验着其政党制度的稳定性、灵活性和有效性。

二 基本法律制度

从法律制度层面来看，总的说加拿大存在着三种法律传统，第一种是英美法律传统（普通法传统），适用于除魁北克省以外的其他所有省区；第二种是大陆法传统（法典法传统，主要限于私法），主要适用于法裔少数民族集中居住的魁北克省；第三种是土著习惯法传统，适用于保留地或自治体内的土著人群。

加拿大的司法机构主要由各级法院和人权委员会构成。法院由联邦法院和地方法院构成。其中联邦级法院包括联邦最高法院、联邦上诉法院和联邦审判法院以及一些专门法院如税务法院、军事法院。地方级法院由省或地区的立法机构批准设立，下设地方高级法院、区县法院和初级法院三级。这三级法院分别处理相应类别的案件。

联邦最高法院的重要任务是解释加拿大宪法组成部分的《加拿大权利和自由宪章》（*Charter of Rights and Freedoms*），同时它也是加拿大最高级别的上诉法院，受理来自联邦法院（包括审判法院和上诉法院）和省高级法院的上诉案件。根据加拿大“最高法院法”，联邦最高法院的九名法官中必须有三名来自魁北克省。为保证最高法院的权威性和稳定性，法律规定，对最高法院的任何变革议案，都必须经联邦议会通过并经占全国

---

① 西部地方主义的兴起具有深厚的历史根源。根据《不列颠北美法案》，省政府对自然资源有控制管理的权力（利）。但联邦政府在最初开发西部时，就把土地和自然资源置于联邦政府的控制之下（经过几十年的斗争，1930 年将自然资源控制权交换给草原三省）。这样便造成西部草原三省与其他省份的不平等地位，这种资源的不平等地位加上“国有铁路初期因垄断经营、服务差、运费高，以及有利于东部工业区的保护性关税政策，都加剧了西部人的不满情绪”，而魁北克分离主义的根源除了资源和利益分配的导因以外，还与法裔民族特定民族政治诉求密切相关。参见刘军编著《列国志 · 加拿大》，社会科学文献出版社 2005 年版，第 142 页。

人口至少半数以上的三分之二省份的立法机构同意。联邦司法部主要定位于两种职能，一种是为政府提供法律咨询（顾问）、起草相关法律文件并在必要的时候代理政府出庭，协助各级政府“依法行政”，另一种是代表国家承担公诉人的角色。

联邦最高法院是普通法法院和民法法院的终审法院，也是土著民族习惯法的最终确认场所。

人权委员会是加拿大议会设立的保障人权的准司法机构（1977 年），它的设立是为了给每一个加拿大人提供平等的机会，帮助他们对抗日常生活中存在的各种歧视。委员会的愿景是致力于建设这样一个国家，在那里，每一个人和其他所有人一样享有平等的机会，不受歧视地追求他们能够并且愿意选择的生活。人权委员会的职责是监督《加拿大权利法案》①（后来延伸至“就业平等法”）的实施，具体有四方面的内容：（1）通过研究和政策建议来促进人权的保护②；（2）通过公平、有效的申诉机制保护人权③；（3）代表公共利益促进所有加拿大人的人权④；（4）审查联邦政府监管的雇主是否遵守公平就业条款。除此以外，人权委员会还致力于促进人权文化的发展，与全加各类组织一道推动尊重、多元和包容的工作场所文化建设；与雇主、雇员、工会和其他组织一起开发“人权成熟度模型”工具，用以帮助组织改善其人权文化；提出“土著民族行动计划”，“土著民族行动计划”一方面帮助提高对土著权利的认识，另一方面为土著民族政府提供必要的信息，以满足《加拿大人权法案》给他们规定的职责。

---

① 该法案主要禁止在教育、就业和社会生活等其他领域的基于种族、国籍（民族）、肤色、宗教、性别、年龄、残疾等原因的歧视。

② 人权委员会通过从事与《加拿大人权法案》有关的研究来帮助公众、学者、联邦机构以及议会成员了解加拿大人权的新趋势；引导和影响公共舆论。这项工作还包括了向议会和联合国提交有关当前人权问题的报告等内容。

③ 人权委员会负责根据《加拿大人权法案》受理和解决投诉联邦政府、原住民政府和联邦政府监管的私营公司如银行、运输公司和电信公司的歧视案件。委员会提供了一个旨在把歧视解决在最早阶段的独立的争端解决程序。这一程序分为三个阶段，即正式提出投诉前的阶段；正式提出投诉后的阶段；委员会做出决定后的阶段。一些投诉案件可能在第一阶段就结束了，另一些投诉案件则可能需要经历三个阶段才能解决。这一切都取决于投诉的细节和涉案当事人。如果双方不能达成协议，委员会可能进行调查。在一些情况下，委员会也可能将案子移交给人权法庭去裁决。

④ 对于一些可能形成先例或涉及系统性歧视的案件，委员会将在案件中充当公共利益的代言人。

此外，人权委员会还根据授权，确保联邦政府监管的雇主为妇女、原住民、残疾人和少数族裔提供平等的就业机会。人权委员会的运作独立于政府。

保证公民的权利和自由是加拿大政治制度和机构建制的基本原则。宪法保护公民的基本权利和自由，公民的人身、财产和自由不受侵犯。国家通过公民选举制、联邦议会两院制以及行政、立法和司法的三权分立①来杜绝权力的滥用。

除了以议会为载体的间接民主方式以外，加拿大还实行全民公决制度。全民公决制度用来处理涉及面广泛、影响重大的社会，政治或经济事件，如 1898 年的禁酒问题，1942 年的征兵问题。省级层面，1949 年纽芬兰通过全民公决加入加拿大联邦，1995 年魁北克省通过全民公决而继续留在联邦内，等等。全民公决制度反映了加拿大民主的广泛性和参与的直接性。

宪法在国家政治生活中居于重要地位。由于深受英国君主立宪政体和宪法传统的影响，加上加拿大自身建国历史过程的自然演进性质，加拿大至今都没有一部完整的宪法。目前的所谓宪法是由历史上各个时期通过的宪法法案构成，主要有 1867 年《不列颠北美法案》和此后一直到 1975 年通过的宪法修正案以及 1982 年宪法法案。旧宪法即《不列颠北美法案》及其修正案，确认了自治领的建立，规定了联邦政府与地方政府，联邦议会与省议会，立法、行政及司法机构的设置，中央政府与地方政府的立法权、行政权的划分等内容。旧宪法及其修正案建立在立法权附属于英国枢密院司法委员会（英国议会）基础之上。

1982 年宪法法案的通过，标志着立宪权的收回。该法案从四个方面修改了旧宪法制度：规定了修改宪法的几个程序；强调了某些条款的不可修改性（联邦议会和省议会）；增加了公民基本权利和自由的内容；在自然资源的分配方面，给予省政府更多的权力。

新宪法的内容结构：第一部分（1—34 条）是权利和自由宪章（包括宗教信仰自由、言论自由、结社自由，选举权与被选举权、生命财产和人身不受侵害的权利等，其中关于语言权和教育权，规定加拿大人有选择用

① 加拿大并不实行“彻底的”三权分立，其行政领导来源于议会中的多数派政党。行政与立法在源头上有着千丝万缕的联系。

英语、法语或少数民族语言接受教育的权利）；第二部分（35 条）规定了土著人的权利，承认三种土著民族的现有权利；第三部分（36 条）规定了地区（公民）权利的均衡问题，为保障全加公民平等竞争的权利和机会，联邦政府有义务实施利于地区均衡的政策（“削富补穷”）；第四部分（37 条）规定了宪法会议——联邦总理和省总理定期召开宪法会议以及会议的职责问题；第五部分（38—49 条）：规定了修宪程序问题，规定对宪法一般条款的修正，须经联邦议会和七个省议会以及全国半数以上的公民同意。重要条款（如各省议员人数、英语法语权利问题）的修正，须联邦议会和各省议会的一致同意。第六部分（50—51 条）：修订和补充了旧宪法有关“非再生资源、森林和电力”的条款，规定各省对这些资源有绝对的所有权和使用权。第七部分（52 条）规定了宪法的效力，声明了宪法的最高法地位，规定任何与宪法冲突的法律均属无效。

第四节　经济状况

加拿大属于发达的工业化国家。20 世纪早期以来，加拿大的制造业、采矿业和服务业的快速发展将其从一个主要以农业为主的国家成功地转型为一个工业化、城市化国家。经济上以服务业为主，根据联邦统计局 2009 年公布的数据，服务业解决了就业人口的四分之三。① 加拿大自然资源丰富，石油储量占全球的 13%，紧随沙特和委内瑞拉之后，世界排名第三。锌、铀、金、镍、铝、钢铁、铁矿石、炼焦煤和铅储量丰富，是全球的主要出口国之一。加拿大也是世界上最大的农产品供应国之一。此外，加拿大是世界上主要的能源的净出口国之一。除了服务业、制造业、能源业和农业以外，加拿大的高科技产业也非常发达（加拿大是继苏联和美国之后第三个把卫星送入太空的国家），与之有关的宇航和国防工业、通信业、生物技术产业、清洁技术产业等均处于发达国家行列。

受益于丰富的自然资源、高度发达的科技和全球十大贸易国之一的优势，加拿大跻身于世界经济强国。根据 2015 年的最新数据，加拿大位列世界第 11 大经济体，国内生产总值接近 1.79 万亿美元。② 在经济发展的

① “Employment by Industry”, *Statistics Canada*, January 8, 2009.

② “Report for Selected Country-Canada”, *International Monetary Fund*. 2015.

结构上，加拿大为混合经济。根据“美国传统基金会”（the heritage foundation），加拿大在经济自由指数方面超过美国及大部分欧洲民主国家。加拿大是典型的国际贸易国家，它是世界贸易组织、经济合作与发展组织（OECD）、世界八大工业国（G8）、20国集团（G20）、北美贸易自由协议、亚太经合组织论坛（APEC）等国际组织的成员。

2011年加拿大国内生产总值为1.74万亿加元，人均5.8万加元，各省差异较大，其中西北地区人均10.8万加元，为最高；爱德华王子岛人均3.7万加元，为最低。2012年人均家庭可支配收入超过2.39万美元，这个数字高于经合组织的平均水平。①

第五节　社会结构与文化状况

一　人口与阶层结构

截至2014年加拿大的总人口为3554万。加拿大是西方国家中人口增长较快的国家。从1990年到2008年加拿大的人口增加了560万，相当于人口总量增加了20.4%。推动人口增长的主要因素是移民，加拿大是世界上人均移民率最高的国家之一。据加拿大政府测算，2015年新增移民的数量约为27万，这一数字与近些年来的年均流入量大体持平。加拿大也是接受难民的主要国家之一，每年有超过10%的难民被安置在加拿大。新移民大多居住在大城市如多伦多、温哥华和蒙特利尔。

从全国范围来看，加拿大人口分布非常集中，约有五分之四的人口居住在临近美加边界的长1000公里、宽200公里的狭长地带里。有接近80%的加拿大人居住在魁北克城—温莎走廊、不列颠哥伦比亚省的低陆平原、阿尔伯塔省的卡尔加里—埃德蒙顿走廊一带的城市地带。城市人口流动性很大，为工作而迁徙是最常发生的事情。

教育方面，加拿大是世界上（公民）受教育程度最高的国家。成年人中受过高等教育的人的比例世界排名第一，超过50%的人至少拥有本科学历。

像许多发达国家一样，加拿大的人口正在趋向于老龄化。据统计，

① Jonathan Kay, “The Key to Canada's Economic Advantage over the United States? Less Income Inequality”, *National Post*, December 13, 2012.

2006年加拿大人的平均年龄为39.5岁，到2011年增长达39.9岁。2011年加拿大65岁及以上的老年人接近500万，其中140万人超过80岁。截至2013年，加拿大人的平均寿命为81岁。

加拿大是一个发达的工业化国家。由于地区发展的不平衡和产业分工的差异，各省区的国民生产总值及人均产值存在着较大的差异。从财富的分配来看，2005年10%的加拿大人拥有全国58%的财富。2007年加拿大人总收入的13.8%为最富有的1%人口所占有。2010年最富的1%人群的中值收入超过其余99%人群相应收入的10倍。2012年加拿大最富有的86人或家庭（占总人口的0.002%）积累的财富相当于该国34%最低收入人群的全部财富。这86个家庭的财产净值相当于1140万低收入加拿大人全部财富的总和。

总的来说，加拿大是一个中产阶级社会，收入结构上呈现出中间大、两头小格局，即很富有和很贫穷的人在总人口中所占的比重都很小，大多数人的家境都很殷实。当然也要看到，自20世纪80年代以来，中产阶层的收入在总收入中的份额不断下降，而最富有阶层的收入在总收入中的比例则呈现出不断增长之势。

二 族裔—文化结构

加拿大是一个典型的移民国家，也是一个十足的多民族多族群国家。世界上主要国家和地区的民族或族群在加拿大都或多或少地存在着。根据不同的统计方法和口径，加拿大的多民族（族裔）状况有着不同的呈现。按照具体的种族或族裔归属（2011年），加拿大人中欧洲裔占76.7%，亚裔占14.2%，土著人占4.3%，黑人占2.9%，拉丁裔占1.2%，多族裔混血占0.5%，其他类占0.3%。按照来源国（地区）的不同（2006年），英格兰裔占21%，法裔占15.8%，苏格兰裔占15.1%，爱尔兰裔占13.9%，德裔占10.2%，意大利裔占4.6%，华裔占4.3%，乌克兰裔占3.9%，荷兰裔占3.3%，“第一民族”占4.0%①——全国有600个第

① 关于来源国的数据，美国中情局提供的统计数据是截至2011年，加拿大人占32.2%，英裔占19.8%，法裔占15.5%，苏格兰裔占14.4%，爱尔兰裔占13.8%，德裔占9.8%，意大利裔占4.5%，华裔占4.5%，土著民族占4.2%，其他占50.9%（统计的总百分比远远超过100%的原因是，受访者被允许同时选择多个族裔来源）。

一民族政府或村落社，总人口为117万人。① 此外，有高达32%的人自认为是“加拿大血统”。上述族裔中有16.2%的人口属于可见性少数族裔，其中来自南亚的可见性少数族裔占4%，华裔占3.9%，黑人占2.5%。

从宗教的角度来看，加拿大是一个典型的多宗教的国度。国家实施宗教多元主义政策，尊重和保护各种宗教的信仰自由。宗教自由受到宪法的保障。根据2011年的统计数据，信仰基督教的占67.3%，其中天主教占38.7%，新教中加拿大联合教会（United Church of Canada）占6.1%，圣公会派占5%，浸礼宗信徒占1.9%，无宗教信仰的占23.9%。非基督教的宗教占8.8%，其中最大的宗教群体为穆斯林，占3.2%，印度教占1.5%。

语言方面，加拿大实行双语官方语言政策，英语和法语同为官方语言。以英语和法语为母语的人口分别占到60%和20%。有高达98%的人能讲英语或（和）法语。此外，根据联邦统计局2011年的数据，有680万人以官方语言外的其他语言为母语。其中母语为中文的107万人，旁遮普语43万人，西班牙语41万人，以德语和意大利语为母语的分别为40.9万人和40.7万人。此外，加拿大还存在着包含有65种方言的11个土著语言群体，这些语言群体中，只有克里语、因纽特语和欧吉布威语（Ojibway）等有较大的使用群体，因而被认为有较强的生命力。

多样的族裔、宗教和语言孕育了加拿大丰富、多元的文化。多元文化（群体）的存在不仅是加拿大社会结构的重要特征，也是其社会团结的重要资源和经济社会发展的活力所在。

① Anita Kalunta-Crumpton, *Race, Ethnicity, Crime and Criminal Justice in the Americas*, Palgrave Macmillan, 2012, p. 12.

第二章　加拿大联邦国家的初步建立

第一节　远古时期的居民[①]

一　印第安人的初民社会

16 世纪欧洲探险者和皮毛商人进入加拿大时，土著民族无论在经济方面还是在社会组织方面均处于人类社会的早期阶段。[②] 哥伦布到达美洲时，那里有 1400 万—4000 万印第安人，有许多部落，语言（方言）超过 1700 种（按照阮西湖教授提供的数字，加拿大印第安人分为 10 个语族，共有 58 种印第安语言）。[③] 在欧洲人到来之前，印第安人大多属于半游牧的狩猎社会，“他们像一架手风琴似的随着季节的变换舒展和收缩。夏天，这些人聚集到成千上万的集会上唱歌跳舞，游牧到河湖边上放牧，或一路进行贸易交流。冬天，则组成数十人为群的狩猎团队进行野外打猎”[④]。

由于所依托的自然环境的差异，各地区印第安人的生活方式相差很大。农业印第安人在加拿大印第安社会中，处于比较领先的地位。与印第安人的经济发展水平相适应，加拿大印第安人早期的社会与政治组织大致可分为三种，分别为原始游动部落的村落社、半定居农业部落的联盟组织和太平洋沿岸印第安人的等级社会。[⑤]

---

① 或者用加拿大史学家的话来说“最早的加拿大人”。

② 摩尔根的《古代社会》关于早期人类社会的描述和论说反映了北美印第安社会的特征，因为摩尔根本人在一百多年前曾对易洛魁人做了长期观察。

③ 阮西湖：《加拿大民族志》，民族出版社 2004 年版，第 34 页。

④ ［加］迪克·加尔诺：《印第安人》，李鹏飞、杜发春编译，民族出版社 2008 年版，第 420 页。

⑤ 阮西湖：《加拿大民族志》，民族出版社 2004 年版，第 49 页。

原始游动部落的村落社 除农业区和太平洋沿岸以外，所有地区都属于原始游动部落。这些游动狩猎民族的基层社会组织是村落社。部落或部落组织为了寻找食物而经常分开或重新组合：有时以一个或三四个家庭为单位，有时为了捕鱼和狩猎把一个地区的所有家庭组成一个村落社。节庆或贸易时，几个村落社也聚在一起。村落社的首领由那些在狩猎中表现勇敢和“技术超人”担任，村落社的每一个成员都是平等的，“首领几乎没有或完全没有特权”。

黑脚印第安人每一个村落社都分为若干自治村落社。冬季，各个村落社分散居住在避寒的河谷中；夏季，部落把各个村落社组织起来捕猎野牛，狩猎顺利时跳“太阳舞”。黑脚印第安人的社会组织比较复杂，男人按年龄组成军事社团，他们还有娱乐协会和宗教社团。在布卢德人和北黑脚人内部还有妇女社团，当地人称作“马拉基”。

阿西尼本人由 30 个村落社组成，每一个村落社都有酋长和议事会。游移的原始部落的基本社会组织形式是村落社，它的地位介于部落和家庭（家庭组合）之间，是基本的社会组织，其特点如下：（1）村落社是游移的印第安人的基本社会组织形式，它随着季节性的狩猎而在确定的地域范围内变动；（2）村落社的大小不是固定的，大的由几个村落组成，小的由几户组成；（3）村落社设非正式议事会，管理村落社事务，并由一位议事会成员担任首领；（4）村落社有权对危及社会治安的行为定罪，常见的原因有违反禁忌或叛逆通敌等；（5）召集村落社会议，责令盗窃犯赔偿事主的损失；（6）村落社没有立法机构也没有成文法，处理事情仅靠公民舆论和从远古口传下来的传统习惯。

半定居农业部落的联盟组织 加拿大印第安人属于农业部落的主要有易洛魁人、休伦人、托巴科人和纽特拉尔人。他们都住在利于发展农业的大湖区。农业部落的社会组织要比游动部落的发达，在部落和家庭之间有氏族（甚至还有胞族），部落之上有部落联盟如易洛魁人联盟、休伦人联盟。农业部落联盟组织的特点是：（1）居住地基本固定，只在休耕时流动；（2）有正式的首领、酋长；（3）社会组织结构比较复杂：部落联盟—部落—胞族—氏族—家族；（4）村落规模较大，有防御敌人进攻的篱笆；（5）实行氏族外婚；（6）社会制度民主，成员之间平等。

太平洋沿岸印第安人的等级社会 居住在太平洋沿岸的印第安人主要有特林吉特人、海达人、钦西安人、贝拉库拉人、沿海萨利什人等。这里的印第安人社会已进入等级社会。在特林吉特人的社会里，还出现了奴隶，其来源有从其他部落里抓来的俘虏、拐骗邻近部落里的人为奴隶，有时也将本族的犯人转为奴隶。一个贵族的财产，除了捕鱼区、狩猎地、住宅、独木舟以及可供贸易的货物（特别是海獭皮）以外，最重要看他支配多少奴隶。

钦西安人在社会组织方面分为四个族胞：鹰、狼、渡鸟和鲸鱼。处于母系社会阶段，出现等级分化：奴隶、平民、贵族和“王族”，阶级分化明显；沿海萨利什人也有类似的等级结构。总体上，太平洋沿岸印第安人还没有进入奴隶社会，只是出现了氏族贵族。

太平洋沿岸印第安人社会总的特点是：（1）与农业区的部落比较，沿海部落已分为2—4个族胞；（2）族胞属于礼仪单位、社会单位，但不是政治单位，最小的政治单位是农村公社；（3）社会发展阶段比游动的狩猎部落和农业部落高一些，已经出现明显的等级和阶级分化；（4）出现了母系社会向父系社会过渡的现象，如萨利什人已经开始酋长世袭；（5）奴隶没有任何权利，只是财产；（6）婚姻方面，除了族外婚以外，从理论上还出现了新的婚姻等级制度：贵族只能与贵族通婚，平民只能与平民结婚，但在一些部落，由于等级区分并不严格，所以也可以互相通婚；等等。

从社会组织和政治组织的严密性和范围来看，太平洋沿岸的印第安人不如易洛魁联盟；但从物质财富来讲，前者比后者富裕。因此，他们在房屋建筑、独木舟制造以及村寨建筑等方面，处于领先地位。

宗教方面，欧洲殖民者到来之前，印第安人信奉原始宗教，萨满教是主要宗教。目前相当多的印第安人都信奉基督教或天主教，但原始宗教依然残存。

二　因纽特人的社会概况

据估计，全球共有14万多因纽特人。加拿大共有因纽特人（Inuit）①大约5万人，分布在努纳武特、纽芬兰和拉布拉多、魁北克、西北地区。尽管分布地区广泛（丹麦格陵兰岛、美国的阿拉斯加、俄罗斯的西伯利亚等），方言多样，但不影响他们之间的交流。

---

① 单数为“因努克”（Inuk）。20世纪70年代以前，因纽特人被生活在他们南边的人称作爱斯基摩人（Eskimo），意为“吃生肉的人”或“讲异族语言的人”。

据考证，因纽特人的祖先也来自亚洲，大约8000年前穿过白令海峡到达北美洲。大约1000年前，他们创造了著名的图勒文化。“因纽特人的大多数家庭是由父母与未婚子女构成的核心家庭。一般来说，每个家庭都跟同村的其他家庭有亲属关系”，与其他民族相比，因纽特人的孩子数量多，“在加拿大，15岁以下的因纽特孩子占全国因纽特人口总数的40%”。

因纽特人有一个重要的传统习惯，就是一对夫妇的第一个孩子往往交由其祖辈收养。这样做的原因是，一来使祖辈家里显得有生机，二来使已经成年的子女可以照顾祖父母。这种以家庭和亲属为基础的社会结构一直延续到现在，“直到现在，因纽特人的社会结构仍然以家庭和亲属为基础。亲属群是他们基本的社会组织。亲属群是双系的，既包括父方亲属，也包括母方亲属；亲属群也是开放的，一个人可以因为婚姻关系而进入某个亲属群，也可以通过收养关系而进入某个亲属群”。

亲属群在因纽特人的社会结构中起着异乎寻常的作用，虽然已经出现了职业和收入的重大差别，但其社会结构仍未出现明显的阶级分化。人人在其所归属的亲属群中，一律平等。这种稳定的社会结构还与其所处的地理环境密切相关——因纽特人生活在极其严寒的地带，不仅欧洲人较少进入其领地，而且就连其南边的邻居印第安人也很少进入他们的“社会”领域。这也是为什么他们与欧洲人、印第安人甚至将他们纳入主权国家的加拿大相安无事的重要原因。

游动是因纽特人的生活方式，春夏秋三季他们住在2—6个家庭组成的小营地，冬季则住在由更多家庭组成的大营地。他们迁徙和游动的范围一般不会超过同一方言所覆盖的区域。

> 在1830年到1930年间，因纽特人地区建立起很多贸易站。随着贸易站、教堂和警察分队的建立，因纽特人中迅速出现了一种新的居住模式：与欧裔加拿大人有往来的半定居营地。二战以后，学校和行政机构等的设立，鼓励因纽特人住在相对集中的永久村落里。上世纪70年代，加拿大的因纽特人已经全部住在村落里。原本作为传统冬居的雪屋和半地下式的草屋被构件拼装的木屋所取代。①

① 谢国先：《北极地区的古老民族——因纽特人》，《今日民族》2013年第9期。

随着与外界贸易等商业活动的增加，商业性的狩猎活动在他们的生活中占据了重要地位。因纽特人也逐渐开始适应在商店里购买所需要的食品和衣物。

> 二战以后，因纽特人地区的发展需要雇佣很多当地人：建筑工、清洁工、翻译人员和一般劳力。在上世纪70年代的加拿大，由于实行因纽特人为主的新管理体制，教育、健康、社会服务、管理、交通和通讯、贸易等行业和部门都提供了新职位，因纽特人的全职捕猎者在数年之内大为减少。现在，在公共服务领域就业已成为因纽特人经济的支柱。狩猎之类传统经济活动的象征意义已经超过了原有的经济价值。①

人口很少的因纽特民族在全世界享有一定的声誉，与其长期在极地严酷的环境中创造的一整套适应北极严酷环境的古老文化密切相关。可以说，因纽特文化既是因纽特民族适应环境的产物，又是其得以生存和发展的保证。

北美加拿大是“以乡村为主的社会并不是欧洲人所理解的政治实体，他们没有真正的君主，也几乎没有正式的统治体系，因此很容易（也很有利可图）被认为美洲是‘无主之地’，一片不属于任何人的土地”②。但是在土著民族看来，所谓“无主之地”是对他们存在了千年甚至万年的文化和社会组织的无视，是一种野蛮的文化霸权。他们尖锐地指出，认为哥伦布“发现”美洲是一件荒唐的事情，“因为美洲从来就没有丢失过”③。

古代美洲是一个人口大洲，据亨利·F. 多宾斯（Henry F. Dobyns）

---

① 谢国先：《北极地区的古老民族——因纽特人》，《今日民族》2013年第9期。

② ［加］罗伯特·博斯韦尔：《加拿大史》，裴乃循等译，中国大百科全书出版社2012年版，第14页。

③ ［加］迪克·加尔诺：《印第安人》，李鹏飞、杜发春编译，民族出版社2008年版，第105页。

估计，1491 年美洲的土著民族人口大约有 1.12 亿①，这个数字超过了当时的整个欧洲。当欧洲白人踏上这片土地时，他们携带的天花、斑疹伤寒、流行性感冒、白喉、麻疹等疾病，成为这些毫无免疫力人群的致命病因。白人的到来，使北美加拿大的土著民族付出了沉重的生命代价。

第二节 “新法兰西”时期的加拿大

一 法裔民族的殖民活动

广袤的美洲大陆，除了印第安人的足迹外，一直没有什么外来民族和文化干扰和影响到这片土地。“直到 16 世纪，这里的居民才第一次看到欧洲小股的先锋部队，他们为了给君主霸占这一广大地区，而同土著居民作战，同欧洲人自己作战，还同自然界的各种危险作斗争。”②

在这些作战的欧洲人中，法国人属于捷足先登的一批。1605 年，德蒙爵士率领一批人来到一面临海，另一面靠近美丽的安纳波利斯河流域的一个乡村定居下来。德蒙爵士持有法王亨利四世的特许状。特许状规定了他的义务和特权并明确了他们此行的目的是：“给予法兰西更大的光荣；改变印第安人的信仰，以及该国的殖民地化和贸易。”德蒙不仅被赋予了统治的权力，而且还被赋予了十年的贸易垄断权。德蒙爵士的特许状的模式为后来者提供了一种范例。可见，欧洲殖民者在北美的殖民行为，是通过“市场化的”资本主义特有的方式进行的。虽然探险者不乏“荣耀”法王的精神动机，但内心深处的最大动力还是逐利的原始动机。

与德蒙随行的还有后来被称为“新法兰西之父”的塞缪尔·德·尚普兰，后者是魁北克城的建立者。魁北克是新法兰西的中心，建立之后，经历了严寒的冬天、食物短缺、印第安人的袭击和法国政府对他们的忽略以及殖民地政策的混乱等不利条件，并分别于 1629 年和 1759 年两度被攻陷，但魁北克还是幸存了下来。

1627 年，新法兰西公司（“百人公司”）成立，规定每年需要的移民

---

① 据亨利·F. 多宾斯（Henry F. Dobyns）估计 1491 年美洲原住民人口大约有 1.12 亿。前文中，也有人认为当时的印第安人人口介于 1400 万—4000 万。［加］迪克·加尔诺：《印第安人》，李鹏飞、杜发春编译，民族出版社 2008 年版，第 104 页。

② ［加］格莱兹布鲁克：《加拿大简史》，山东大学翻译组译，山东人民出版社 1972 年版，第 20 页。

数为两三百人。1647 年至 1648 年，法国殖民者成立了一个由总督、前任总督、耶稣会修道院长（在第一任主教到任之前）和公民二人组成的议事会，此举标志着政府机构的起建。

殖民地政府大体上是“法国省政府的翻版”①，同时掺杂着一些中央政府的某些成分。殖民地的首席长官是总督，他代表国王个人，其职责是军事长官、部分负责司法、警察和授地等部门（领域）。除总督外，还有一个省长，由国王委任，直接对国王负责。省长主要负责行政、交通、维持治安、授地、奖励实业和管理关税及货币。议事会除了总督、省长和主教外，还包括几个参议员。法国的行省组织是“一种专制的、中央集权的、家长式的政治制度”②。这种制度模式，没有给殖民地的法国人留下发挥主观能动性的空间和余地③，这一点与英国的殖民地政治制度相比大为逊色。

早期的法裔殖民者主要占领了这个国家的两大地区，第一个地区是大西洋沿岸，到 17 世纪末叶，亚加地亚的人口增加到 1000 多人，其中圣约翰河边住着 50 人；第二个地区是圣劳伦斯河流域，在那里先后建了三个主要城镇，分别是首府魁北克、三河镇和蒙特利尔，到 17 世纪中叶，那里的人口约为 2000 人，到 17 世纪末期，增加到 1.5 万多人，到 1760 年圣劳伦斯河流域诸城镇沦陷时，人口已经达到 6.5 万人。

法国的殖民政策虽然可能“缺乏坚韧性和洞察力”，但其扩张的手法还是有其特点的：新领土的探索和移民通过特许公司的中介，花最少的钱，给本国政府带来最少的麻烦。这一时期，由于矿产和林业资源没有开发、毛皮贸易需要的劳动力较少，各个特许公司对大规模移民和建立居留地等不感兴趣，加之当时的新法兰西生活艰苦、气候寒冷以及印第安人的侵袭等因素，法国殖民地的人口一直无法快速增加。

---

① 这是因为法国在当时的欧洲是举足轻重的强国，因此，新法兰西没有理由再创造一些新的制度，也没有什么动力去学习其他国家的制度。

② ［加］格莱兹布鲁克：《加拿大简史》，山东大学翻译组译，山东人民出版社 1972 年版，第 32 页。

③ 当然，在实践中，这些政治和社会制度从没有严格实行过，原因之一是法国当局有意让殖民地的统治者根据当地情况作一些变更，原因之二是新法兰西的人民并不是那样温顺地接受这些制度。

二 法裔民族的早期社会基本结构与特点

新法兰西的建设过程异常缓慢。1617 年，加拿大的第一个移居农民路易·埃贝尔在魁北克后面的高地上开始营建他的住房和农场，但是十年之后，才有人效仿他。1639 年加拿大的全部人口（白人）才有 359 人，包括 64 个家庭。1664 年，全部人口（白人）也才达到 2500 多人，其中 800 人在魁北克。

从地理分布来看，加拿大早期的殖民者代表了全法国——虽然其中大约三分之一来自诺曼底。当然从阶级结构来看，这些人口的代表性显然不足，高级贵族和中产阶级都明显缺乏。此外，由于罗马天主教会和耶稣会的双重影响和渗透，新法兰西要比法国的教皇限权主义有更浓厚的教皇集权主义倾向。

新法兰西早期，为了增加人口，法国政府将一批批年轻的女子送到北美洲，当局鼓励结婚多生孩子，凡有 10 个活着的孩子的父母，会受到奖励。拒绝结婚的人，会被取消特权。据估计，从法国本土移民的总数一共是 1 万人，其余人口均是自然繁殖的结果。因此，可以说，新法兰西社会是一个自然演进的社会，这一点加上只有天主教的法国人才能移民新法兰西、没有同英属殖民者通婚，也没有吸引别的国家的移民来充实农民、手工业者和商人的队伍等因素，导致新法兰西有很强的同质化或均质化特点——无论是血统、语言，还是宗教、风俗等各方面都是高度统一的，这一点为后来法裔社会的延续提供了很好的土壤。

与法国本土一样，新法兰西实行的是土地归庄园主①或封建领主所有，但是这一制度在新的环境下已经发生了重大变化：新法兰西的庄园主保持着一套古老、独特的礼仪规矩，但是那里并没有牢不可破的等级制度，每个人都必须工作，必要的时候，必须打仗，即使在贸易方面，庄园主也往往带头，并不觉有失身份。② 政治上殖民地的庄园主没有特殊地位，他们不能在政府、军队和社会中发挥传统作用，但他们享有别的机会。在抵御印第安人的进攻和与英国殖民者的斗争过程中，每个庄园都变

① 庄园主获得土地几乎不花什么代价，他们向法王效忠，在授地状规定的范围内享有司法权。

② ［加］格莱兹布鲁克：《加拿大简史》，山东大学翻译组译，山东人民出版社 1972 年版，第 43 页。

成了一个军事单位。庄园制度在新法兰西发挥了重要作用。1627 年前，仅授予 3 处庄园，到 18 世纪初期已增加到 91 处。与此同时，大量的土地授予宗教组织。截至 18 世纪中叶，耶稣会拥有全部授地的八分之一。

“在圣劳伦斯河流域，一个从法国种子成长起来的社会继续显示出它的高度一致性和稳定性。”这个社会既充满活力，又在某些方面陷入停滞。新法兰西社会是一个典型的农业社会，除了罗亚尔岛以外，基本上都是农业人口。法国政府无意在这里发展工业，主要是担心吸引本土过多的劳动力和与本土形成竞争关系。自 16 世纪中叶起，法国政府对新法兰西严加控制。在经济领域，法国政府以重商主义为治，它的目的是建立一个辅助母国而不是与其竞争的殖民地经济，其结果就是新法兰西对母国在财政、防务和治理方面的依赖。

新法兰西的首都是魁北克（城），中央政府虽以家长制统治闻名，但其机构的雇员不足 100 人。由于新法兰西没有地方分权制，所以这里没有市政机关，没有地方政府官员。城镇的各种规章制度都由中央政府制定。魁北克是一个由各种职业的人群组成的城市社会，包括政府、教会、军队人员、商人、手工业者、律师、医生和仆役等。“魁北克（城）不仅是新法兰西的政治首府，也是精神、文化和地理的中心，在它的内部和周围形成了种族的、文化的、宗教的和语言的坚强传统，这些传统是法属加拿大的向心力量。”①

在新法兰西，教会的作用不容忽视，在最高权力格局方面，主教和总督之间的权力之争一直伴随着新法兰西建设的进程，有时候，主教甚至能左右新总督的人选。加拿大（新法兰西）的大部分教育机构都是由各教团直接开办的，人员直接由它们委派。在少数例外情况下，学校、教师和课程也必须经过教会当局的批准。这种教育体制与法国很相似，但更加正统。

在一个半世纪的时间里，法兰西的传统和北美的环境相结合，形成了一种新的文化。这种文化深深地植根于圣劳伦斯河流域，即使后来经历了主权的变换，但也没有能够改变它。新法兰西人民从法国本土继承的语言、宗教、民法传统和知识技能等，成为法裔民族团结一致的黏合剂。

---

①［加］格莱兹布鲁克：《加拿大简史》，山东大学翻译组译，山东人民出版社 1972 年版，第 60 页。

人口缺乏始终是新法兰西所要面对的重大问题。为了解决新法兰西人口缺乏的问题，路易十四曾尝试用免费船票和廉价土地吸引新移民，他们还有计划地选派一些青年女子去殖民地，以解决移民的婚姻问题。为鼓励早婚和多生育，法律规定，20 岁结婚的农民免征五年人头税，子女超过 10 人的家长则终身免税。1663—1672 年，人口从不足 3000 人上升到 7500 人。1685 年路易十四颁布枫丹白露敕令，此后只准天主教徒外流，而胡格诺教徒被禁止移民到新法兰西。① 到 17 世纪末，英国舰队已经控制了海洋，此后来自法国的移民越来越少。新法兰西的人口增长只能自然繁殖了。1700 年新法兰西的人口为 1.5 万人。半个世纪后（七年战争爆发），北美洲的法国（裔）人口不超过 8 万人。而同一时期的新英格兰的移民数已经高达 200 万人，这种人口数量的巨大差异是造成新法兰西失败的重大原因。

三 法裔民族与土著人的关系

总的来说，法裔殖民者不像英裔殖民者那样普遍地仇视印第安人②，他们没有英裔殖民者那种强烈的种族偏见和严格的加尔文教观点。一个明显的例证是法裔殖民者与土著民族之间有适当规模的种族间通婚。

广义地来说，新法兰西是欧洲传统观念、制度和习俗与北美客观环境结合的产物，从这意义上来说，新法兰西“不是某个欧洲国家的翻版，而是欧洲国家创造出来的一个新实体”。他们对印第安人的包容远远胜过南边的邻居。“如果对美国的边区居民来说，一个最好的印第安人就是死的印第安人，那么，魁北克的宗教当局和行政当局就会反驳说：一个最好的印第安人就是一个法国的和天主教的印第安人。”③

总的来说，由于生存、贸易和后期共同应对英国殖民者入侵等方面存在的共同利益，法裔民族与土著民族在绝大部分历史时期都保持着较为密切的合作关系。七年战争后，印第安人为了保卫自己世代生活的领地，抵御英国殖民者的持续扩张，不惜发动以恢复法国人原有的在该地区的地位为目的的大起义（庞蒂亚克起义）。这一历史事件给法裔民族与土著民族

---

① 这与英国的新教徒由于受到宗教迫害大规模向北美移民形成鲜明对比。

② ［加］格莱兹布鲁克：《加拿大简史》，山东大学翻译组译，山东人民出版社 1972 年版，第 35 页。

③ 同上书，第 37、80 页。

的关系作了最好的注脚。

第三节　“英属北美”时期的加拿大

一　七年战争及其后果

英国殖民者的持续扩张终于导致英法之间七年战争（1756—1763 年）爆发。七年战争既是英法在北美大陆争夺殖民地的一场大战，也是两个欧洲列强之间进行的“第一次世界性的战争”。

早在七年战争之前，英法在北美地区已经发生过多次战争或冲突。在奥格斯堡同盟战争（1689—1697 年）期间，法国军队袭击和劫掠新英格兰边境；从海陆进入哈德逊湾占领英国人的大部分据点；1697 年双方通过《里斯维克和约》规定，新法兰西除了原有领地以外，还占有哈德逊湾。西班牙王位继承战争期间（1701—1713 年），英法两国军队互相袭扰和攻击。1713 年战争结束签订的《乌特勒支条约》，规定英国拥有纽芬兰、新斯科舍和哈德逊湾，法国在美洲的领土利益首次受到重大损失。1713 年后，英法冲突以各种形式发展着。1744 年奥地利王位继承战争（1744—1748 年）爆发，新英格兰民兵在英国海军的配合下，一度攻占新法兰西在布雷顿教的海军基地——路易堡，后来根据《亚琛和约》（1748 年）归还了法国。1754 年，英法在俄亥俄河流域发生了一些冲突，第二年两国都向殖民地增兵，战争一触即发。1755 年，英国在亚加迪亚地区强制驱逐 6000 多名法国居民，此次事件进一步激化了英法之间的冲突和矛盾。

1756 年 5 月，英国向法国正式宣战，七年战争爆发。两个殖民对手在俄亥俄河和圣劳伦斯河流域展开了激烈的争夺。1758 年，路易堡陷落；1759 年新法兰西的首府——魁北克被攻陷；1760 年英军攻占蒙特利尔，数月后，总督沃德勒伊下令停止抵抗，整个新法兰西放下武器。1763 年，双方在巴黎签订和约。根据和约，英国在北美取得了包括加拿大到哈德逊湾和密西西比河以东的目前美国的全部领土，法国只保留了圣劳伦斯湾的密克隆群岛和圣比埃尔岛以及在纽芬兰岛沿岸捕鱼的权利。新法兰西在加拿大的 155 年的历史就此结束。

法国在新法兰西保卫战中失利的原因很多，主要有以下几点：第一，法国政府对海外殖民地的争夺重视不够，只重视欧洲本土战略地位和控制权的争夺。路易十五甚至认为加拿大只是“若干小草原”，其结果就是新法兰西长期得不到宗主国有效而稳定的支持，经济社会发展缓慢，导致逐步丧失先到优势，由主动转入被动。第二，新法兰西的经济定位严重影响了其竞争力。法国人贪恋商业贸易尤其是皮毛生意的巨额利润。18 世纪初，法国中央政府决定，新法兰西应只从事商业经营，而工业发展是法国本土的事情。法国政府的这种殖民地政策导致新法兰西经济结构单一、失衡，对本土依赖严重，甚至粮食也不能充分自给（只有丰年才能自给）。此外，法国政府对新法兰西这块土地并不十分珍惜，甚至一度抱有“甩包袱”的心理，原因是“它吸干了国库而没有像西印度群岛那样带来实际的补偿”①。

七年战争后，魁北克统治权力易主，当时魁北克的英国统治者认为，让法裔人群保持自己的制度，将会使他们效忠于英王，但英国负责殖民事务的商务部有不同的意见，他们同意在语言和宗教方面采取容忍政策，反对采取直接的压迫政策。但主张在殖民地发展英国人的生活方式。为此他们做了一系列努力，试图在法国制度和英国制度之间做出某种妥协。商务部想在魁北克殖民者（魁北克省）引进英国的制度，包括由一个总督、一个委派的参议院和一个选举出来的众议院，并用英国的法律代替法国的法律。魁北克的英裔居民则强烈要求建立英国制度，特别是要求设立由选举产生的众议院和英国的民法。他们认为法国法律妨害了他们的事业，他们也反对总督统治，认为总督们的军事头脑不利于他们的商业利益。

与此同时，魁北克省的法裔人群的态度是复杂的，一方面，主权易主、割断与法国的联系是痛苦的；另一方面，法国政府对他们一贯的忽略和低劣的行政效率，也使他们的这种痛苦有所减轻。更重要的是，新政权的压迫性不是那么明显。加之，生活在魁北克省的法裔人群，已经不具有典型的法国人的传统情怀——他们对英国人的统治既不反抗，也不拥护，并且准备在一定条件下——如允许保留宗教、语言并在“涉及他们日常事务的范围内”保留法国民法——随时与英裔统治者妥协。

1766 年，魁北克的代理主教布里昂在法国受认为主教，这是仍然坚定地信仰《最高权法案》（Act of Supremacy）② 的国家所做的一个大的让

---

① ［加］格莱兹布鲁克：《加拿大简史》，山东大学翻译组译，山东人民出版社 1972 年版，第 119 页。

② 即奉英王为国家主权人而否认罗马教皇主权的法令。

步。法裔加拿大人仍然像以前一样由教会学校培养。1774 年《魁北克法案》实施，该法案在推行英国的刑法和刑诉法的前提下恢复了法属殖民地时期的法律。这是七年战争后法裔人群在魁北克本土取得的最大胜利。

七年战争的一个重要后果是将之前独立的具有准主权者身份的法裔民族变成了英王统治下的“臣民”，变成了英裔多数统治的少数民族。从此，欧洲大陆的两个争斗多年的“冤家”开始生活在一个“屋檐”下。并且，由于两个民族之间的统治与被统治的关系是通过战争的形式确立的，法裔人群的民族自尊心受到严重伤害，心理上留下了难以弥合的创伤，由此所造成的两个民族间的裂痕一直伴随着加拿大国家的整个历史进程。

二　《皇室公告》：三个“民族”在准联合体框架内的初步碰撞

英国在夺取新法兰西后，为了遏制殖民者的进一步向西扩张，安抚已经失去大量土地的印第安人，同时为了有效管理从法国殖民者手中接管的殖民地，推行英国的代议制和英国法律，吸引更多的英国人和英属北美十三殖民地的居民向加拿大移民，1763 年 10 月英王乔治三世发布《皇室公告》。

（一）英裔加拿大人与“第一民族”的碰撞

1763 年大英帝国在北美面临的一个重大问题是控制欧洲和英国殖民地上的土地投机者，这些土地投机者无止境的扩张和掠夺土地的行为已经造成激烈的边疆冲突。那些与英国殖民者发生激烈冲突的土著民族——特别是五大湖地区的印第安人曾经与法国殖民者有着长期、密切的关系。这些印第安人沮丧地发现，他们已经在不知不觉中处于英国人的统治之下——这意味着他们失去了法国人所赋予的很多东西。为了夺回失去的土地和权益，这些印第安人不惜发起大规模的叛乱——或被称为“庞蒂亚克起义”。庞蒂亚克起义的直接起因是当地印第安人被英国殖民者杰弗里·阿姆赫斯特（Jeffrey Amherst）的（七年战争）战后政策所激怒，他们袭击了英国殖民者的城堡和定居点，摧毁了八个城堡，杀死或俘虏了数百名定居者。这场土著民族与英国殖民者之间的战争被描述为“残忍、无情、充满着暴行和背叛”（杀害囚徒、针对平民等）。反映着英国殖民者与土著民族之间的鸿沟在加深。

显然，缓解与土著民族的关系，消除民族群体之间的对立和紧张已成为英国殖民者巩固新殖民地、建立新的统治秩序的当务之急。此时出台的《皇室公告》可谓一场"及时雨"①。《皇室公告》在大西洋海岸的英国殖民者与阿巴拉契亚山脉以西的印第安土地之间（即印第安人的保留地）创建了一条分界线（也被称为"公告线"），禁止殖民者在阿巴拉契亚山脉以西印第安人的保留地上购买土地或定居。② 这样"公告"划出了一块巨大的英国殖民者管辖下的印第安人保留地——将阿巴拉契亚山脉以西，北到哈德逊湾，南至佛罗里达的大片土地划为印第安人保留地。这是西方殖民者第一次在"新世界"确认印第安人土地的存在（而不是所谓"无主土地"），这一事件所昭示的对土著民族土地权利的历史承认影响了随后几百年的加拿大及美国印第安人对土地权利的诉求。

关于《皇室公告》与土著民族权利的关系，长期以来学界存在着不同的认识。有人认为公告只是一个临时性质的文件，是为了"安抚土著民族对殖民者侵占他们的土地的日益不满的怨恨情绪"，以免"这种怨恨情绪对英国殖民者构成严重的威胁"③。更多的人主张《皇室公告》对土著民族的土地权利和自治权利来说是一个举足轻重的文件，它是英王对土著人权利的第一次法律承认④，承载了英王对土著人民的信托义务。这种

---

① 庞蒂亚克起义不是《皇室公告》出台的直接动因，因为在起义发生之前，公告已在草拟之中。不过，起义的发生的确加速了公告的出台。Gordon S. Wood, *The American Revolution, A History*, New York, Modern Library, 2002, p. 22.

② 当然，所谓的公告分界线并不是要在白人和土著民族之间划一条永久的边界，而是一个临时的分界线——这个分界线可以以一种"有序的、合法的方式"进一步向西推进。公告也并非一概禁止从印第安人那里购买土地，它只是禁止过去经常导致问题的私人购买行为。它规定只有英国王室才有资格从印第安人手里购买土地，从而垄断了购买印第安人土地的权力（利）。公告下达后，立刻引起殖民者和土地投机者的反对，他们认为西部的土地是赢得战争的"奖赏"，禁止越过分界线购买土地和定居是不可接受的，因为他们中的许多人已经在阿巴拉契亚山脉以西的地方拥有土地或已经居住。这样，在一些知名的殖民头子和土地投机人的联合游说下，英国政府在与印第安人的一系列条约中，继续向西延伸殖民的触角，直至通过1768年的《坦尼克斯堡条约》《哈德莱博条约》和1770年的《洛哈伯条约》，将今天美国的肯塔基州和西弗吉尼亚州的大部并入英国殖民地。

③ Douglas R. Francis, Richard Jones and Donald B. Smith, *Origins: Canadian History to Confederation*, Toronto: Nelson Education Ltd., 2009, p. 156. Jack Stagg, *Anglo-Indian Relations In North America to 1763 and an Analysis of the Royal Proclamation of 7 October 1763*, Indian and Northern Affairs Canada, Research Branch, 1981, p. 356.

④ Borrows, John. "Wampum at Niagara: The Royal Proclamation, Canadian Legal History, and Self-Government", in *Aboriginal and Treaty Rights in Canada*, ed. Michael Asch. Vancouver: UBC Press, 1997, p. 155. Douglas R. Francis, Richard Jones and Donald B. Smith, *Origins: Canadian History to Confederation*, Toronto: Nelson Education Ltd., 2009, p. 157.

观点认为，《皇室公告》将英王在北美的土地一部分给了殖民者，其余部分留给印第安人作为保留地。如此，不仅确认了土著民族的土地权利，而且清楚无误地表明：在英王的主权下，土著人部落是自治的政治单元，它们与非土著政府的关系是国与国（nation-to-nation）的关系，英王是土著人与非土著人的中间人或仲裁者。如此，不仅奠定了土著加拿大人和作为英王代表的加拿大国家之间联盟的宪法与道德基础，而且创造了一种“信托关系”，在这种关系中，英王在宪法上负有向第一民族提供某种保证的义务。

总而言之，尽管《皇室公告》不是一个条约，并且相当一部分白人学者认为，《皇室公告》无所谓承认或者说是破坏了印第安人的部落主权①，但是从后来的政治和法律实践来看，《皇室公告》被广泛认为是为土著民族包括第一民族、因纽特人和梅蒂斯人的土地权利诉求建立了重要的先例，它也因此被印第安人视为《印第安人权利法案》②。

今天，《皇室公告》所宣示的土著人土地权利已然发展成一种具有在先性质的综合权利，它不仅确认了包括条约权利、土地权利在内的土著人权利，而且最终发展成一种完整意义上的宪法权利。

（二）英裔加拿大人与法裔加拿大人的碰撞

《皇室公告》在准联合体框架内安抚、整合土著民族的同时，对准联合体内另一个重要民族——法裔加拿大人也做出了某种政治安排——“民族同化”。《皇室公告》采取的主要措施有设立魁北克省；在魁北克省实行英国传统的代议制，用英国法律代替法国法律；在允许天主教信仰的同时，借助于政府力量大力推行英国国教。为了从居民结构上彻底改变魁北克英裔民族和法裔民族的比例，《皇室公告》放手鼓励英国人和英属北美十三殖民地的居民向加拿大移民。然而，由于历经150余年的魁北克法裔民族已经形成了坚定的以天主教信仰和法语文化为核心、以法国民法为用、以庄园经济为基础的“新法兰西模式”，英裔民族的同化措施不仅没有起到预期的作用，反而更加激起他们对本民族文化语言、宗教和生活方

---

① Calloway, Colin, *The Scratch of a Pen: 1763 and the Transformation of North America*. Oxford University Press, 2006, p. 93.

② Department of Indian and Northern Affairs Canada. “Aboriginal Peoples & Communities, Royal Commission Report on Aboriginal Peoples, Volume 2, Restructuring the Relationship: Part One: 2. 6. 1 A Royal Proclamation”, Queen's Printer for Canada.

式的捍卫和珍视。加上吸引英裔居民计划的失败，《皇室公告》意图在准联合体框架内同化法裔民族的努力宣告失败。

三 《魁北克法案》：英法（裔）二元结构的初步确立

《皇室公告》中的一系列同化政策导致英裔民族与法裔民族关系空前紧张。按照《皇室公告》，那些留下来变成大英帝国“臣民”的法裔加拿大人如果想在政府部门任职，就必须向英王宣誓效忠，而效忠誓词中明确包含着放弃天主教信仰的内容。由于许多天主教法裔加拿大人拒绝宣誓效忠，结果导致大量法裔加拿大人被排斥在魁北克政治过程之外，无法参与当地政府，他们的不满情绪日益上升。

与此同时，随着北美十三殖民地的反叛或起义活动日益高涨，英国当局担心这些不满的法裔加拿大人会支持十三殖民地的反叛活动。总督盖伊·卡尔顿（Guy Carleton）认为，《皇室公告》试图同化法裔民族的做法不仅不合时宜，而且也没有实施的可能。他认为当务之急不是推行英国人的政治和法律制度，而是承认法国的制度在魁北克的合法性。他警告说，如果强行推行英国化制度，可能导致法裔民族最终走向背离和反叛，使英国失去魁北克这块重要的军事要地。而殖民地的革命派，也认为刚刚成为被征服民族的法裔加拿大人，应该有理由欢迎能使他们摆脱征服者和压迫者从而重获自由的机会。当时，法裔加拿大人人口占到魁北克总人口的99%以上，而英裔加拿大人的数量少之又少。显然，对于是否参加、反对或中立于这场殖民地革命战争，人口占绝大多数的法裔加拿大人有重要的决定权。为了换取近9万法裔加拿大人对英国当局的忠诚，也为了缓和法裔加拿大人与刚到不久的英裔加拿大人的矛盾，第一位总督詹姆士·穆雷（James Murray）以及后任总督盖伊·卡尔顿决定改变对法裔加拿大人的政策。

（一）《魁北克法案》的主要内容

1774年，英国议会通过了《魁北克法案》［全称为《不列颠北美（魁北克）法案1774》］，这个法案的主要内容有：第一，魁北克省的领土扩展至包括部分印第安人保留地。具体而言，今天的南安大略省、伊利诺伊州、印第安纳州、密歇根州、俄亥俄州、威斯康星州和明尼苏达州的一部分都被囊括在魁北克的版图；第二，取消代议制，由总督和英王任命的立法委员会代行其功能，对魁北克进行管理；第三，宣誓效忠词中去除了新教信仰的内容；第四，在私法领域恢复法国民法，同时在公法领域包括行政诉讼、庭审程序、刑事诉讼等方面保持英国的普通法；第五，保障天主教徒的信仰自由，恢复天主教征收什一税的权力；第六，法语与英语同为官方语言。[①]

《魁北克法案》连同其他几项被认为是针对十三个殖民地的惩罚性法案一起并称为“不可容忍法案”（Intolerable Acts）或“强制法案”（Coercive Acts），这些法案的颁行对北美十三殖民地产生了极大影响：它们限制了殖民地向西的扩张，损害了殖民地的利益；其中的《魁北克法案》的条款被十三殖民地视为英国殖民政府的新范式，这种新范式由于放弃了民选立法机构，被认为将会危及殖民地民选议会的合法生存。尤其让十三殖民地不满的是，《魁北克法案》使天主教在魁北克地区“变成了国教”[②]；美国人（十三殖民地人民）曾在“七年战争”中拼死一战，而现在这场战争的失败者（魁北克的法裔加拿大人）竟然被赋予了原归十三殖民地所有的土地。《魁北克法案》及其他相关法案间接导致了美国独立战争的爆发。

当然，“不可容忍法案”尤其是魁北克法案对加拿大的影响更为重要。

（二）《魁北克法案》的主要后果

总的来说，魁北克法案对加拿大（魁北克省）的影响主要体现在以下几个方面：第一，允许公职人员信仰天主教——通过改变官员宣誓效忠的对象——由伊丽莎白一世及其继承人改为乔治三世，向后者宣誓效忠不需要提及新教信仰。这一改变使得法裔加拿大人第一次可以在不正式宣布放弃自己信仰的前提下合法地参与省政府的公共事务。在宗教方面，还有一个值得注意的方面就是，法案恢复了一度被禁止的天主教什一税，并且允许遭驱逐的耶稣会牧师重返魁北克。第二，规定了省政府的权力结构，省长（省总理）由英王任命，在立法委员会的协助下工作。取消拟议中的参议院。第三，确认法国法律继续在私法领域（民事案件）适用，但公法领域仍然适用英国法律。第四，恢复法裔加拿大人的领主（庄园主）土地制度，等等。

---

① Pitamber Kaur, *Federalism and Political Separatism, A Case Study of Quebec in Canada*, South Asian Publishers, 2000, p. 34.

② Derek H. Davis, *Religion and the Continental Congress, 1774 - 1789: Contributions to Original Intent: Contributions to Original Intent*, Oxford University Press, 2000, p. 153.

《魁北克法案》的颁行，引起了英裔加拿大人和法裔加拿大人不同的反响。来自英国和十三殖民地的英语居民（英裔加拿大人）反对法案中的许多条款，认为一些条款取消了他们的某些政治自由。法裔人群则出现了不同的反应，拥有土地的庄园主和教会一般说来对法案比较满意，而广大民众则因多种自由受限而产生一定的不满情绪。但是，总的来说，由于《魁北克法案》从政治参与、宗教自由、法律适用、土地制度等多方面关照和包容到法裔加拿大人的政治、宗教和经济的诉求，法案总体上受到法裔加拿大人的欢迎，他们甚至把法案看作法裔人的“自由宪章”①。法案的一个最重要的直接目的——以政治、经济、宗教等方面的包容和权利保障换取法裔加拿大人不参加支持十三殖民地的“反叛”活动已经达到。②

不仅如此，从加拿大国家建构的长远角度来看，《魁北克法案》的历史影响或意义已远远超越了英裔加拿大人基于短期安全利益的功利主义价值取向。它通过从基本政治制度、土地制度、法律制度以及语言、宗教权利等多个角度保障法裔加拿大人的诉求，初步确立了准联合体框架下的英法（裔）二元结构。

四 《1791 年宪法法案》确立英法（裔）分治的二元模式

北美独立战争爆发后，大量③忠于英国的保皇派北迁至魁北克省、新斯科舍省等地区，导致应属北美殖民地（加拿大）的英裔人口数量大增。这些英裔效忠派很快就提出与法裔魁北克分开而治的要求。为适应新的形势，1791 年 6 月英国议会通过新的宪法法案，对 1774 年的《魁北克法案》进行修改和补充。主要内容有，将魁北克省划分为以英裔人口为主

---

① Pitamber Kaur, Federalism and Political Separatism, South Asian Publishers: *A Case Study of Quebec in Canada*, 2000, p. 33.

② 时任魁北克省总督的盖伊·卡尔顿勋爵认为，他们在 1774 年的《魁北克法案》中所作的让步可以阻止法裔加拿大人支持或参加南方的“叛乱”。果然，法案通过后，魁北克的法裔加拿大人对十三殖民地的革命宣传活动无动于衷，他们认为已经享受到的“英国统治下的实际容忍措施”要比“新朋友口头上关于自由的论述要现实得多”，［加］格莱兹布鲁克：《加拿大简史》，山东大学翻译组译，山东人民出版社 1972 年版，第 135 页。他们甚至认为这场战争与他们没有关系，法裔加拿大人的这种态度即使在法国成为十三殖民地的同盟时也没有改变，这从一个侧面说明，加拿大的法裔人已经有了自己独特的利益，他们与母国——法国的政治联系明显疏远。

③ 通说为 10 万人左右，但也有认为大约为 6 万人。参见［英］温斯顿·丘吉尔《英语国家史略》（下），薛力敏等译，新华出版社 1985 年版，第 395 页。

的上加拿大省和以法裔人口为主的下加拿大省；规定英属北美殖民地各省应建立代议制政府；为缓和民族矛盾，法案在鼓励英国国教传播的同时，重申天主教的自由传教和征收什一税等权力；规定各省自行决定适用何种法律，从而为在私法体系中适用法国法律留下制度空间。此外，法案虽然规定各省最高行政长官——总督或副总督为英王的代表，英王任命行政委员会和立法委员会，但对普选产生的议会的有关规定如议会人数、议员宣誓、选民资格等也为法裔人群提供了可能的条件。在土地制度方面，魁北克保留了法式庄园制，其他省实行英式自耕农土地占有制。

《1791 年宪法法案》在满足英裔效忠派单独建制的前提下，保留了 1774 年《魁北克法案》对法裔加拿大人的让步。英国当局认为给法裔加拿大人“以他们自己的制度，法裔加拿大人将会效忠于英王，而满意的英国人也将不受新英格兰狂妄的政治思想的影响”①。该法案的直接目的是想通过赋予英裔加拿大人与法裔加拿大人各自主导下的制度和体制的选择权而缓和他们的矛盾，巩固英国对北美殖民地的统治，以弥补失去北美十三殖民地的损失，或重新建立一个“不列颠第二帝国”。其深远的后果是进一步加深了准联合体（加拿大）的英法（裔）二元结构。从此，加拿大的族裔二元特性更加深固，两个具有不同传统且相互不理解的民族将注定生活在一个共同体内。②

《1791 年宪法法案》也被视为法裔民族主义发展的一个分水岭，它为法裔加拿大人提供了一个与英裔上加拿大省相分离的、被法裔加拿大人视为自己的省（下加拿大），这种将下加拿大省视为独特的民族家园的法裔民族主义理想和该省 1791 年后继续由英裔加拿大人在政治和经济上主导的现实，导致了法裔社会各阶层的不满和要求改革的呼声。这种不满和要求改革的呼声逐渐演变成法裔民族深刻的挫折感并最终促成 1837—1838 年法裔民族的“下加拿大叛乱”（也被魁北克人称为“爱国者战争”）。

五　“英属北美”时期的两次反对美国入侵的战争

（一）两次战争

如前所述，1774 年的《魁北克法案》不仅阻止了十三殖民地的“西

① ［加］格莱兹布鲁克：《加拿大简史》，山东大学翻译组译，山东人民出版社 1972 年版，第 128—129 页。

② William Metcalfe, *Understanding Canada*, New York University Press, 1982, p. 93.

进”，而且将十三殖民地（美国）已有的土地大量地划归魁北克省，怒不可遏的十三殖民地（美国）于法案通过不久，就发动了战争，试图夺取魁北克作为他们的第十四个殖民地，但战争以失败告终。这场战争是美国独立战争前对英属北美殖民地（加拿大）的一次重要用兵。它的失败初步表明，英属加拿大已开始拥有自己的领土利益和领土意识。

真正对加拿大建国产生实质性重大影响的战争是1812—1815年美加战争。这场战争不仅打破了美国试图一统北美大陆的美梦，而且唤醒并催生了加拿大各民族建立自己国家的意识和雄心。

美国赢得独立后，一直野心勃勃于领土扩张：向西蚕食印第安人的世居领地，向南觊觎西班牙的殖民地佛罗里达，并于1803年从法国手中购得路易斯安那。领土不断扩大的美国逐步有了吞并整个英属北美的野心，产生了必须控制整个北美的“昭昭天命”（manifest destiny）。1812年6月，美国国会通过了对英属加拿大宣战的决议。尽管对加拿大宣战的原因多样，如英帝国不仅不按1783年《巴黎条约》移交西部地区，而且武装印第安人袭扰美国西部边境；拦截美国商船，强征美国水手入伍①；实施贸易禁运，扣押美国商船；在公海上羞辱美国的国家荣誉，等等，但核心原因无疑是觊觎地广人稀、资源丰富、防御松懈的英属加拿大领土。

对加拿大宣战后，美国兵分三路进攻加拿大。其兵力部署和战略意图是：主力东路军越过圣劳伦斯河天险，目标是占领加拿大的蒙特利尔和魁北克城；中路军越过尼亚加拉河，先占领纽瓦克镇，再直扑当时上加拿大省的首府约克镇（今多伦多）；西路军则从伊利湖要塞底特律出发，在伊利湖和休伦湖流域扫荡，然后中、西两路军队再合力攻击加拿大的战略要塞金士顿。当三路军队的目标全部达成后，再向大西洋方向挺进，在海军的协同下将英军势力全部赶出加拿大。②

美加战争主要有三个战场，第一个战场是海上，双方的军舰和武装民船互相攻击对方的商船，到战争后期英国海军封锁了美国的大西洋沿岸并

① 英帝国不承认英国臣民有放弃身份转而效忠其他任何国家的权利，因而经常在海上拦截、搜查美国商船以抓捕放弃身份的“背叛者”（deserters）。据估计，1805年美国船舰上有归化入籍的水手1.1万名，其中9000人为英国出生，这些人成为英国皇家舰队抓捕的对象。Caffrey, Kate, *The Twilight's Last Gleaming: Britain vs. America 1812 - 1815*. New York: Stein and Day, 1977, p. 60。

② 周斌：《1812—1815年美加战争奠定现代北美大陆国家版图》，《文史参考》2012年第22期。

发动大规模的袭击；第二个战场主要在沿五大湖、圣劳伦斯河与尚普兰湖北段的美加边境线上，战争的方式是海战兼陆战；第三个战场在美国南部，主要是陆战。尽管双方的主流舆论都宣称取得了这场战争的胜利，但实际上双方在战争中互有胜负，任何一方都没有在战争中取得支配性或决定性的胜利。因此战争最终以双方回到谈判桌前、议定回到战前领土状态结束。

（二）对加拿大建国的影响

1774 年战争尤其是 1812 年战争在很大程度上塑造了未来“加拿大人”的国民性。1812 年战争爆发前，美国的主流舆论一厢情愿地认为，加拿大人会像当年十三殖民地一样，渴望摆脱英国的殖民统治，他们甚至幻想当他们的军队开进加拿大后，加拿大人会像欢迎“解放军”一样迎接他们的到来。美国西部的议员向国会保证说“单单肯塔基的民兵就有能力将蒙特利尔和上加拿大置于您的脚下”。刚刚卸任的前总统托玛斯·杰斐逊也公开声称：夺取加拿大轻而易举，兼并加拿大包括魁北克仅是“一个向前推进的问题”（a matter of marching），之后我们将进攻哈利法克斯，最终将英国势力彻底逐出美洲大陆。① 然而不曾料到的是，加拿大人包括英国北美殖民地上的英裔加拿大人、法裔加拿大人和土著（加拿大）人对美国军队的来犯采取了坚决抵抗的态度。正是在这种抵抗中，加拿大民族的国民性开始悄悄生长，并最终为走向政治联合提供了某种基础。以下分别以英裔加拿大人、法裔加拿大人和土著（加拿大）人为主体简述之。

1. 英裔加拿大人

加拿大领土上的英裔加拿大人主要有两类，一类是在美国独立战争中逃往加拿大的大英帝国的忠诚者或所谓的“保皇派”，另一类是独立战争后逃往加拿大的美国移民。前一类人仇视他们眼中的“叛乱分子”美国人，他们在独立战争期间就愿意为英国而战，到加拿大后他们变成加拿大本土爱国主义的中坚力量。后一类人是冲着授地而去加拿大的非效忠派美国人，美国当局起初认为这些人会欢迎或支持美国军队。加拿大的英军也担心这部分人会支持或暗中帮助敌人。英军少将艾萨克·布洛克（Isaac Brock）在获悉美国的宣战后发布公告，提醒上加拿大的市民已进入战争状

① Ronald J. Dale, *The Invasion of Canada: Battles of the War of 1812*. James Lorimer & Company, 2001, p. 17.

态，敦促所有军人或武装人员在履职时保持警惕，防止将信息泄露给敌人，逮捕那些涉嫌帮助美国的人。然而实践证明，这些非效忠派大都是一些对政治不感兴趣的人，他们在战争中或选择中立，或选择支持英国军队。少数对美国军队有模糊同情感的人迅速被坚决抵抗的效忠派力量所淹没。

总体上加拿大的英裔加拿大人在抵抗美军入侵方面，态度是坚决的。这种态度一方面与他们对大英帝国的忠诚密切相关，另一方面也与他们已经生发的本土意识——他们已经萌发了守卫自己疆土的意识——密切关联。同时，英裔加拿大人的这种义无反顾还与美国入侵者咄咄逼人的态度有关——美军统帅威廉·赫尔（William Hull）领导下的美国入侵者一踏上加拿大的领土，就发布对英裔加拿大人的促降公告，公告称“英裔加拿大人要么投降，要么等待恐怖和灾难的战争降临”，他还威胁要杀死任何与土著人一起战斗的被俘的英裔人士。赫尔的公告使英裔加拿大人的抵抗活动更加坚决。

2. 法裔加拿大人

如果说英裔加拿大人把美国人发动战争视为对大英帝国的进一步背叛和对他们领地的进犯，那么法裔加拿大人则是把这次战争看作对他们世居领地的侵略。在人口密集的法裔民族主导的下加拿大，法裔加拿大人的精英害怕美国的征服将会通过引进新教、盎格鲁化、共和民主和商业资本主义以及削弱天主教会而破坏他们的共同体；害怕未来的美国移民会使他们日益缩水的宝贵土地更加减少。因此，法裔加拿大人一开始就立场坚定（即使是他们的来源国法国是美国的同盟者），对美国的侵略进行了坚决的抵抗——如果说1775年法裔加拿大人曾经在战争中严守中立，没有把那场战争看作自己的战争的话，那么面对1812年的美国入侵，他们的确是要为他们的土地一战了。

3. 战争中的土著民族

参加1812年战争的印第安人主要是1783年《巴黎条约》中被割让领土上的印第安联盟，他们构成反抗美国侵略的土著民族主力。尽管印第安人积极参加这场战争的目的与英裔及法裔加拿大人有所不同，是为了保护他们生活了数千年的领地和他们特有的生活方式——这与他们当年与法国结盟的目的一样。不同的是，在这次战争中，他们的盟友英国殖民者曾向他们许诺，战争胜利后，将为他们在美国和英属北美殖民地加拿大之间建立一个印第安人自己的国家。因此印第安人一开始就与英国殖民者军方紧密合作，对于来犯的美军坚决予以迎头痛击。在多次战役中配合英军重创美军。

然而，由于种种原因，1812 年战争的重要后果之一是土著民族变成了加拿大和美国的永远的少数民族，而不是组建一个独立的国家——英国殖民者长久以来的想法——在加拿大和美国之间建立一个大的处于缓冲部位的中立国家。在领土方面，这个中立国包括了今天的俄亥俄州、印第安纳州和密歇根州的大部分。英国殖民者在 1814 年秋的和谈会议上提出这一要求，但是由于在这之前的 1813 年伊利湖及其周边地区的一系列关键战役中失去了对西安大略地区的控制，加上这些战役也摧毁了英国殖民者在这一区域的重要盟友——印第安联盟，英国殖民者在谈判桌上的筹码大大减弱。尽管在战争结束时，这一地区的控制权依旧在英国殖民者或其盟友印第安联盟的手中，但在美国的坚持和有其他更重要问题需要应对的条件下，英国殖民者最终放弃了建立印第安联盟国的要求。虽然作为和谈结果的《根特条约》第 9 条写上了“恢复土著民族 1811 年就已经享有的所有财产、权利和特权”，但这些条款最终都没有兑现。①

与美国和英属加拿大相比，一些历史学家认为，印第安人是这场战争“最大的输家”或者说“真正的输家”。他们伤亡惨重，失去了可靠的欧洲盟友，他们的传统领地和生活方式从此加速衰落。

以上简单评述了加拿大三个民族在 1812 年战争中的表现或处境。尽管这三个民族在这场战争中各有参战的理由和目的：英裔民族为帝国的荣誉或对帝国的忠诚而战；法裔民族为自己经营了两个世纪的共同家园而战；土著民族则为了保护栖息于其中数千年的世居领土而战，他们甚至期望在西方列强横行的时代为自己建立一个能够保存自己传统领地和生活方式的印第安人国家——但是共同的战斗经历和特定时期共同的命运无疑给这三个民族未来的政治联合提供了某种宝贵的经验。②

---

① A. T. Mahan, “The Negotiations at Ghent in 1814”, *The American Historical Review*, Vol. 11, No. 1, Oct. , 1905.

② 在这场战争中，三个民族并肩作战，致力于一个共同的目标。在美军西路军进攻马尔登堡的战争中，英国海军控制了伊利湖和安大略湖，从海上切断了美军补给线，印第安武装力量频繁袭击美军的路上运输线，迫使威廉·赫尔准将率领西路军退守底特律并最终在英军正规军、加拿大民兵和印第安武装力量的合围下投降。与此同时，美国东线军队的主要对手是魁北克的法裔居民，他们虽然对英国的统治有所不满，但在坚决拒斥敌视天主教的美国军队上，与英裔民族的有着高度一致的利益。虽然战后大部分印第安人留在美国领土内，但其与英裔、法裔加拿大人共同战斗的历史，依然给留在加拿大领土上的印第安人提供了某种共同的精神财富。

按照多数历史学家的观点，1812 年战争在军事和领土意义上是平局的，因为根据停战的《根特条约》，双方退回了占领对方的领土，边界恢复到战前状态。但是这场战争对加拿大国家的产生来说意义非同寻常。

首先，战后广泛流传的“民兵神话”对加拿大本土民族主义的生成起了重要推动作用。所谓“民兵神话”是指，在美加战争中，加拿大本土的民兵武装比英国的常规军起了更大的作用。多伦多圣公会主教约翰·斯特拉坎（John Strachan）说，正是当地市民的英雄主义挽救了上加拿大。① 从历史事实来看，参战的英国军队中有五成以上的兵员都是加拿大的民兵。这一历史现象无疑对加拿大的本土民族主义的产生、发展起了重大作用。

其次，1812 年战争是加拿大三大民族第一次联合起来一致对外，这种跨民族的联合对未来三个民族在加拿大联邦内的共同相处、磨合提供了预演机会和宝贵的历史记忆。从战争的直接后果来看，没有三个民族的联合抗战和共同斗争，就不可能有战争的胜利或平局，因而就不可能有后来的加拿大国家。2012 年加拿大在纪念 1812 年战争 200 周年的官方网站上说，“如果美国 1812—1815 年的入侵成功，加拿大就不会存在了。从这个意义上说，1812 年战争是加历史上决定性的篇章”。官方网站还说，“当年美国独立后欲吞并加拿大，1812 年至 1815 年，美国攻击当时的英国北美殖民地加拿大各省。最终由加拿大民兵、原住民武装和英军组成的联合军队打退了美国的入侵”。加拿大当时的总理哈珀在一个纪念活动上称，1812 年战争奠定了真正的“泛加拿大”身份认同的基础。加拿大社会各界都认为 1812 年战争是塑造加拿大人身份认同的“关键事件”，60% 的受访者都表示要参加被视为“加拿大历史重要的一页”的战争的纪念活动。② 2012 年的一项调查也发现，在定义加拿大国家认同的诸种选项中，“成功地击退美国入侵的 1812 年战争”位列第二（25%），仅次于“加拿大的全民医疗保险制度”（53%）。调查还发现，77% 的加拿大人认为纪念 1812 年战争 200 周年对加强加拿大的凝聚力很重要。③

---

① Kaufman, Erik. “Condemned to Rootlessness: The Loyalist Origins of Canada’s Identity Crisis”, *Nationalism and Ethnic Politics*, Vol. 31, 1997, pp. 110 – 135.

② 陶短房、毕方圆：《加拿大纪念击退美国 200 周年 欲强化国家认同》，《环球时报》2012 年 10 月 8 日。

③ Ipsos Reid poll 2012, http://www.ipsos-na.com/news-polls/.

最后，从加拿大联邦（自治领）发起的具体历史背景来看，正是由于1812年战争的发生才促使英国殖民当局下定决心建立一个具有防御能力的政治共同体——加拿大自治领，以防范一直觊觎其领土的南方邻居美国。1812年战争后，英国殖民当局心里很清楚，地广人稀的加拿大再也难以经受另一场战争。当时的海军上将大卫·米儿恩（David Milne）忧心忡忡地说“如果美国再次向我们宣战，加拿大将不保”。为使加拿大摆脱殖民地的被掠夺和侵略的处境，同时也为了摆脱长期以来背负的北美殖民地（加拿大）重负，此后的半个世纪里，大英帝国逐步将建立自治领的任务提上历史日程。而1812年战后加拿大各省经济的发展和它们对于经济乃至政治上联合的需求成为自治领最终得以建立的内部条件。

第四节 《不列颠北美法案》的颁行

1867年3月，《不列颠北美法案》在英国议会三读通过，法案同意加拿大（即魁北克和安大略省）、新斯科舍和新不伦瑞克联合组建自治领。该法案称“鉴于加拿大、新斯科舍和新不伦瑞克各省均表示了组成在大不列颠及爱尔兰联合王国领属下的、由在原则上相似于联合王国的宪法而统治的自治领的愿望；鉴于联邦将对这些省的繁荣做出贡献并将有惠于不列颠帝国的利益；鉴于议会在颁布这个联邦法案时应当不仅宣布立法权将如何构成，而且宣布在自治领内政体的性质如何；鉴于应当预见不列颠北美其他方面可能加入设计的联邦”，特制定本法案——1867年《不列颠北美法案》。

1867年《不列颠北美法案》也被称作宪法法案，该法案创造了加拿大自治领，规定了加拿大政府运行的大部分规则包括联邦的架构、众议院、参议院、司法和税收制度等。《不列颠北美法案》（以下简称法案）的颁行标志着加拿大联邦开始建立。

一 《不列颠北美法案》的主要内容

法案首先宣布由加拿大（即魁北克和安大略省）、新斯科舍和新不伦瑞克联合组建而成的自治领名为“加拿大”，然后具体规定了“行政权”“立法权”“省政体”“立法权的分配”“司法制度”“财产收入、债务、资产捐税”“其他殖民地加入联邦”等内容。其中关于行政权的规定主要有："加拿大的管理和行政权将继续属于并赋予女王"，"为了在加拿大政府中协助总督，将设女王在加拿大枢密院的参议机构，其组成人士由总督挑选和任命"①；各省的行政部门继续存在，它们的权力通过省督行使，而由联邦政府行使的权力必须通过总督行使，不论是以枢密院参议机构的意见的形式，还是以总督单独的意见的形式。总督在行政院按照枢密院参议机构的意见行事；允许总督任命副手在加拿大各地代表他行使权力；加拿大的地面和海上自卫队以及一切海陆军力量的统帅权继续属于并赋予女王；宣布渥太华为自治领的首都。

立法权法案规定"加拿大议会"由女王和两院（即众议院和参议院）构成。议会的权力和特权不能超过大不列颠及爱尔兰联合王国议会所被赋予的权力和特权；议会的第一次会议必须在该法案通过后的6个月以内举行；议会必须每12个月举行一次立法会议。关于参议院，法案规定参议院由72名参议员组成。参议员在各省的分布为：安大略24位，魁北克24位，"海上省"24位（其中新斯科舍和新不伦瑞克省各12位）；规定了参议员的任职条件、产生办法和最大数量限制（不得超过78位），参议员为终身任职。关于下议院，法案规定下议院由181位议员组成。各省的名额分配情况为：安大略为82名，魁北克为65名、新斯科舍19名，新不伦瑞克15名。该四省为选出议员而划分选区；参议员无权当选下议院议员，也无权参加下议院的会议；下议院会议由总督根据需要以女王的名义召集；总督有发布第一次选举令状的权力。

此外，法案还就下议院议长的产生、权限以及议员的递补选举、多数票决制等问题作了具体规定。下议院的每届任期为5年。

财税方面，法案规定"钱的法律草案"（即涉及税收和拨款）必须首先呈交下议院，必须经过总督的咨文推荐，所有的法律草案都必须经过女王的御准。

省政体行政权方面，每个省都必须有一个省督，省督任期不定，除特定原因外，"在加拿大议会第一次会议后受命的省督在此后五年内不可撤职"②，省督必须宣誓效忠，其工资由加拿大议会支付；每个省都必须设

---

① 《一八六七年不列颠北美法案》，张学斌译，阮西湖主编：《加拿大与加拿大人》（三），中国工人出版社1994年版，第54—55页。

② 同上书，第60页。

置行政院，行政院由省督任命的人士组成。省督可以单独行使行政权，也可以通过行政院行使。立法权方面，安大略省的立法机构由省督和安大略省议会构成；魁北克省的立法机构与此相同［1968年，魁北克省议会更名为“魁北克国民大会”（National Assembly of Quebec）］；两省立法机构的第一次会议在法案通过后的6个月内举行，此后的会议由省督定期召集召开；禁止省公务员（不包括内阁部长）当选省立法机构成员；省立法机构每届任期4年，至少每12个月召开一次会议。此外，法案还就议长、递补选举和会议法定人数等作了规定。关于新斯科舍和新不伦瑞克省，法案只是将其前联盟时期的宪法延长至后联盟时期继续使用。

分权法案的一个极其重要的方面是规定了联邦政府和省的分权，其第91条和第92条分别列举了联邦议会与各省立法机构可以制定法律的领域或范围，前者包括“国家债务、国家产业；贸易及商业管理；军队和国防；印第安人及印第安人的土地”等29项内容；后者包括了“修改省宪法；省所得税；财产所有和民法”等16项内容。法案第92条A款和第93条分别规定了不可再生资源和教育的立法权限，将它们列为主属省立法的范围；第94条对财产和民事权利的立法权限方面留了一定变动的余地。与此同时，法案第94条A款和第95条对联邦和省共同管辖的事项即养老金、农业、移民做出了规定。

值得注意的是，法案第91条规定，联邦议会有权本着“和平、秩序和良好治理”的目的，就该法案没有排他地分配给省议会的一切事项享有立法权。①

第一民族、因纽特人和梅蒂斯人法案第91条24款规定，联邦政府享有印第安人及其保留地的立法管辖权。

司法制度司法权在联邦议会与省立法机构之间分配。法案第101条授权联邦议会创立一个“总的加拿大上诉法院”（general court of appeal for Canada）以及“为了更好地实施加拿大法律的额外的法院”（additional Courts for the better Administration of the Laws of Canada）。联邦议会根据这项授权创立了联邦最高法院和较低的联邦法院（如联邦上诉法院、联邦

---

① 尽管从立法文本上来看，这一规定似乎是将法案没有明确的权力——剩余权留给了联邦政府（议会），但随后英国枢密院的一项裁决认为，本着“和平、秩序和良好治理”目的的权力实际上与第91条所列的其他事项一样，是一项被限定了的联邦权力 *AG Canada v AG Ontario*（*Labour Conventions*），［1937］AC 326（PC）。

法院、加拿大税务法院、加拿大军事上诉法院)。法案第 92 条 14 款授权省级立法机构建立和维持省级法院（民事和刑事)，包括高级法院和层级较低的法院，初审法院和上诉法院等。

财政收入、债务、资产等法案创立了一个财政联盟框架，在这个框架下，联邦政府为各省的债务负责；建立了联邦政府通过财政转移支付来支持省政府的传统；建立了关税联盟，禁止各省之间互收关税；第 125 条规定任何属于加拿大联邦和省的土地和财产不被征税。

法案第 146 条允许联邦政府可以不经已加入的省的同意与新的省协商加入自治领问题；第 147 条规定如果爱德华王子岛和纽芬兰加入的话，它们可以各自拥有 4 个参议院席位。

法案第 132 条规定，只有联邦政府才有权与大英帝国内外的国家缔结条约；第 133 条规定，英语和法语是联邦议会和魁北克议会的官方语言；加拿大联邦政府负有建设一条连接四省铁路的义务。

二 《不列颠北美法案》的法律性质及其政治后果

《不列颠北美法案》从联邦与省的权力分配、国家体制、行政、立法、司法、财政与税收、未来联邦成员的加入、土著民族的立法管辖权等各个方面奠定了加拿大自治领（联邦）政治的基本结构，尽管在外交、防务、联邦参议员的任命等许多方面英王还掌握着许多实质性的权力，但毫无疑问《不列颠北美法案》是一个具有相对完整意义的国家“根本大法”，它规定了加拿大自治领（联邦）的基本结构、国家机构、政治体制等各个重要方面的内容。在基本权利方面，尽管除了所谓的“隐含的权利法案理论”，1867 年的《不列颠北美法案》还没有包括明确的权利法案，但是整个文本中也存在着被称为“狭义的宪法权利”——加拿大著名的宪法学教授彼得·沃德尔·霍格（Peter Wardell Hogg）把这些宪法权利称为“小权利法案”①。霍格罗列的权利有语言权利、举办宗教学校的权利（denominational school rights)、法官的任职权、民主权利等。② 其中语言权利，虽然没有在整个联邦和公共服务中明确英语和法语的双语官方

① Hogg, Peter W. , *Constitutional Law of Canada*（5th ed.), Toronto, Ontario: Carswell 2007.

② 包括法案第 20 条、第 86 条规定的联邦议会、安大略和魁北克议会至少每年召开一次会议，联邦议会至少每年举行一次选举等。

语言政策，但规定了在加拿大联邦议会及法院，魁北克议会及法院实行双语政策。法案第133条后来被解释为所有的律例和授权立法都必须以双语作准、具有同样的法律效力；“法院”也被解释为所有联邦法院、省级法院以及所有法庭。①

因此，即使按照现代宪法的基本结构（标准），1867年《不列颠北美法案》也能称得上是一个比较完整的宪法文本。正是依据这一宪法文本，加拿大自治领（联邦）作为一个近现代意义上的（多）民族国家横空出世。在这个意义上可以说1867年《不列颠北美法案》是加拿大国家的“出生证”。一百多年来，尽管经历了许多修改和补充以及重新命名②，但这一宪法法案的基本构架和基本内容至今仍然有效地适用于加拿大联邦。

---

① Quebec（AG）v Blaikie（No 1），[1979] 2 S. C. R.

② 加拿大1982年宪法对包括1867年《不列颠北美法案》在内的一系列宪法法案包括1871年、1886年一直到1975年《不列颠北美法案》（第2号）等20个宪法法案作了清理和梳理，将所有仍然有效的《不列颠北美法案》按其颁行年代命名，由此，1867年《不列颠北美法案》被命名为“1867年宪法法案”，以此类推，现行的有效的宪法法案有“1867年宪法法案”“1886年宪法法案”“1907年宪法法案”“1915年宪法法案”“1930年宪法法案”“1940年宪法法案”“1960年宪法法案”“1964年宪法法案”“1965年宪法法案”“1974年宪法法案”“1975年宪法法案（第1号）”“1975年宪法法案（第2号）”。加拿大1982年宪法规定“1867年至1975年（第2号）的各个宪法法案和本法可以合并称为1867年至1982年宪法法案”。除了这些宪法法案以外，加拿大宪法还包括了一些有关联邦新成员加入条件的法律如“1870年曼尼托巴省法”“1870年关于鲁帕特的土地和西北地区的命令”“1871年不列颠哥伦比亚联合条件”“1871年宪法法案”（由“1871年不列颠哥伦比亚法”更名而来）“1873年爱德华王子岛联合条件”“1875年加拿大议会法”“1880年邻近领地命令”“1889年加拿大（安大略边界）法”“1905年艾伯塔法”“1905年萨斯喀彻温法”“1931年威斯敏斯特法”“1949年纽芬兰法”等。参见潘汉典《1982年加拿大宪法文件》，《环球法律评论》1982年第5期。

第三章　加拿大联邦国家的整固与发展

第一节　“加拿大第一”运动

自治领的建立是各种因素集合使然的产物：美国的领土扩张、军事入侵、经济封锁，英帝国想卸下殖民地重担的心理，加拿大各省经济的发展以及上下加拿大联合后族裔二元对立造成严重不和急需要更大的联合来加以舒缓，等等，这些因素所促成的加拿大自治领联合体带有很大的权宜色彩。伊娃·麦基（Eva Mackey）认为自治领不过是三个省①的政治联合；加拿大很大程度上是政治联合的产物，是没有民族情感作保证的。② 这种政治联合在很大程度上又是以经济和政治上的利害权衡为前提的。自治领建立后，不仅面临着法裔民族分离的压力和“美国化”的威胁，而且面临各种地方认同和利益诉求的挑战。同时绝大多数英裔加拿大人将英帝国视为唯一的忠诚和认同的对象。正如当时魁北克省诺尔顿（Knowlton）市政治家和律师克里斯托弗·邓金（Christopher Dunkin）指出的那样，“我们有一个大的阶层，他们的国家感情是朝向伦敦的，他们的心之所属在伦敦；另一个大的阶层，它的情之所系在魁北克或者在感情上与巴黎有着关联；还有一个阶层，它的怀念系于爱尔兰；有的心向华盛顿”；律师威廉姆·福斯特（William Foster）在一次演讲时也指出“对于加拿大人而言，他们很少关心你怎么看他的国家，他自己对加拿大也没有爱国的荣誉感。

---

① 魁北克和安大略当时为一个省。

② Eva Mackey, *The House of Difference: Cultural Politics and National Identity in Canada*, Routledge 1999, p. 42.

绝大部分加拿大人的国家荣耀感在于加拿大之外”①。

情况表明，初创的加拿大自治领迫切需要在精神和信念上凝聚民众，迫切需要某种能够建构国家“民族性”的思潮和运动。“加拿大第一”应运而生。

一 “加拿大第一”的主要过程及内容

所谓“加拿大第一”，主要是指一些英裔民族的官员、学者和商人发起的旨在提升加拿大国家意识和民族性的思潮和运动。运动的主要倡导者和参与者有安大略总理爱德华·布莱克（Edward Blake）、历史学家戈尔文·斯密斯（Goldwin Smith）、诗人兼记者查尔斯·梅尔（Charles Mair）、出版商克莱奈尔·丹尼森（Colonel Denison）、商人亨利·摩根（Henry Morgan）、律师、人类学家罗伯特·格兰特·哈里伯顿（R. G. Haliburton）、律师威廉姆·福斯特（William Alexander Foster）等人。运动以这些英裔民族精英在渥太华的聚会为开端。他们认为新生的联邦（自治领）不是一个鼓舞人心的事业，更像是一个经过讨价还价建立起来的股份公司。这里缺乏共同的（精神）认同，只有个人狭隘的眼前利益。认为这样一个没有灵魂的结合不可能建成一个伟大的国家。他们认为只有民族精神和民族热情才能铸就一个新的民族；呼吁发展民族经济、向西向北移民，用民族精神把整个加拿大联合起来。②

1874 年后运动中心转至多伦多，“加拿大第一”团体创建加拿大民族协会（Canadian national association），创办《民族》（*The Nation*）、《加拿大月刊》等刊物继续大力宣传作为加拿大国家的民族思想和“加拿大第一”的优先认同思想。1874 年，加拿大民族协会在西安大略联邦选区的递补选举中，变成了一个正式的政党组织，成为加拿大的第三党。尽管该党未能提名一位候选人，但他们提出了一个号召即“联系英国、巩固帝国，同时在有关加拿大的条约问题上有发言权”③ 的党纲，希望加拿大在

---

① W. S. Wallace, “The Growth of Canadian National Feeling”，转引自贺建涛《二战后加拿大少数族群公民身份的构建与调适》，博士学位论文，南开大学，2013 年。

② William Lewis Morton, *The Canadian Identity* (second edition), University of Toronto Press, 1972, p. 46.

③ Hougham, G. M., “Canada First: A Minor Party in Microcosm”, *The Canadian Journal of Economic and Political Science*, 19 (2), May 1953, p. 175.

它的外交政策上有更强的声音和自主权。1875 年，加拿大民族协会的一个重要支持者安大略省前总理布莱克接受亚历山大·麦肯齐领导的联邦政府的职位，这一事件直接导致该党迅速瓦解。次年加拿大民族协会的周报《民族》也关张歇业了。

二 运动的效果或评价

“加拿大第一”运动是自治领建立以来，加拿大本土发生的一次规模较大、影响力较为深远的民族主义运动。反映了加拿大人追求自我和民族自主的愿望。这次运动与1763 年《皇室公告》和“1840 年联合法案”所追求的用英裔文化“一统”加拿大的情况有所不同，它不再以赤裸裸的“英国化”或“盎格鲁化”为目的，而是尝试以“加拿大民族”为主体对包括法裔民族在内的各民族进行整合。这种新的“加拿大性”（Canadianness）既追求与英国的联系，又试图与美国进行区隔。在追求后者中，“加拿大第一”运动对法裔民族的差异性进行了包容。他们认为，法裔民族与英裔民族在加拿大同为“北方民族”，享有很多的共性。他们的异质性并不会冲击英裔文化。况且英裔法裔的联系也是加拿大形成区别于美国的特质的一个重要条件。从美国独立战争和 1812 年战争期间法裔民族的表现来看，他们对大英帝国是忠诚的。这种忠诚也常常被归功于大英帝国的“仁慈”（beneficence），因为它是唯一的世界国家。在这个世界国家里，少数民族能够保持他们的传统。①

然而也要看到，加拿大的英裔民族毕竟不是横征世界的大英帝国，他们选择生活、扎根于加拿大并不打算将这个新开拓的国家变成一个各民族都可以找到精神和文化归宿的大乐园。相反，在很大程度上加拿大的英裔民族将加拿大视为大英帝国开拓的、属于“自己的”国家。从认同的角度来看，他们虽然有一定程度的本土意识和对法裔民族的包容，但是在灵魂深处或文化家园的意义上，他们还是十足的“英国人”。这一点我们可以从其参加者或支持者的言行中发现。诗人查尔斯·梅尔则用他那诗般的语言说，“我尊奉不列颠帝国。它在加拿大纯正的和忠实的子民将至善至伟（rise to greatness），他们会以英格兰为依靠，在这片不忠的世界

---

① Eva Mackey, *The House of Difference: Cultural Politics and National Identity in Canada*, Routledge 1999, p. 44.

(faithless world) 为她守卫自由"；戈尔文·史密斯说，加拿大作为一个民族是行不通的，她必须保留在帝国内。①

直到1891年加拿大总理麦克唐纳还在联邦大选中宣誓"生为英国臣民，死也依然"，表示将竭尽全力反对"以肮脏的手段或雇佣兵的方式引诱人们放弃他们（对英帝国）的忠诚"。当然，也应该看到，英裔加拿大人的这种对大英帝国的"赤胆忠心"除了文化和精神上的依恋外，还与他们对大英帝国在国家安全上的依赖关系密切相关。1890年麦克唐纳在谈到加拿大的独立问题时直言"一个独立的加拿大能维持多久？没有不列颠站在背后，白令海峡的争端我们怎么应付？"② 言语间透露着对没有英国的加拿大的担心。1892年安大略总理奥利佛·莫格特（Oliver Mowat）也在议会中发言时指出"如果我们不想被吞并，最明智的政策是珍视与不列颠的关系，不管我们中的其他人对我们的政治和国家的未来抱有什么期望"③。

"加拿大第一"运动是英裔加拿大人试图通过适度包容法裔民族而进行的一次以"英国化"为方向的整合运动。与以往的纯粹"盎格鲁化"相比，这次运动借用了"加拿大民族主义"或"加拿大国民"这一外壳。这一点不仅可以从运动的参加者大都是路易·里埃尔（Louis Riel）④ 的激烈反对者看出，也可以从运动者的设计方案中根本就没有提到土著民族这一现象看出。麦基指出，如果我们循着"加拿大第一"运动的"北方思维"逻辑⑤，土著民族不是住在加拿大北方气候中更久、因而比来自相对温暖气候的盎格鲁—撒克逊移民更坚强、更优越、更热爱自由和勤奋工作

---

① Charles Mair, Tecumseh, *a Drama and Canadian Poems*, Toronto: the Radisson Society of Canada, 1886, p. 101; Goldwin Smith, http: //www. thecanadianencyclopedia. com/articles/goldwin-smith，转引自贺建涛《二战后加拿大少数族群公民身份的构建与调适》，博士学位论文，南开大学，2013年。

② Cal Berger, *the Sense of Power*, *Studies in the Ideas of Canadian Imperialism*, *1867 - 1914*, Toronto and Buffalo: University of Toronto Press, 1970, p. 169.

③ Ibid., p. 83.

④ 路易·里埃尔曾两次领导反对加拿大联邦政府的反叛活动，作为土著民族与白人殖民者（主要是法裔民族）混血的梅蒂斯人的领袖，里埃尔是梅蒂斯人权利和文化的积极捍卫者，他也被法裔加拿大人视为自己的民族英雄。

⑤ 即认为英裔加拿大人与法裔加拿大人同为在加拿大的"北方民族"，享有很多的共同点，如坚强、热爱自由、勤奋工作等。"加拿大第一"的倡导者们认为，这些品质可以使这两个民族和谐相处。

吗？唯一的可能是，“加拿大第一”的倡导者认为土著民族正在消失，因而不必考虑在内。①

极而言之，从强调法裔民族是英帝国的臣民②和决然不考虑土著民族在加拿大国民中的地位这两点来看，“加拿大第一”运动更像是一个英裔民族的民族主义运动。从党派属性来看，加拿大民族协会更像是一个英裔民族的“民族党”。

当然，从强调加拿大国家的外交自主和有更大的作为方面，“加拿大第一”运动对于加拿大寻求对外独立的主权身份有着积极的推动作用。

第二节　积极寻求独立的主权身份

一　“一战”后外交上的独立和英联邦成员国身份的确立

为了谋求在世界上确立自己的地位，加拿大人不可避免地需要同时考虑自己的对外政策和英联邦内的宪法地位。两者是互相依赖的。虽然经过一个长期而渐进的过程，“加拿大政府得以较多地参与对外关系的决定，但是处理对外关系的主权仍未得到承认，也没有处理对外关系的机构”③。加拿大对英国的主权依赖既有情感和传统的一面，也有利害考虑如防务、贸易等的一面。一个普遍默认的选项是加拿大作为一个独立的小国在世界上的地位，要比它依附于一个大国并作为其政治集团一部分的地位不利得多。因此，“一战”前加拿大虽面临着一些因外交权不足而引起的种种不便，但总体上，并没有产生独立的外交需求，而这一点又与它的国家意识仍然不强有关系。但是一战改变了这一切：“加拿大由参战时的殖民地到战争结束时已近乎是一个独立国家了。”④

“一战”后，加拿大的国家意识苏醒，对世界和平和国际秩序不愿再做一个无足轻重的观望着，而是一个重要的参与者。正如一位历史学家所

---

① Eva Mackey, *The House of Difference*: *Cultural Politics and National Identity in Canada*, Routledge 1999, p. 45.

② Cal Berger, *the Sense of Power*, *Studies in the Ideas of Canadian Imperialism*, *1867 - 1914*, Toronto and Buffalo: University of Toronto Press, 1970, p. 138.

③ ［加］格莱兹布鲁克：《加拿大简史》，山东大学翻译组译，山东人民出版社1972年版，第308页。

④ Arthur R. M. Lower, *Colony to Nation*: *A History of Canada*, Toronto: Longmans, Green & Company, 1946.

说，“一个曾经提供西线突击部队的人民绝不会只是旁观者”①。“一战”中，加拿大付出了巨大的牺牲，战争造成的人员伤亡达4.8万人②，这个数字几乎与人口是其十倍的美国相当（美国为5万人）。与此同时，加拿大在战争中对英国在经济上的支持对于协约国赢得这场战争起了重要作用。

战争中加拿大在海外作战的军队不惧牺牲的精神在协约国中赢得了崇高的声誉，士兵的民族自豪感越来越强，他们要求英帝国乃至协约国集团充分尊重和承认他们所在国家的地位。与此同时，大量的战争订单也使加拿大的经济得到了飞速的发展。经济实力的增长也要求加拿大具有与其相适应的国际地位。战后加拿大作为一个国家最迫切需要的是对于其地位的承认，即希望世界各主权国家承认加拿大不是一个殖民地。1919年在巴黎和会上，加拿大总理博登提出加拿大在战争中的重要作用必须在缔结和约时得以体现。巴黎和会上，加拿大作为“具有特殊利益的国家”参加了巴黎和会的部分工作，并以英帝国小组成员的身份在《凡尔赛和约》上签字。国际联盟成立后，经过努力，加拿大被允许同其他国家一样平等地加入国联和国际劳工组织。

对国际地位的要求和利益诉求的不同，使加拿大越来越难以接受英帝国制定“共同政策”的主张。1921年麦肯齐·金就任总理后，认为“一战”时期的英帝国的合作联邦不过是旧的、可恶的“帝国中央集权制”的复活，必须尽快地结束；加拿大必须摆脱英国在战后世界中可能承担的任何新义务；加拿大不赞同把帝国利益放在首位，而是应该立足于民族利益，希望加拿大自治领在帝国内发挥更大的作用，扮演重要角色，在制定帝国政策时能听到加拿大的声音。③

与此同时，为了在外交领域有自己独立的声音和政策主张，1923年加拿大与美国签订了《关于保护太平洋大比目鱼的条约》（后简称《比目鱼的条约》）；第二年又与之签订了《关于防止太平洋走私的互助条约》，

---

① ［加］格莱兹布鲁克：《加拿大简史》，山东大学翻译组译，山东人民出版社1972年版，第307页。

② 也有人认为是6万人。Edgar McInnis, *Canada: A Political and Social History*, Toronto: Holt, Rinehart and Winston, 1982, p. 480.

③ 潘迎春：《加拿大争取独立外交的早期努力》，《武汉大学学报》（人文科学版）2012年第3期。

这两个条约都是加拿大单独署名签署。《比目鱼的条约》签署之后，同年举行的帝国联邦总理会议将这一处置办法作为普遍原则加以规定，并且指出，对于其他英联邦成员国拟议中的双边条约的效力都将予以考虑。

在独立签约的同时，加拿大开始在一些重大的国际事务方面说不。1924 年加拿大明确拒绝签署没有参与谈判的《洛桑条约》；1925 年英、法、德、意等七国在瑞士洛迦诺签订有关欧洲国家和平与安全的条约。加拿大没有参加条约，加拿大总理阿瑟·米恩宣称，“加拿大在未得到自治领议会允许之前，不能向海外派兵”。

与在外交方面寻求独立自主的战略目标相适应，加拿大在外交机构的建设方面也投入了大量的精力。早在 1909 年，加拿大就建立了外交部，但是其规模很小，明显经验不足，甚至有些业余。然而，战争塑造了加拿大国家，“战争中的各种问题——军事的、财政的、经济的和外交的问题——一个星期又一个星期地出现在政府面前，要求受到主要不是程序上的、而是实质上的注意”①。伴随着“一战”进程的推进，加拿大在外交上的不适应愈加明显②，强化外交机构建设的需求日益强烈。战后加拿大政府把加强外交机构的建设作为一个重要任务。在总理麦肯齐·金的直接关注和领导下，加拿大在驻外机构的设立和外交部机构自身的职业建设方面有了很大的起色。这一期间，加拿大在英国驻美使馆内设置一个专门的代表机构（1919 年）；1920 年向华盛顿派驻外交使节；1925 年在日内瓦设立专门的办公室（负责处理与国际劳工组织和国际联盟有关的事务）；1926 年任命第一位驻华盛顿公使；1928—1929 年向法国和日本正式派驻使节。虽然“在两次世界大战之间的整个时期里，同加拿大的利益比较起来，外交部仍旧很小”，向外派驻的机构也相对很少，但加拿大国家谋求外交独立和主权身份的努力有目共睹。

鉴于“加拿大民族的不妥协态度”和各个自治领首脑的强烈要求，

① ［加］格莱兹布鲁克：《加拿大简史》，山东大学翻译组译，山东人民出版社 1972 年版，第 328 页。

② 由于加拿大的驻外机构很少，缺乏畅通的消息渠道，加拿大政府有关国际事务的消息多数来自报纸，偶尔有英国殖民地事务部和英国驻美大使转致加拿大总督的信息，许多有用的消息甚至来自与外国政府成员关系密切的私人。当需要做出涉外决定时，几乎由兼任外交部部长的博登总理一人定夺。在和平时期，对外决策如此运作尚可，战争一旦爆发，秩序就被打乱了。第一次世界大战期间，加拿大涉外事务猛增，原有机制难以妥善应对。潘迎春：《加拿大争取独立外交的早期努力》，《武汉大学学报》（人文科学版）2012 年第 3 期。

1926年英帝国联邦总理会议发表了著名的《贝尔福公报》，该公报称：英联邦的成员地位平等，交往自由。过去在地位上的不平等状况应该改变。[①] 这次的帝国联邦总理会议已经开始把自治领描述成“在地位上平等、在国内外事务的各个方面都不互相隶属的英帝国范围内的自治社会”[②]。公告强调“尽管是因对英王的共同的忠诚而统一起来的，但一国在其国内或对外事务的任何方面均不从属于另一国，而且自由地联合组成英联邦国家”[③]。在这次会议上，总督的地位被限定为英王的代表，而不是联合王国政府的代表。

1931年《威斯敏斯特法》开始赋予1926年帝国联邦总理会议和1930年会议的各项决定以法律效力。《威斯敏斯特法》规定联合王国与包括加拿大在内的各自治领共同组成英联邦，共同拥英王为国家元首；各自治领均为独立平等的主权国家；各主权国家的议会与英国议会地位平等，有权制定符合本国利益的法律。在立法问题上，除非自治领有需求或明确表示同意，英国议会不得代其立法；任何自治领都享有制定具有治外法权效力法律的权力；但是枢密院司法委员会的上诉权仍予以保留，联合王国议会对《不列颠北美法案》的修改程序仍被保留。《威斯敏斯特法》还申明，各自治领均享有独立的外交权，有权按照本国的需要派出或接受外交使节。

总之，《威斯敏斯特法》标志着英帝国在法律上确认了英联邦这一事实的存在，确认了加拿大与英联邦其他成员与英国一样享有的平等的权力（利）和地位。虽然这种“平等的权力（利）和地位”并不是充分的、完全意义上的，但是它从法律上确认了加拿大独立的国家身份。当然也要看到，虽然1926年的帝国联邦总理会议“正确地注意到地位平等已是事实，而且《威斯敏斯特法》对当时的局面又从法律上确认。可是殖民地

---

① 当然帝国联邦总理会议报告也指出：“平等和相似的原则只适用于地位，而不能普遍地扩大其作用……在这里要求一种比固定不变的教条更多的东西。例如，在处理外交问题和防务问题方面，我们要求灵活的机构——能够随时适应世界不断变化的形势的机构。”［加］格莱兹布鲁克：《加拿大简史》，山东大学翻译组译，山东人民出版社1972年版，第310页。

② ［加］格莱兹布鲁克：《加拿大简史》，山东大学翻译组译，山东人民出版社1972年版，第309页。

③ 转引自潘迎春《加拿大争取独立外交的早期努力》，《武汉大学学报》（人文科学版）2012年第3期。

的敏感仍长期存在，它把树影夸大为每棵树后都有加拿大的地位的敌人"①。这一状况到“二战”后完全改观。

二 “二战”后的国家主权建设

（一）“二战”对加拿大国家主权建设的影响：外交完全独立

“二战”对加拿大作为一个独立的主权国家的成长、成熟起了重要的促进作用。“二战”中加拿大作为一个与英联邦连着脐带的主权国家经受住了战争和外交战线的双重考验，最终赢得国家主权的完全独立和国际社会的广泛赞誉。正如一位加拿大史学家所说的那样，战争中“加拿大强有力的第一流表现令人肃然起敬”。

加拿大共有超过100万的军人参加了战争，4万多人战死疆场。战争中加拿大的海军构成盟军的第三大海军队伍，空军成为盟军的第四大空军主力，有六个师的陆军直接参加了欧洲战场多个战役的作战。在直接参与军事作战的同时，加拿大还通过分担英国庞大的军事开支、积极负责实施“英联邦空军训练计划”和“互助法案”等形式援助英联邦国家以及包括苏联、中国、印度在内的世界反法西斯阵营的国家。战争期间，加拿大对陷入经济困境中的英国提供加元贷款并分担军事开支。加拿大“二战”全部费用180亿加元中的近35亿加元用于对英国的援助。组织和领导的“英联邦空军训练计划”1939—1945年为盟国共培养和输送了13万多名飞行员，加拿大为此项目先后投入10万人，并最终负担了总费用22亿加元中的16亿。②“英联邦空军训练计划”为包括英国在内的盟国对德空战的胜利提供了有力的保障。

此外，加拿大政府通过的“互助法案”在战争期间为受援助的国家提供了价值近25亿加元的战略物资和军火。作为盟军的军火和物资供应商，加拿大在1939—1945年间共生产价值90亿加元的各类军用物资，这一数字占到反法西斯盟国军需生产总数的8%。

最值得关注的是战争中加拿大在外交领域的表现。虽然1926年帝国联邦总理会议尤其是1931年的《威斯敏斯特法》在法律上确立了加拿大

---

① ［加］格莱兹布鲁克：《加拿大简史》，山东大学翻译组译，山东人民出版社1972年版，第328页。

② 潘迎春：《第二次世界大战与加拿大独立外交的形成》，《世界历史》2009年第5期。此小节中的有关数据和信息除另有出处，均来自该文。

的在外交上的独立地位，但是由于长期的对英帝国的结构性依赖，加拿大在外交上一直处于机构建设滞后、极度缺乏外交经验的软弱无力状态。即使在“二战”开战前夕，加拿大都缺乏足够的外交经验和胆识去独立地判断所面临的形势。实践中，加拿大关于国际形势和战争风险的研判皆依赖于英国。另外，伴随着“一战”以来工业化进程的不断推进、经济的持续发展和民族意识的逐步觉醒，以及对英国经济依赖的逐步减弱，加拿大在《威斯敏斯特法》“独立自主”外交的法律授权下，在外交上的自主和民族自我保存的意识越来越明显。

与“一战”时几乎“自动陷入战争”的外交连带处境不同，“二战”爆发后，加拿大政府并没有受国内尤其是英裔人口“自动地、基本上无异议地跟随英国进入战争”① 的激情的影响，也没有像澳大利亚、新西兰等英联邦国家那样，立即跟随英国对德宣战。而是表示是否参战“由议会来决定”。在议会讨论是否参战的发言中，总理麦肯齐・金说政府的战争政策首先是为了保护加拿大；与英国的有效合作首先要考虑加拿大自身的国内防务，并表示“在任何情况下，本届政府将不为海外军事服役而征兵”。随后在9月9日即英国对德宣战6天后以一个“措辞谨慎的政府决策，决定支持英国，对德宣战”。这一举动破天荒地真正实践了《威斯敏斯特法》所赋予的独立外交权。它向世界表明，“加拿大卷入战争并不是由于其英联邦成员的身份使然，而是由联邦议会独立自主决定”。

在“宣战”问题上，加拿大第一次明确了不同于英国或英联邦的独立的加拿大民族利益。随着战争的推进，英国在战争中严重失利。为了保护自身的安全，加拿大将结盟的目光转向了其南方的“宿敌”美国。加拿大认为，只有与美国联盟才可能确保北美地区乃至自身的安全。1840年加拿大与美国签署《奥格登斯堡宣言》，成立“常设联席防务委员会”，这一举措标志着加拿大在外交上迈出了坚实的一步。它是加拿大基于自身判断和权衡自身安全利益的条件下所做的一个独立的外交行为。次年加拿大与美国共同发表《海德公园宣言》，开始了与美国在经济和军事上的全面合作。“《海德公园宣言》标志着加拿大独立外交的形成。”

“二战”期间加拿大在外交机构的建设方面也取得了明显成绩，驻外

① Buckner, Philip, ed., *Canada and the End of Empire*, Vancover: University of British Clumbia Press, 2000, p. 5.

使团由1939年的7个发展到1946年的26个，与此同时，其国际影响在不断扩散。影响到中国等第三世界国家。

加拿大在外交方面的成熟不仅表现在它基于自身的安全利益和对国际影响的考量而熟练地周旋于英国、美国及其他盟国之间，而且更在于在战争尚未结束之际，对未来世界新的政治、经济秩序的方面提出了自己具有前瞻性的观点。1943年麦肯齐·金总理在他的著名的关于“务实原则”的国会演讲中提出“联合国家业已建立起来的密切的合作联系，必须在战后的和平年代里得到进一步的加强与发展并发挥更大的作用……当胜利来临之前，联合国家的概念必须体现为国际组织的形式”；在未来众多的国际机构里，“一方面，国际事务的权威必须不能集中在最大的国家。另一方面，权威也不能在联合国家中的三十个或更多的主权国家中平均分配，否则一切集体的权威将消失殆尽”，“在这些机构中的有效的代表席位既不应局限于最大的国家，也不需扩大到所有的国家。应该在实用的基础上决定代表席位，承认作出最大贡献的那些国家的完全成员资格，无论国家的大小”。在这次演讲中，麦肯齐·金总理将加拿大在未来国际组织中的角色定位为“中等国家”（middle power）。希望加拿大作为一个有“贡献的”国家在国际社会中起到应有的作用。

为了在未来的国际组织中谋求加拿大作为成员国的平等地位，防止英国挟英联邦而降格其平等地位，从而建立一个基于单个成员国的真正的世界秩序，麦肯齐·金还反对在未来的国际组织中将英帝国和英联邦视为一个整体，他认为“在构建一个世界组织时过分强调一个集团是不明智的”，明智的办法是将重点放在“如何有效地进行合作方面”，他坚持应该让加拿大这样“较小的强国”“更多地参与到即将设立的众多的国际性组织中。对于英国政府提出的在世界组织中派驻英帝国和英联邦的联合代表，麦肯齐·金总理表示坚决反对，且强调不能让世界猜测帝国仍然是一个整体，又回到1926年帝国会议之前的状态”。他认为“英帝国与英联邦是一个政府集合体，每个政府都直接对各自的议会和人民负责”；认为“英联邦的统一政策触犯了加拿大自由党所倡导的民族主义，同‘建立有效的世界安全背道而驰’”。

在处理战后遗留问题和筹建安全组织问题上，加拿大“反复强调战后安全组织除了几个大国之间的相互合作之外，还必须依赖于重要的中等国家（诸如加拿大、澳大利亚等）的合作”。针对大国提出的“未来的联合国将作为一个集体安全组织，可以向侵略国宣战”的构想，加拿大表示了明确的异议，认为“一个没有加拿大的代表的安理会的命令”把“永久的、不明确的义务”强加于加拿大，“将给加拿大人民带来沉重的负担”。1945 年，在联合国成立之际，加拿大表示原则上同意五大国的优势地位，但同时坚持加拿大在未来的国际事务中扮演新的独立的角色，并同时对拟议中的联合国宪章提出了长达 8 页的修正案。修正案对安理会的权力限制问题、类似加拿大这样的“对全世界有利害关系的中等国家”应优先当选安理会非常任理事国等问题提出了建议。

在 1944 年众议院关于成立安全理事会机构的建议发言中指出：“把世界简单地分为某些大国和其余国家是不切实际的，甚至是危险的。大国之所以称为大国，只是因为它们拥有强大的力量，从而拥有使用这种力量以维护和平的能力。其余国家维护和平的能力则各自不同，最小最弱的国家的能力几乎等于零，而有的国家则军事潜力同那些大国相差不很远。在决定哪些国家应当和大国一起派代表参加安理会的问题上，我认为必须应用上述起作用的主张。那些对维护世界和平最能做出贡献的国家最常当选。”①

上述言论中，加拿大希望在世界上发挥更大作用的欲念溢于言表。早在国联时期，加拿大就提出有权当选国际联盟的理事国，那时主要是争取“国际地位”。“二战”后则要求不仅成为会员国，而且要在举足轻重的安理会中有相应的话语权，“这不是为了加拿大自己，而是作为达到一个目的的手段”。“当这个尚未安定的世界面临对和平的新威胁时，加拿大人感到随着参与世界事务而来的负担和责任比任何时候都大。”②

1948 年 4 月，加拿大外交部部长圣劳伦在众议院综述世界大事时说：“我认为，这是当前一个公认的事实：在国际范围内发生的任何重要事情实际上都对加拿大有利害关系，常常是直接的和即时的利害关系。对我们来说，现实是无法回避的，即使我们想以孤立或漠不关心的态度回避它。”加拿大抵御外部威胁的疆界远远超过了它的自然疆界。他认为在反对法西斯等极权主义斗争中，“精神的和政治的冲突中不可能有中立”③。

---

① ［加］格莱兹布鲁克：《加拿大简史》，山东大学翻译组译，山东人民出版社 1972 年版，第 330 页。

② 同上书，第 330—331 页。

③ 同上书，第 332 页。

经历了两次世界大战的洗礼，加拿大在外交方面变得日益成熟、自信。它希望在国际舞台上承担更大的责任、扮演更重要的角色。1949年，应加拿大的要求，英国放弃了大部分宪法修改权，加拿大收回了除涉及各省职权范围包括确定英语或法语为本省官方语言的权利、少数民族的教育权利等省和联邦权力分配以及众议院任期以外的大部分修宪权。为了满足其“二战”期间快速增长的民族主义情绪和自主意识，英国在这时候还向加拿大移交了司法终审权，确认加拿大最高法院为终审法院。①

（二）“二战”后“公民法（1947年）”的推行：“加拿大公民”身份概念正式诞生

在外交上实现独立、自主的同时，加拿大在内政维度也强化了主权建设的力度，将公民身份作为主权建设的一个重要抓手。选择以公民身份作为国家主权建设的主要抓手有以下几个原因。

第一，“二战”期间，纳粹德国的以种族主义立国和扩张的行为给德国和全世界带来了深重的灾难。战后的加拿大签署了一系列主张不分种族和宗教（等）所有人一律平等的国际公约和宣言如《联合国宪章》《世界人权宣言》和《防止及惩治灭绝种族罪公约》，并以此作为国家重建国内公民权利的国际法依据。为了实现超越种族和族群的普遍的平等权利，加拿大政府决定将“完全的、无差别的公民权利”（Full and Undifferentiated Citizenship）作为政府实现族群和解与平等的主要途径。希望通过公民权利（身份）的构建实现“一种超越种族的忠诚。这种忠诚将各自不同种族和文化背景的集团结合为一个整体，一个得到所有居民或绝大多数居民认同和热爱的整体”②。

第二，“二战”后，加拿大国内外环境发生了巨大变化。从外部环境来看，随着英国的衰落和英联邦殖民地的独立，加拿大很难再对英国保持以前的归属感或认同感。从内部情况来看，随着来自德国、意大利、东欧诸国移民的增加，加拿大的非英裔移民在数量上逐步开始超过英裔移民。在这种情况下，继续以“英国臣民”的情感归属来处理共同体内的团结

① 宗夏：《加拿大宪法问题刍议》，《世界经济与政治》1992年第3期。

② ［美］菲利克斯·格罗斯：《公民与国家》，王建娥译，新华出版社2003年版，第180页。

和凝聚力问题就显得不合时宜。不仅法裔民族和其他族源国的移民不认同“英国臣民”的身份定位，就连那些出生在加拿大的新一代英裔加拿大人也对“母国”——英国的感情日益冷淡。此外，随着“二战”的结束，由战争所带来的团结开始衰退，裂痕重新出现。法裔加拿大人、土著民族以及要求“特殊权利”的呼声不断，与此同时，新移民也不断要求“平等对待”的权利。

第三，“二战”后“加拿大公民”具有不可代替的情感和身份价值。1945年身为加拿大国务部部长的保罗·马丁（Paul Martin）在法国诺曼底地区迪耶普市（Dieppe）前往丹佛为苏格兰裔和其他裔加拿大军人扫墓时感言“逝者的族裔非常多样：盎格鲁—撒克逊人、法裔人，族裔众多。这一幕深深打动了我，因为加拿大的特质就在这里，一块土地养育着多元的族群……在我看来，没有什么比这个墓地更能悲壮地体现出我们民族的理念。无论你的出身如何，他们都是加拿大人”；“在那里，想一想那些为国家服务牺牲于海外的身份，对建立加拿大公民身份的热望就会占据我的心”①。

在马丁看来，这些多族裔背景的烈士是作为加拿大军人参战的，他们牺牲于海外是为了履行加拿大作为一个爱好和平和承担责任的国家的使命。这些烈士不是苏格兰人或法国人，他们是加拿大人。但是作为加拿大人，他们却没有加拿大公民的身份，这是他们在感情上没办法接受的。1945年10月，马丁向议会提出授予加拿大人独立的公民身份的议案。马丁指出，“在世界上，我们是众多国家的一个，但我们作为自己国家的公民却没有行使法律的全部权利，这是很羞耻的”。“为了加拿大国家的团结、未来和伟大，所有的加拿大人，无论先来还是后到，都要意识到我们有共同的目标和共同的利益，这是极其重要的。我们所有人都能够满怀骄傲和情感的宣布，我是加拿大人。”②

1947年1月1日《加拿大公民法》（又译《加拿大国籍法》）开始生

---

① Paul Martin, “Citizenship the People’s World”, in William Kaplan (ed.), *The Meaning and Future of Canadian Citizenship*, Montreal and Kingston: McGill-Queens, 1993, p. 66; Paul Martin, *A Very Public Life*, Vol. 1, Ottawa: Deneau, 1983, p. 437. 转引自贺建涛博士论文。

② Donald Galloway, “the Dilemmas of Canadian Citizenship Law”, T. Alexander Aleinikoff, Douglas Clusmeyer, *From Migrants to Citizens*, *Membership in a Changing World*, Washington DC: Carnegie Endowment for International Peace, 2002, p. 96; The National Identity Task Force, *Canadian Citizenship: the Acts and Policies of the Government of Canada: Parliament Speaks*, Ottawa: Secretary of State, Oct. 1991, p. 10. 转引自贺建涛博士论文。

效，这个公民法最大的特点是第一次将加拿大的“人民”（people）定义为“加拿大人”（Canadians），从而使其与历史上的“英国国民”（British Nationality）或“英国臣民”（British subjects）区分开来。在1947年以前，加拿大不存在自己国家的公民身份，所有的加拿大人都是英国的臣民。自治领建立后的第一部“国民法”即《加拿大国民法》（Canadian Nationals Act，1868年）明确规定加拿大人是英国臣民。1910年的移民法虽然出现了“加拿大公民”（Canadian citizen）的字眼，但它指的是“在加拿大出生、归化和居住的英国臣民”（而其他类英国臣民需要得到许可才可以成为加拿大公民）。该法对“居住”的条件要求是在加拿大居住满3年（不包括在监狱和精神病院的时间）。1914年的《归化法》（Naturalization Act）和1921年的《国民法》（Canadian Nationals Act）虽然在称谓上有所变化，但其所谓的加拿大“公民”或“国民”均指的是英国臣民。

虽然1947年公民法只是“将加拿大公民身份授予了所有在加拿大出生或入籍的不列颠臣民、1947年前与不列颠臣民结婚的女性以及印第安人和因纽特人”而不是授予所有在加拿大出生的人（像后来的1976年公民法规定的那样），但是由于它从法律上区隔了加拿大公民与英国臣民，确认了加拿大人的加拿大公民身份，从而极大地增强了加拿大人对加拿大国家的归属感，促进了加拿大人对加拿大民族（Canadian Nation）的认同。1947年1月1日，伴随着新的公民法的实施，加拿大总理麦肯齐·金成为加拿大历史上的第一位加拿大公民。此事件标志着加拿大的主权建设开始迈向一个新的台阶。

三　20世纪50年代以来的加强主权建设的主要活动

伴随着公民身份的重构或重建，加拿大国家自身也开始了一系列与主权建设相关的政治、法律和文化活动。1951年路易斯·圣劳伦（Louis Stephen St. Laurent）总理在众议院的演讲中建议在加拿大的法律条文中去掉“加拿大自治领”的称谓。此后许多法律如《自治领土地调查法》（Dominion Lands Survey Act，1951）、《自治领选举法》（Dominion Elections Act，1951）等中的“自治领”被替换为“加拿大”。法律年鉴、官方法律报告、法学杂志等都停止了“加拿大自治领”或“自治领”的提法；“自治领法律”或“自治领政府”相应地改为“加拿大法律”“联邦政府”，如此等等。

1952 年，多伦多大学校长文森特·梅西（Vincent Massey）成为第一个加拿大本土出生的总督。至此 1926 年英帝国联邦总理会议上确认的“女王不再像《1867 年不列颠北美法案》第 9 条规定的那样任命总督，改为由加拿大联邦总理提名”的新规终于结出了新果。麦肯齐·金和路易斯·圣劳伦两位总理所期望的任命一位加拿大人做总督的愿望终于得以实现。1965 年 2 月，经过数月的热烈讨论后，加拿大议会批准了新的国旗方案。新的国旗中间是一片白底红色的枫叶，白底代表加拿大辽阔的土地，红色枫叶代表努力奋进的加拿大，两侧分别为一个竖条形的红色方框，分别代表太平洋和大西洋。加拿大新国旗具有十分强烈的象征意义。它不使用任何民族或族群的符号，完全以加拿大的本土植物和地理特征为符号，寓意了一个更加包容、面向未来的加拿大民族（Canadian nationhood）从此产生。① 在新国歌的启用仪式上，莱斯特·皮尔逊发表演说指出“在这个旗帜下，我们的年轻人可以找到效忠加拿大和爱国主义的新动力，这个爱国主义绝对不是基于狭隘的民族主义，而是基于所有加拿大人因都属于这片美好的土地而感受到的深厚而平等的荣耀”②。随后，《啊，加拿大》被批准代替《上帝保佑女王》成为正式的国歌。新的国旗和国歌的采用象征着加拿大从此彻底告别英帝国的殖民地身份，走向独立建国的新征程。

20 世纪 60 年代以来，加拿大在摆脱旧的殖民地身份、超越国内族群差异的新的主权建设方面取得越来越多的重大成就。一个日益增长的、“不是英裔的，也不是法裔的加拿大民族精神和情感”日益勃发。③ 1982 年在特鲁多政府的努力下，加拿大收回了迟延了半个多世纪的修宪权。④

---

① Eva Mackey, *The House of Difference: Cultural Politics and National Identity in Canada*, Routledge 1999, p. 70.

② Paul Martin, “Address on the inauguration of the national flag of Canada”, February 15, 1965. 转引自贺建涛博士论文。

③ William Lewis Morton, *the Canadian Identity* (second edition), University of Toronto Press, 1972, p. 51.

④ 修宪权的迟延收回主要不是英国单方面不愿放弃对加拿大的宪法控制所致。从历史上看，从 1926 年的帝国总理会议上英国宣布放弃对包括加拿大在内的海外自治领的直接统治之后，加拿大就有了收回修宪权的法理依据。事实上从 1927 年开始，为了尽早收回修宪权，加拿大联邦政府就与各省进行谈判，但是由于在省权与联邦权限问题上魁北克省的法裔民族与英裔民族产生了尖锐的矛盾（包括各省在具体权限划分上与联邦政府的矛盾），导致修宪权一直“寄放”在英国议会。

修宪权的收回结束了英国议会一百多年来对加拿大的直接和间接的统治，标志着决定国家根本制度和体制的权力从此回到了加拿大人自己手中。从此加拿大有了完整的立宪权和修宪权。同时，由于在包含了收回修宪权申请的《1982 年宪法法案》中加拿大人加上了对一切公民普遍平等保护和对土著民族特殊保护的“加拿大权利与自由宪章”，使得加拿大宪法从此有了明确的、系统的有关公民基本权利和自由的条款，这对于完善加拿大国家的宪政治理、凝聚各族公民的人心无疑是一个巨大的保障。略有遗憾的是，由于特鲁多政府在收回宪法的国内谈判中没能与法裔魁北克省达成共识，导致了至今都无法解决的“宪法危机”。

加拿大作为一个独立主权国家的横空出世与西方的殖民活动直接相关。法国殖民者首先在那里建立了“新法兰西”，英国殖民者打败法国殖民者将之变成英属北美殖民地，而英属北美殖民地后来演变成美国和加拿大两个国家。在加拿大国家的形成和发展过程中，相应的有三个国家起了重要的作用。第一个是法国，它的早期的探险家和移民在那里经营了 150 多年，留下了“一个至今没有衰落的文化”。第二个是美国，无论是它早期的拉拢继而敌对，还是后来的友好和渗透，都对加拿大国家的形成和整合具有重要的影响。第三个是英国，它对加拿大的直接和间接的统治达一个多世纪之久，在政治法律制度、经济发展、文化、语言和宗教等方面给这个国家留下了难以磨灭的印记。加拿大“不是把联合王国看作是他们自治的可能障碍，而是看作过去人类自由的源泉和现在人类自由的忠实保卫者”，今天，“在大多数加拿大人的血管里流着法国人、英国人和美国人的血液。在他们的制度和日常生活中，在大小的事情上，都可以看到这三个大国的影响”，“以前加拿大人曾和他们站在一起拯救世界的自由”，现在他们是关系密切的伙伴。①

加拿大多伦多大学历史学教授格莱兹布鲁克指出“自然界对加拿大是慷慨的：它有可供航行的巨大湖泊和河流，有鱼和猎物供作食物，有等待耕种的土地。还有森林和矿藏。历史对加拿大是仁慈的，它把两个伟大文明的子孙带到加拿大海岸，它给予加拿大一个有共同社会准则的邻居”。尽管由于英法两种文化在加拿大的协调不是一件容易的事情，也尽

① ［加］格莱兹布鲁克：《加拿大简史》，山东大学翻译组译，山东人民出版社 1972 年版，第 333 页。

管“制定一个能适应互相抵触的意见的政府形式”等问题都不是容易解决的。但是经过三个半世纪的奋斗，“一个国家兴起了，它大量吸收欧洲固有的宝贵的东西，但不是依样画葫芦般的摹仿。它是一个建立在旧世界和新世界基础上的新社会，它表现出自己的特点。它现在已是一个世界强国，通过自主地决定自己的理想和兴趣，选择了与那些曾经统治过它的成长年代的大国平等的地位，加拿大已经成熟了”①。

---

① ［加］格莱兹布鲁克：《加拿大简史》，山东大学翻译组译，山东人民出版社 1972 年版，第 333—334 页。

第四章　民族(族群)结构

加拿大是一个典型形态的多民族国家。据估计，加拿大生活着100多个民族（族群），这些民族涵盖了世界上几乎所有国家的主要民族。从大的民族（族群）结构来看，加拿大共有四类民族（族群），第一类是英裔民族或英裔加拿大人；第二类是法裔民族或法裔加拿大人；第三类是土著民族或土著加拿大人；第四类是新移民族群。随着加拿大本土出生人口的日益增加及其所导致的族群认同与国家认同的重叠，官方在族群结构的统计口径中又增加了“加拿大人（族）”一栏，这部分人群大体上与第一、二、四类重叠。需要强调的是，上述这种民族或族群分类主要是基于加拿大官方或学术界为了方便研究而做的分类。实际上加拿大的各个民族或族群都有自己的分类标准，这些民族或族群按照本民族（族群）在加拿大的不同历史经历、现实境遇和价值诉求对加拿大的民族或族裔结构进行分类。这些分类虽不足以影响加拿大官方政策和学者业已采用的分类标准，但仍然有着独特的意义。

第一节　民族(族群)结构划分的主体性问题

一　土著民族的视角

在加拿大的几个主要民族或族群中，土著民族对加拿大民族或族群结构所做的分类无疑是最具有表征意义的。在土著民族看来，加拿大只有两类民族或族群，一类是他们自己——北美大陆古老的主人，另一类是包括欧洲殖民者在内的其他所有先后到美洲殖民和生活的移民。

土著民族认为，早在欧洲人到来之前，土著民族（印第安人）“就对现被称作‘北美’的大陆拥有并行使绝对的主权。由不同的民族组成并代表至少10个语族的上百个部落共同体居住在从纽芬兰省到温哥华岛的加拿大”，因此，在美洲找到“空地”是不可能的，所有土地都被土著民族使用。① 他们认为，除了土著民族以外，所有现今生活在北美土地上的居民都属于移民，尽管这些移民之间存在着定居时间和经历方面的差异。

对于欧洲殖民者所谓的“未垦殖”或“未开化”（uncultivated）之说，他们指出欧洲殖民者踏上美洲大陆时，当地土著人已形成完整的政治和社会管理体制，拥有自己成熟的语言和文化。这一点也可以通过他们与法国和英国的王室缔结许多条约得到证明。土著民族还认为，正是由于他们已经比较成熟的生产和生活方式，才有能力在那里生存了数千年，并有能力帮助后来的欧洲移民在这块土地上生存下来。

土著民族并不否认他们一开始对欧洲殖民者的接纳。他们认为“正如我们的人民所理解的那样，我们已同意允许由非土著人在他们的峡谷、山岳乃至河流的大部分地区和平垦殖。但同时土著人还要保留大片的土地，在那里，我们可以管理自己；我们的制度将继续保留；我们将哺育我们的孩子；我们的语言和我们的文化将繁荣发展；我们的生命也将在那里延续”②。在土著人的逻辑中，虽然自己是美洲最初的主人，但他们也不拒绝外来的民族与他们一同和平利用这块土地。在他们的意识中，土著民族和欧洲的外来者属于不同的“人民”，他们认为这“两种人民”应该至少是平等的。

针对加拿大白人社会尤其是法裔加拿大人所谓的两个“建国民族”（Founding Nations）的建说，土著民族强调他们的“第一民族”（First Nations）身份来为自己在加拿大的历史悠久性和政治优先性进行抗辩。③

---

① ［加］乔治斯·伊拉兹马斯、乔·桑德斯：《加拿大的历史：一位土著人的观点》，钱梁美译，《民族译丛》1994年第4期。

② 同上。

③ “第一民族”的称谓20世纪80年代（一说70年代）开始流行于加拿大用来取代有贬低意味的“印第安人”术语。该术语的使用首先源于印第安人的自称。虽然没有证据表明“第一民族”的自我定位有对抗“两个建国民族”的动机，但从笔者接触到的一些土著民族学者的观点来看，他们显然受到英裔尤其是法裔民族（Nation）的某种启发。从历史上看，早在1763年的《皇室公告》中，土著民族就被冠之以“Nation”，但那时的土著人远没有形成类似欧洲人的那种民族意识。

二 “两个建国民族”的视角

所谓“两个建国民族”（Founding Nations）是指英裔加拿大人或英裔民族和法裔加拿大人或法裔民族，这两个民族被认为是加拿大国家的建立者。“建国民族”的论说建立在西方国家殖民理论之一——“无主之地”的普通法理论建构之上。所谓“无主之地”是指“未垦殖”之地，按照瑞士国际法专家万忒尔（E. Vattel）的观点，“国际法应当确认人类对于所栖身、使用的土地负有开发、垦殖的义务，如此，则居无定所的游牧部落失于开发、垦殖土地的义务本身，即意味着他们从未真正而合法地占有这些土地”，“或虽已‘垦殖’，且居民已结成定居社群，但在欧人看来并无成型的社会组织者，则其与土地二者间不得认作‘国际法’上之占有关系，因而其土地乃‘无主’土地，根据发现与先占原则，它们乃向所有殖民者敞开”①。

需要指出的是，所谓两个建国民族并不是英裔和法裔两个民族具有共识性的称谓，实际上它是法裔民族在与英裔民族长期的斗争和博弈中自我定位的结果。② 七年战争之后，法国将经营了150年之久的新法兰西拱手相让于英帝国，从此留在这片土地上的法国人就有了“被征服民族”的心理阴影。为了保存自己的文化和特性，法裔民族同“统治民族”——英裔民族进行了长期的斗争。法裔民族认为，他们历史上不是大英帝国的臣民，现在也不是英裔民族的随从，相反，他们与英裔民族一样，是加拿大国家的两个建国民族。法裔民族一直认为，加拿大是一个英法两个建国民族构成的二元民族的联邦制（dual-nation federalism），为此他们坚决反对将他们与新移民相提并论的多元文化主义政策。

从上述认识出发，法裔民族认为加拿大的民族或族群结构是两个建国民族+土著民族+新移民，其中两个建国民族是这个国家的结构性组成部分，应该同为主体性民族；土著民族虽有时间上的在先性，并且在欧洲人

① 转引自许章润《“无主土地”：一个法律神话》，《读书》1999年第7期。

② 在英裔民族看来，自加拿大自治领成立到1947年新的公民法颁行之前，英裔民族和法裔民族都同为大英帝国的臣民；1947年之后，英裔民族与法裔民族都同为“加拿大人”（而不强调亚国家民族的身份）。在1969年被迫采取双语、二元文化政策的报告里，出现了“两个民族（人民）”（two founding peoples）的提法；1971年实行多元文化主义政策后，特鲁多总理强调多元族群，拒绝承认“两个建国民族”的特殊地位。

“发现”美洲时已存在一定的社会组织，但是从现代民族国家建构的角度来看，土著民族不具有与两个建国民族一样的政治对等性。值得注意的是，近年来，在英裔民族主导的官方话语中出现了“三个建国民族”的提法。[①] 这种做法在提升土著民族的政治地位的同时，也具有淡化英裔民族和法裔民族二元对立的用意。同时值得注意的是，在介绍完三个建国民族之后，联邦政府官网并没有把新移民作为一个单独的群体来加以介绍，而是笼统地在“成为加拿大人”的栏目主题下进行了意味深长的描述：

> 一些加拿大移民来自战争和冲突地区，这样的经历并不能证明将暴力、极端和可恶的偏见带到加拿大是正当的。要想成为加拿大人，新来的移民必须接受民主原则如法治。

紧接着，联邦政府官网以“加拿大的多元性”为题，把所有生活在加拿大的族群放在一起介绍：

> 许多民族和宗教群体作为骄傲的加拿大人和平地工作和生活在一起。这些群体由大到小分别为英格兰裔、苏格兰裔、爱尔兰裔、德裔、意大利裔、华裔、土著人、乌克兰裔、荷兰裔、南亚和斯堪的纳维亚人等。

三　新移民族群的视角

在划分民族或族群问题上，新移民族群的态度最为微妙。一般说来，新移民族群对土著民族“第一民族”的身份没有异议，对于他们基于特殊的身份和经历所享有的一系列权利和特权也能接受。以此类推，新移民对英裔和法裔民族由于在加拿大形成过程中所起的特殊作用而享有的主导地位也基本认可。然而，一旦涉及保存自身文化传统和特性问题，新移民便对英裔民族和法裔民族所奉行的融入或“法兰西化”政策颇为抵制。一些比较激进的新移民群体认为，他们与英裔、法裔加拿大人一样，同为

① 在加拿大联邦政府官方网站的“发现加拿大”栏目中，有一条“我们是谁”的专栏，里面写着：“要了解什么是加拿大人，重要的是要知道我们的三个建国民族：土著民族、法裔民族和英裔民族。”值得注意的是，这三个建国民族是按照他们来到加拿大的先后顺序，而不是按照他们在政治或文化上的主导性强弱为标准来排序。

非土著的外来移民，有同样的权利保持自己的语言和文化特性。甚至如果从进入加拿大的方式来看，他们比英裔和法裔民族更合乎道义——因为他们是经过批准甚至优惠政策引进的，而当初的法国人和英国人是拿着枪炮入侵的，并且给当地人——土著民族带来过灭顶之灾。在这些移民眼里，加拿大的民族结构非常简单，就分土著民族和移民群体（族群）两种，只不过在后者中，有新老移民之分。这样，他们的观点最终与土著民族走到一起。

第二节　英裔加拿大人

一　人口比例、人口特点

英裔加拿大人①是加拿大人口中最多的一个族群。虽然早在17世纪初期，英国殖民者就开始在纽芬兰移民，但是直到1763年英国人接管加拿大后英裔民族才开始较大规模的移民。1812年美加战争后，英国政府加速了往加拿大移民的步伐。通过制定各种移民措施如赋予土地、建立实验移民区吸引大量苏格兰人、英格兰人和爱尔兰人移居加拿大。从1825到1846年，约有63万移民进入加拿大各港口。② 1867年加拿大自治领建立后，铁路的扩建和西部各省相继加入加拿大联邦（自治领）为进一步的移民提供了条件。至1871年即加拿大自治领建立的第四年，英裔加拿大人的人口就占到全国（四省）348.6万人的60.5%，数量为211.1万。③

---

① 本书用“英裔加拿大人”（Anglophone Canadian）或“英裔民族”指谓加拿大境内的英格兰人、苏格兰人、爱尔兰人和威尔士人四个英语人群。这几个群体的基本特征是语言相同、文化近似、政治观点相近（早期的移民大都是大英帝国的忠诚者即所谓“保皇派”）。但是需注意的是，这四个人群虽然在加拿大一起生活几百年了，但并没有形成一个“民族”。相反，他们都强调自己的民族身份，在被问及民族身份时，他们往往说自己是“苏格兰人”“爱尔兰人”或“英格兰人”。在加拿大的各种类型的族裔统计资料中，这几种人群的身份都被单列。21世纪以来，加拿大族裔统计资料中“加拿大人”的比例在日益扩大，这或许可以被看作一种正在形成中的“国族”。但是，也要看到，很多人在选择归属“加拿大人”的同时，也选择“爱尔兰人”“苏格兰人”等亚国家族群身份。这就是说许多英裔加拿大人的身份认同是多重的。总体上可以这么认为，虽然加拿大境内的英格兰人、苏格兰人、爱尔兰人和威尔士人至今没有形成一个严格意义上的民族，但他们在许多方面都已经具备形成一个民族的关键要素，如共同的地域、共同的价值观和共同的命运感。

② 阮西湖：《加拿大民族志》，民族出版社2004年版，第157页。

③ 同上书，第2页。

自治领建立以来大量移民拥向不列颠哥伦比亚省和大草原各省。不列颠哥伦比亚省主要接受的是来自英格兰、苏格兰和爱尔兰的移民。在温哥华有不少来自英格兰的移民。两次世界大战期间，一批退伍士兵约2.6万人移居不列颠哥伦比亚省和大草原各省。1913年，约有40万移民进入西部各省。在20世纪20年代，平均每年移入12万多人；1928年移入近17万人，是20年代移民的高峰。1926—1931年，约有29万英国移民移入。在这期间英国政府还资助13万英国人移居加拿大。1930年以后，移民减少了，平均每年只有1.6万人。[①]“二战”期间，从英国移民到加拿大的主要有两类人群，一是战争新娘，二是从英国本土逃避战争危险的英国孩子。“二战”期间及战后，有多达4.8万的战争新娘来到加拿大，她们中的许多人都带着孩子。“二战”后英国人继续移民到加拿大，不列颠哥伦比亚省和安大略省是他们的首选目的地，这一趋势一直延续到1971年。

到2011年，英裔人口占到48%，其中英格兰人为19.8%、苏格兰人为14.4%、爱尔兰人为13.8%[②]。从居住分布来看，英格兰裔加拿大人主要居住在安大略省、不列颠哥伦比亚省、纽芬兰以及阿尔伯塔省；苏格兰裔加拿大人则主要分布在安大略省和大西洋诸省（新斯科舍、新不伦瑞克、纽芬兰及爱德华王子岛）；爱尔兰裔加拿大人大多数居住在新斯科舍、新不伦瑞克、爱德华王子岛、安大略以及魁北克等地的农村地区。

二　族群定位：主导族群

英裔加拿大人在加拿大长期处于结构化的支配地位。第一，人口方面，早在自治领建立时期，英裔加拿大的人口就占到全国（四省）人口的一半以上，根据美国中央情报局的统计，截至2011年，英裔加拿大的人口仍然占到加拿大总人口的48%，这一比例如果再加上自称为“加拿大人”的32.2%的权重，英裔人口的综合覆盖率应该至少在55%以上。从人口的分布来看，英裔人口广泛分布于加拿大的十省三区，他们在除魁北克省以外的其他九个省均占有明显的优势。

第二，从政治上看，由于加拿大的基本政治制度起源于英裔人口来源

---

① 阮西湖：《加拿大民族志》，民族出版社2004年版，第158页。

② 见美国中央情报局网站“世界概况——加拿大部分”。因为受访者被允许同时申报多个族裔身份归属，所以各个族裔认同的总百分比超过100%。https：//www.cia.gov/library/publications/the-world-factbook/geos/ca.html。2015年7月29日浏览。

国——英国，英裔加拿大人的族群政治制度实际上取得了国家形态的主导地位（除魁北克省以外）。也就是说，在加拿大，英裔加拿大人“天然地”处于“国族”的地位。

第三，从经济上来看，英裔加拿大人也处于绝对的主导地位，在加拿大的全部工业投资中，英裔人口占到42.8%（以美国为代表的外国投资占到41.8%，法裔加拿大人只占到15.4%）。如果考虑到美国投资的英语文化成分，英裔加拿大人的经济主导地位更为明显。

第四，从语言和文化上来看，英语虽然与法语一样同为联邦官方语言，但是在实践中，英语的地位无疑处于压倒性的支配地位。在加拿大，有高达90%以上的人可以使用英语。英语在政府部门、公共领域和社会交往中处于不可挑战、无可替代的地位。

第五，从职业分层来看，英裔加拿大人广泛分布于各个职业层面，他们在“政府、科学界、教育界、医学界、法学界、农场及矿区都有不俗的成就”。在一些极具社会象征意义的职业中如政治家、律师、大实业家等，英裔人口的主导地位更是明显。

第六，从社会心理和处世心态上来看，作为历史上的“征服民族或者建国民族”和现实中的支配民族，英裔加拿大人始终保持着自豪和宽容的心态。他们反对革命和激进主义，无论在商业上还是政治上都拒绝极端化。在民族性上，英裔加拿大人表现出传统、保守和恪守渐进主义的精神气质。

总之，就族群定位来看，英裔加拿大人无论是在政治、经济、文化和社会等各个领域都处于无可争辩的结构性、体制性主导地位。这种状况也在一定程度上决定了英裔加拿大人在对待法裔等少数民族或族群方面，一直保持着一种温和与包容的态度。

第三节　法裔加拿大人

一　人口比例、人口特点

法国是最早殖民加拿大的欧洲国家。① 1534年，法国人雅克·卡蒂埃踏上北美洲并在那里建立了第一个定居点，标志着加拿大被殖民的历史从

① 早于他们近500年的维京人在那里短暂的探险和停留不构成殖民意义上的占领。

此开始。

法裔加拿大人是除土著民族以外加拿大最早的移民集团。法裔加拿大人也是在加拿大建立永久性军事基地和商业贸易根据地的第一批欧洲人。1608年他们建立了“新法兰西”。1666 年人口调查显示，新法兰西的人口仅为3215 名。经过近百年的发展，1763 年新法兰西的人口达到 6.5 万人。至1871 年即加拿大自治领建立的第四年时，法裔加拿大人已经发展到 108.3 万人，占加拿大总人口的 31.1%①；100 年后的 1971 年，这个数字为 618.6 万，占加拿大总人口的 28.7%。从趋势上看，法裔加拿大人的数量权重从 1760年开始一直呈缓降状态。1760 年法裔人口数量占到加拿大非土著民族总人口的 90.1%，此后其人口占比一直呈下降之势。截至 2011 年，法裔加拿大人只占总人口的 15.5%②，数量为 700 多万人。绝大部分法裔加拿大人居住在魁北克省，有大约 100 万人居住在安大略省、新不伦瑞克省和曼尼托巴省，还有一小部分居住在其他省份。新不伦瑞克省是唯一的双语官方语言省份。

法裔加拿大人有着鲜明的民族特征。全民族普遍信奉天主教，使用法语，在风俗习惯和生活传统方面保留着浓郁的法兰西风情。“法裔加拿大人热爱他们长期经营的土地，热爱他们最尊敬的给予他们最高恩惠的教会，热爱他们所继承的语言，他们就像同军事入侵者交锋一样，决心守住这个传统的堡垒。”③ 虽然，随着社会的发展，他们的土地制度和宗教信仰的虔诚度均有了很大变化，但坚守语言以及传统的热情和韧性始终没有改变。

二 族群定位：少数民族

法裔加拿大人曾在加拿大这片土地上长期处于优势地位。新法兰西曾是欧洲殖民者在北美的唯一政治实体，按照 1760 年的人口统计数据，法裔加拿大人的人口曾占到非土著人口的 90% 以上。七年战争之后，法裔加拿大人的人口和政治主导地位逐步丧失。到联邦建立时，法裔加拿大人已从支配民族变成名副其实的受支配的少数民族——“自 1867 年，一种

① 阮西湖：《加拿大民族志》，民族出版社 2004 年版，第 2 页。

② 见美国中央情报局网站“世界概况——加拿大部分”。https：//www. cia. gov/library/publications/the-world-factbook/geos/ca. html。2015 年 7 月 29 日浏览。

③ ［加］格莱兹布鲁克：《加拿大简史》，山东大学翻译组译，山东人民出版社 1972 年版，第 160 页。

相当严格的社会经济关系形成了。魁北克的英裔人从事银行家、商人和政治掮客的职业；而法裔人则充当工人、农民以及创造和保护了丰富民族文化的民间艺人的角色。换言之，英裔人一直以胜利者的姿态巧取豪夺”①。

从城乡结构及阶层定位来看，法裔加拿大人长期处于农业社会，大部分人口生活在农村，少部分人生活在城市。在联邦成立早期，“一方面是上加拿大和蒙特利尔城镇商业的奔忙，另一方面是下加拿大的乡村保守主义”。实际上直到20世纪80年代以前，法裔加拿大人整体上仍处于加拿大社会的中低层。② 20世纪90年代以来，魁北克经济社会发展步伐加快，教育和经济发展指数赶上或超过10省平均水平。与此相适应，法裔加拿大人的社会阶层归属与英裔加拿大逐渐接近，出现了不少的政治家、企业家、教育家、科学家、艺术家等，其蓝领工人的数量也不再明显高于英裔加拿大人。

从族际政治的视角来看，联邦建立后的加拿大是一个由英裔民族主导的三元民族国家。其中法裔民族无论是在语言文化，还是在政治、经济和社会地位方面均处于受支配的少数民族地位。

经过长期的斗争，法裔加拿大人不仅取得了联邦范围内的有限“主体民族”的地位（法律上的双语和政治话语中的“建国民族”），而且最终在魁北克省建立了以法裔民族为主导的地区性政权，从而取得了某种区域性的主导地位。当然，从整个联邦国家的角度来看，法裔加拿大人无论是在人数，还是在政治、经济、文化和社会影响力等各个方面都处于少数的地位。法裔加拿大人是加拿大人口最多，政治、经济、文化和社会影响力最强的少数民族。

第四节　土著加拿大人

一　人口比例、人口特点

与英裔、法裔加拿大人相比，土著加拿大人的族裔结构要远为复杂和

① 《异域风情丛书：加拿大》，梁妍、李娜等译，中国水利水电出版社2001年版，第83页。

② 从20世纪80年代魁北克省的社会结构和财富分配情况来看，法裔加拿大人多处于中低层即“中等资产阶级、小资产阶级、农民、工人和社会福利接受者阶层”，在富裕的“大资产阶级”阶层中，几乎看不到法裔加拿大人的身影。阮西湖：《加拿大民族志》，民族出版社2004年版，第136页。

缺乏精确性，因此，本节将用较大篇幅来介绍土著加拿大人的人口状况和分布特点。

据记载，欧洲殖民者进入加拿大时，印第安人有40多个部落，估计人口为20万—30万人。从语言的角度来看，印第安语可分为10个语族，每个语族又可以分为若干语言，共计58种印第安语言。今天，大约有一半的印第安人居住在900多个保留地上（加拿大全国有2370个印第安人保留地）。

据加拿大统计局的资料，2006年，在加拿大自认为是土著人的人口数量已经超过一百万大关，并且他们在加拿大总人口中的比例处于上升状态，截至2006年，土著民族的总人口为1172790人，占到加拿大总人口的3.8%，而2001年为3.3%（976305人），1996年为2.8%（799010人）。从1996年到2006年，土著人的人口增长了45%，这一数字是非土著人口增长率（8%）的近六倍，在三个土著人群体中，10年中梅蒂斯人口增长最快，人口增至389785人，增长率达91%，超过了第一民族增长率29%的三倍（后者的人口为698025人），因纽特人口的增长率为26%，截至2006年，因纽特人的人口达到50485人。

土著人口增长的原因有以下几个方面，一是人口因素，如高出生率；二是越来越多的个体将自己认同为土著人；三是1996年以来，未被完全计入人口统计的保留地数量减少。由于不被允许统计人口，或者，在统计完成之前被打断，一些印第安保留地和居住地没有参与人口统计。2006年，未被完全计入人口统计的保留地为22个，2001年这一数字为30个，1996年为77个。从这一情况来看，土著民族人口数量的快速增长在很大程度上与以前的“漏统”有关。

加拿大土著民族的人口比重仅次于新西兰，位居第二。10个土著人群体中有8个住在安大略省和四个西部省份，其中，安大略省242495人，不列颠哥伦比亚省196075人，阿尔伯塔省188365人，曼尼托巴省175395人，萨斯喀彻温省141890人，魁北克省住着108430名土著人，其他每一个省和地区的土著人均不超过2.5万人。

土著人在地区和草原省份占的人口比例最大，努纳武特地区的土著人口达24920人，占该地区总人口的85%，该比例为全加拿大第一。西北地区的土著人比例为50%，育空地区的土著人的比例为25%。

在自我认同为土著人的1172790人（2006年）中，有4%（约50485

人）是因纽特人。资料显示，因纽特人要比非土著人和其他土著人年轻得多，2006年因纽特人的中值年龄为22岁，非土著人的中值年龄为40岁，第一民族的中值年龄为25岁，梅蒂斯人的中值年龄30岁。2006年因纽特人中年龄在4岁及以下的人口占到12%，比非土著人的5%的比例高出两倍多。11%的因纽特人年龄在5—9岁，而非土著人的这个比例为6%；年龄在24岁及以下的人占56%，而非土著人的这个比例只有31%；因纽特人的这种年龄结构意味着将来对住宅和各级教育的需求，对各种职业和技能培训的需求都会快速上升。

因纽特人65岁及以上的人占总人口的比例在增加，但只有4%，这个比例与非土著人的相同年龄人占的比例13%相比，仍然很低。造成这一现象的原因，部分是因纽特女性的较高的生育率导致了较大群体的年轻人，当然，也与因纽特群体较低的平均寿命密切相关：2001年因纽特人的平均寿命男性为63岁、女性为72岁，而2001年加拿大人口的总平均寿命为男性77岁，女性82岁。

四分之三或78%的因纽特人住（分布）在拉布拉多向西北地区延伸的区域内，因纽特人称这一区域为因纽特—努那奥特（Inuit Nunaat，因纽特语意思为“因纽特人的家园”），他们住在那里的历史有五千年了。因纽特—努那奥特由四个部分组成：

（1）努纳武特地区，2006年统计因纽特人口为24635人，这一地区面积最大，因纽特人口最多，人口为全加因纽特人口的近一半（49%），1996—2006年，这个地区的因纽特人口增加了20%。

（2）努纳维克，位于魁北克北部，有9565名因纽特人，占全加人口总数的19%，1996—2006年以来，增加了25%。

（3）因纽维阿留特地区（Inuvialuit region），位于西北地区，有3115人，占全加人口总数的6%。

（4）努那特遂瓦特（Nunatsiavut），这一区域在拉布拉多北部，有人口2160人，占4%。

因纽特人在上述四个地区均占据多数：在努纳维克占90%，在努那特遂瓦特占89%，在努纳武特占84%，在因纽维阿留特地区占55%。

这四个地区因纽特人在享有共同文化和许多传统的同时，各地区也存在着独特性：他们各自的传统会有所不同，区域之间语言和地理上的多样性很明显（有时同一区域的社群之间多样性或差异也很明显）：

(1) 努那特遂瓦特：这是最东部的一个地区，包括了拉布拉多北部海岸的五个社区，努那特遂瓦特在因纽特语里的意思是“我们美丽的土地”，这个地区是通过2005年的《拉布拉多因纽特土地赔偿协议》(Labrador Inuit Land Claim Agreement) 产生的，包括大约72500平方公里的土地和邻近的海洋区域。

(2) 努纳维克：这一地区是通过《詹姆斯湾及北魁北克协议》(the James Bay and Northern Quebec Agreement) 产生的，这是加拿大的第一个现代土地赔偿条约 (land claims agreement)。1975年，努纳维克占地66万平方公里，后来的《努纳维克因纽特土地赔偿协议》(the Nunavik Inuit Land Claims Agreement) 给了努纳维克的因纽特人努纳维克近海许多岛屿的所有权。

(3) 努纳武特：1993年的《努纳武特土地赔偿条约》(Nunavut Land Claims Agreement) 导致了1999年努纳武特地区的建立，它成立在西北地区的东部，这是世界上主权国家与土著民族间的一个最大的土地协议，努纳武特地区地跨200万平方公里。地区包括三个主要区域：基吉柯塔鲁克区域 (Qikiqtaaluk)、基瓦里奇区域 (Kivalliq) 和基蒂克美奥特 (Kitikmeot)。

(4) 因纽维阿留特地区：1984年的《因纽维阿留特最终协议》(the Inuvialuit Final Agreement, IFA) 将西北地区的90650平方公里给予北极西部的因纽特人 (因纽维阿留特人)，IFA将该地区的因纽特人分为六个社群 (区)，其中五个在该安置区 (settlement region) 内，一个在安置区外。

因纽特—努那奥特共有52个因纽特人聚居社区，由于交通不便，这些偏远的社区，在大多数情况下，只能靠空中交通 (常年) 和海陆 (夏天的几个月)，大部分社区都很小，超过三分之一 (38%) 的社区的总人口少于500人，29%的社区的人口在500—999人，33%的社区人口为1000人或以上。

在大部分因纽特人住在因纽特—努那奥特的同时，加拿大其他地方尤其是南部城市的因纽特人的比例在上升，从1996年的17%上升到2006年的22%。

据2006年的统计，有8395名因纽特人住在因纽特—努那奥特以外，比1996年的5235人增长了60%，占因纽特总人口的17% (1996年为

13%)，另外还有5%的因纽特人住在因纽特—努那奥特以外的农村地区。2006年，因纽特—努那奥特以外的较多因纽特人居住的城市主要有渥太华—加蒂诺725人，耶洛奈夫640人，埃德蒙顿590人，蒙特利尔570人，温尼伯355人。

与印第安人和因纽特人相比，梅蒂斯人的人口特点格外明显。首先。由于“梅蒂斯人”一词在概念上的使用方面存在很大的争议。至今加拿大都没有形成界定梅蒂斯人的严格或共识性标准。一般说来，字头小写的“梅蒂斯人”（métis）泛指加拿大所有有着欧洲人和土著民族混合血统的社群。字头大写的“梅蒂斯人”（Métis），按照代表梅蒂斯民族（Métis Nation）的政治组织“梅蒂斯全国委员会”（MNC）2002年定义，是指“自我认定为梅蒂斯，有别于其他土著人，具有历史上的梅蒂斯民族（Nation）的血统且被梅蒂斯民族所接受的人”。该组织将梅蒂斯人的“家园”（homeland）界定在“三个草原省、安大略省部分地区、英属哥伦比亚省、西北地区和美国北部”。

梅蒂斯人的这种“拥有一种共同的文化、祖先的语言（古法语Michif）、历史和政治传统，以及通过广泛的亲属关系网络连接在一起的”梅蒂斯民族成员观引起“加拿大土著人代表大会（CAP）”的不满，该机构认为这一定义排除了“许多有正当理由成为梅蒂斯民族成员的人”。值得注意的是，尽管存在着这种反对的声音，加拿大联邦政府、省政府以及法院在它们的相关政策和司法裁决中承认或确认了梅蒂斯全国委员会的这一定义。①

由于梅蒂斯人长期在法律上得不到承认，他们没能像印第安人和因纽特人一样形成较大规模的集中居住模式，现实中，绝大多数梅蒂斯人分散居住在全加范围内，只有少数人居住在阿尔伯塔省中部的若干定居点内。

1982年，作为土著民族的一部分入宪以来，梅蒂斯人通过一系列诉讼，不仅相对确认了他们作为土著民族的权利，而且逐步取得了与（条约）印第安人同样的特权：直接受辖于联邦政府。② 联邦最高法院的该裁

---

① “拉布拉多的梅蒂斯人”因此而放弃“梅蒂斯人”这一名称，转而采用其祖上自我认定的怒那图卡瓦特人（NunatuKavut）。

② 在经历了17年的诉讼之后，加拿大联邦最高法院裁定Métis and Non-Status Indians都属于1867年宪法第91条24款规定的联邦政府直接管辖下的“印第安人”。

决将改变梅蒂斯组织的运作方式、资金来源、能够提供的服务种类，以及他们要求联邦政府咨询和赔偿的能力。

土著民族的人口和社会分层特点可以从教育、就业、收入等多项指标得到说明。

教育　第一民族、梅蒂斯人和因纽特人拥有大学学历的人分别为7%、9%、4%，而非土著人的这一比例为25%。2006年，33%的土著成年人（25—54岁）所受的教育低于高中，而非土著民族的这一比例仅为13%，前者比后者整整高了20个百分点。

就业　尽管劳动就业情况有所改善，但土著民族的受雇程度仍然相对较低，2006年，土著民族的核心工作年龄段（25—54岁）的就业率为65.8%，比5年前上升4.6个百分点；而非土著人在这个年龄段的就业率为81.6%，比5年前上升了1.3个百分点。2006年第一民族核心工作年龄段的就业率为60.4%，居住在保留地上的第一民族就业率为51.8%，保留地之外的第一民族就业率为66.3%，同期因纽特人的就业率为61.1%，梅蒂斯人的就业率为74.6%。尽管土著人比非土著人更难就业，但是两者之间的就业率差距从2001年的19.15%缩小到2006年的15.8%。2006年的数据还显示，梅蒂斯人和第一民族与非土著人之间的就业率差距在缩小，而因纽特人与非土著人的就业率差距维持不变。①

收入　平均总收入2005年25—54岁土著人口的平均总收入2.2万加元多一点，而同一个年龄组的非土著人的平均总收入为3.3万加元。在整个土著民族群体中，梅蒂斯人的平均总收入最高，接近2.8万加元，紧随其后的是因纽特人，其平均总收入略低于2.5万加元。第一民族的平均总收入约为1.9万加元，其中居住在保留地以外的平均总收入为2.25万加元，而居住在保留地上的平均总收入略超过1.4万加元。

健康情况　2006年加拿大社区健康调查报告说，62%的15岁及以上的加拿大人认为自己的健康为优秀或非常好。对土著民族的调查结果显示，58%的梅蒂斯人认为他们的健康为优秀或非常好，居住在保留地之外的第一民族中有53%认为他们的健康为优秀或非常好，因纽特人中有一半认为自己的健康为优秀或非常好。

---

① Statistics Canada. *Canada's Changing Labour Force, 2006 Census: The Provinces and Territories. Aboriginal Peoples in the Workforce.*

预期寿命 根据加拿大统计局提供的资料，2017 年加拿大人的预期平均寿命为男 79 岁、女 83 岁；土著民族中，因纽特人的预期平均寿命最低为男 64 岁、女 73 岁；梅蒂斯人和第一民族的预期寿命比较相似，为男 73—74 岁、女 78—80 岁。按照这一估算，土著民族的预期平均寿命比 2001 年平均增加了 1—2 岁。从总体上看，除了因纽特人以外，第一民族和梅蒂斯人的预期平均寿命与加拿大人的平均水平相差不是很远。

违法与犯罪率 最能体现土著民族社会分层和地位的或许是他们在拘留所或监狱里的人口比例。2006 年土著民族的成年人（18 岁及以上）占到全加成年人的 3.1%，而被羁押和接受社区矫正的比例却大大高出这一比例。2007—2008 年被羁押候审的土著成年人比例高达 20%，在省和地区被判处监禁的比例高达 25%，有 18% 的成年人被联邦羁押。土著人被判处缓刑参加社区矫正的比例为 20%。值得注意的是，土著民族中女性被羁押的比例要远远高于男性，如 2007—2008 年，土著民族成年女性被省和地区羁押的比例接近三分之一。比较而言，同期被省和地区判处监禁的男性比例为 21%。①

同时，土著民族更有可能成为暴力犯罪的受害者，2004 年的综合社会调查（general social survey）发现，土著民族每千人的暴力事件发生数为 319 件，而非土著人的比例为 101 件，前者是后者的 3 倍。同时研究表明，土著人更容易被他们所熟悉的人侵害（56%），而非土著人的这一比例是 41%。

以上笔者从教育、就业、收入、健康情况、预期寿命、违法与犯罪率等几个方面介绍了土著民族在加拿大社会中的具体情况。从职业分层来看，土著民族主要分布在农业、环境、商业和艺术等行业，他们在这些行业中成绩显著。还有一小部分人仍然坚持着传统的生产和生活方式。同时由于土著民族自治的推进和实现，他们中的一些人也成为区域治理中的职业政治家。

二 族群定位：少数民族

土著民族在整个加拿大国家中的族群定位具有历史性、多样性两个维

---

① 这里，被判处羁押的数字不包括爱德华王子岛、魁北克省、萨斯喀彻温省和努纳武特地区，被判处监禁的数字不包括爱德华王子岛、魁北克省和努纳武特地区，判处缓刑的数字不包括爱德华王子岛、新斯科舍省和努纳武特地区。

度。从历史性来看，早在1763年的《皇室公告》中，土著民族被英国殖民者定位为民族（Nation），他们与殖民者的关系被描述为民族—民族关系（nation to nation）。从多样性的维度来看，土著民族在加拿大的政治和宪法框架中被区分为三个政治和法律地位不尽相同的民族，其中印第安人被人尊奉为“第一民族”（first nations），他们在法理上享有基于历史在先性的独特地位；梅蒂斯人、因纽特人与第一民族一道被宪法确认为土著民族的三个组成部分，具有不同于非土著人的独特的宪法地位。近年来，为平衡英裔和法裔民族二元博弈形成的僵局，土著民族作为一个整体被赋予了“建国民族”的地位。

需要指出的是，尽管土著民族作为一个整体在政治和宪法上取得了与非土著人有显著差别的特殊权利，但是在实践中尤其是对加拿大国家的政治、经济、文化和社会影响力来看，土著民族无疑是处于受支配地位的少数民族。他们的文化、语言和宗教不仅难以对主流社会产生应有的影响，而且随着城市化进程的日益推进和土著人口居住的日益分散，他们在保存自身的传统或特性方面面临着巨大的挑战。

第五节 新移民加拿大人

一般来说，所谓“新移民”，是指那些不属于英裔或法裔和土著民族的其他族群。在加拿大，“新移民”的界定并不存在一个单一的区分标准。按照加拿大统计局的分类，新移民是指那些不是出生在加拿大本土的移民。按照这一标准，加拿大新移民的总数量为600多万人。①然而，按照少数族群区分的一般标准，加拿大统计局关于新移民的界分只具有统计学上的意义。它按照出生地所划分的600万人显然难以一律划归“移民少数族群”，因为其中从美国和英国移民而来的80余万人因其语言和文化上与主流社会的同质性，已在很大程度上融入并消失在加拿大主流社会中；来自法国的移民也因其与法裔加拿大语言

① 按照加拿大统计局的数据，截至2006年加拿大共有新移民618.7万人，其中来自美国的有25.1万人，中南美洲的38.1万人，加勒比海和百慕大群岛的31.8万人。来自欧洲的移民共计227.8万人，其中英国58万人，北欧和西欧（除英国）49万人，东欧51.1万人，南欧69.8万人；非洲37.5万人；亚洲和中东252.5万人，其中西亚、中亚和中东37.10万人，东亚87.4万人，东南亚56.1万人，南亚72万人，大洋洲等国家59.4万人。

和文化的高度相近而归入法裔少数民族之列。同时，来自西欧和北欧的移民因其与英裔或法裔民族在宗教和文化上的相似性而较快融入这两大群体。因此，在加拿大，界定作为少数族群的新移民是一件非常棘手的事情。

然而实践中又真真切切地存在着一个既不同于英裔、法裔民族，又差异于土著民族的移民少数群体，他们或在肤色，或在语言文化，或在宗教上有着明显的特征。这个群体的特点是虽然他们没有共同的肤色，也没有共同的语言、文化或宗教，但他们有一个共同的特点：处于受支配的少数人的地位且希望保存自身的传统和特性。

金里卡在其关于少数民族（族群）的分类中界定了三类少数群体，移民少数族群（族裔）是其中重要的一类。按照他的有关少数群体划分标准，移民少数族群（族裔）是指那些在族裔、语言、文化、宗教等方面与主体民族存在明显差异并处于受支配地位的少数人。按照这一标准，加拿大的移民少数族群的界限就逐渐清晰了，即所谓移民少数族群是指那些或在族裔（肤色），或在语言文化，或在宗教等方面异于英裔、法裔或土著民族，在政治、经济、社会、文化方面处于被支配地位，且希望保存自身传统和特性的出生在（但不限于）加拿大以外的群体。① 实践中，来自亚洲、中东、东欧、南欧、拉美和非洲的移民群体属于比较典型的移民少数群体，他们中的华人、南亚人、黑人、菲律宾人、拉美人、东南亚人、阿拉伯人、西亚人、韩国人、日本人、混血人等又被称作可见性少数族裔群体。

“可见性”少数族群是加拿大法律对那些“不同于土著人，在种族上属非高加索人，肤色上属非白人成员”的指称。该术语主要用作加拿大统计局人口统计类别，与该国的就业平等政策相关联。② 自20世纪60年代移民法改革以来，大量的非欧移民来到加拿大，这些人大多数属于可见性少数族群。可见性少数族群是加拿大特有的一个术语。所谓“可见性”是相对于历史上的“不可见性”或“隐性”而言的。历史上人群的政治区分是以“语言（法语、英语）”和“宗教（天主教、新教）”这类隐性

① 一些所谓二代移民，虽然出生在加拿大，但由于长期生活在传统文化较为完整的本族社区内，其希望保存父辈来源国传统和特性的愿望仍然比较强烈。这些法律意义上的“加拿大人”仍然属于文化归属意义上的少数移民群体。

② “可见性少数族群”概念的提出，是为了解决这个群体在就业市场上的不利地位。

特点为基础的。“可见性少数族群”不是“非白人”的一种委婉说法，因为土著人不属于“可见性少数族群”，但他们也不是白人。一些在美国人口普查中被界定为“白人”的人群如“美籍阿拉伯人”在加拿大被界定为“可见性少数族群”。此外，加拿大的“可见性少数族群”也不同于美国的“有色族裔（人种）”，因为美国的“有色族裔（人种）”包含了土著民族。

以上情况表明，在加拿大，“可见性少数族群”的界分基本上契合了移民少数群体的边界。此外，与所谓两大“主体民族”英裔、法裔在族裔（肤色）、文化相近甚至相同的白人宗教上的少数人如阿米希人也可以划归移民少数群体。①

据2006年的统计数据，加拿大的“可见性少数族群”数量超过500多万人，占全国人口的16.2%。自1971年多元文化主义政策推行以来，加拿大的“可见性少数族群”占总人口的比重一直处于上升趋势。1981年为4.7%，1991年为9.4%，1996年为11.2%，2001年为13.4%。基于2006年以来每年的移民流入量和“可见性少数族群”相对于欧裔加拿大妇女的较高生育能力，研究人员估计，2012年，“可见性少数族群”的人口数量已占到总人口的19.56%。按照这一增长速度，目前加拿大的“可见性少数族群”的数量已接近或超过700万人。这个数字加上为数不多的白人宗教少数群体，加拿大的“移民少数族群”已占到总人口的20%以上。也就是说，每5个加拿大人中就有一个属于移民少数族群。

移民少数族群是加拿大社会比较特殊的一个群体。与英裔加拿大人相比，他们的政治、经济、文化（语言）和社会都不占有优势。与法裔加拿大人比较，他们不仅不具有局部（魁北克省）的主导地位，也不拥有法裔加拿大人那样的内部凝聚力。与土著民族相比，他们也不具有历史的先在性和以这种先在性为基础的固有的权利。移民少数族群内部千差万别，不仅来源国多样，而且语言、文化、宗教和传统多样。他们几乎在任何意义上都难以构成一个整体。

在对待新移民问题上，加拿大的三个建国民族即英裔民族、法裔民族和土著民族的看法几乎一致：认为他们是自愿选择来到加拿大寻找“美

---

① 白人可划归移民少数群体的情况还包括特定时期如“一战”和“二战”时期被认定为“敌国侨民”的白人群体。

好生活”的各族裔人群，他们虽然有权利保存自己的特性，但更有义务融入主流社会。在群体定位上，他们被定义为“少数族群”而不是“少数民族”。这一点从主体性上决定了他们在加拿大社会的地位。

第五章　土著少数民族的“加权公民身份”

土著少数民族的“加权公民身份”（Citizen-Plus）在加拿大的形成有其独特的历史过程和历史条件。大概说来，这一过程经历了四个历史阶段。第一阶段为1763年之前，这一阶段土著民族周旋于法国殖民者和英国殖民者之间，其权利和地位取决于他们与两个殖民民族签订的条约。总的来说，这期间土著民族与欧洲殖民者所签订的条约大致上做到了公平互利。第二阶段开始于1763年《皇室公告》，止于1867年自治领建立。这一阶段英国殖民者打败了法国殖民者，将土著民族全面纳入英帝国的版图之中。1763年发布的《皇室公告》一方面承认“几个印第安民族或部落”是与欧洲殖民者明显不同的民族（Nation），另一方面又确认英国政府及后来的加拿大政府对印第安人有“监护”的责任。作为与“欧洲殖民者明显不同的民族”，土著民族与英国政府签订了一系列的基于“和平与友谊”的条约；作为受政府监护的群体，他们受到英国殖民当局的一系列法律的控制。① 第三阶段为1867年自治领建立到1971年多元文化主义政策正式推出前夕，这一阶段为加拿大独立建国及夯实统一的联邦国家阶段。这一阶段加拿大国家对土著民族总的政策是剥夺和同化。这个时期

---

① 如19世纪50年代通过的《下加拿大印第安人土地和财产的更佳保护法》（An Act for the Better Protection of the Lands and Property of Indians in Lower Canada）、“An Act where the Better Protection of Indians in Upper Canada imposition, the property occupied or enjoyed by them from trespass and injury”、《印第安部落文明法》（The Civilization of Indian Tribes Act）等，通过这些法律，英国殖民政府设立专员（commissioner）来管理印第安人托管的土地，同时规定专员有充分的权力处置印第安人的财产；规定除非得到英国王室的批准，任何人不得处置印第安人的土地。法律同时也规定了印第安人免于税收、审判和扣押的豁免权以及禁止售酒给印第安人等。此外，《印第安部落文明法》还规定，那些受过“完备高级教育的有智慧的和有能力管理自己事务的印第安人会得到选举权”。这些法律涉及的内容被后来的《印第安人法》所系统地继承和发展。

联邦政府与土著民族的关系在两个层面上同时展开，一方面通过大量不平等条约获取土著民族的大量土地；另一方面通过一系列的联邦立法如《印第安人法》一边将土著民族与主流社会隔离开来，一边进行强制同化。1950年后，加拿大政府逐渐放弃了将公民权与印第安身份对立起来的做法，允许印第安人在保留印第安身份的条件下参加选举。1960年，加拿大通过了权利法案，允许印第安人在不放弃其土著人身份的条件下获得完整的公民权，印第安人可以参加联邦和省的选举。1969年特鲁多政府出台的"印第安人白皮书"，主张从宪法和法律中废除印第安人的一切特殊和差别性权利，将印第安人的治理纳入了一律平等的公民化框架之下，该"白皮书"遭到印第安人的强烈反对。第四阶段为1971年多元文化政策推行至今，此阶段为加拿大国家全面建设多元文化公民身份阶段。这一阶段，土著民族不仅巩固其平等的公民权利，而且逐步获得了非土著人所不能拥有或主张的土地权利和自治权利等。

加拿大土著少数民族的"加权公民身份"的形成有其特定的历史背景和路径。在欧洲殖民者到来之前，他们是自我建制良好社会的主人，各个部族（部落）处于较为完备的自治状态；在欧洲殖民者到来初期，他们是欧洲殖民者的"平等的伙伴"甚至被视为具有独特身份的民族（Nation）；到殖民后期尤其是英国殖民者主导加拿大国家以后，他们的身份和命运经历十分曲折和复杂的阶段。英国殖民政府（以及后来的加拿大政府）起初通过一系列立法和政策将他们隔离于主流社会。在隔离的同时赋予他们若干不同于非土著人的权利。随着加拿大国家的日益整固，加拿大政府开始有计划地实施同化政策，试图通过经济（土地）上的剥夺、文化上的消灭和政治上的"平等对待"（公民权）来强迫和引诱土著少数民族放弃他们的土著身份。从法律上来看，隔离式的对待产生了特殊的土著权利，种种同化措施的推进又不可避免地衍生出土著民族的公民权利。20世纪60年代以来，加拿大政府加紧推进土著民族的公民化过程，试图以无差别的公民身份代替土著民族的差异族裔身份，此举遭到土著民族的激烈反对。在土著民族看来，历史上的隔离和剥夺固然是一种屈辱和不公正，但它从另一个角度也构成土著民族权利诉求的合法性基础，说明土著民族有着与其他加拿大人明显不同的群体身份。另外，作为加拿大人的一个有机组成部分，土著民族当然与其他加拿大人一样有着平等的公民权利，这种公民权利不应与他们享有的差异性土著权利有所差异，如此，土著少数民族的群体身份就由最初的“土著民族”到后来的被强迫公民化，最终演变成土著民族+公民化的叠加模式即“加权公民身份”（Citizen-Plus）。

第一节 土著少数民族权利的历史状况

一 与欧洲殖民者接触早期的土著少数民族权利

严格说来，与欧洲殖民者早期接触时的土著民族并不属于“少数民族”的范畴，因为此时的北美加拿大还远没有形成一个由欧洲殖民者主导的近代意义上的国家。这一时期，初到的法国和英国殖民者为了自身的安全与利益，尽量平等对待土著民族并与他们和谐相处。出于军事和贸易上的考虑，早期的法英殖民者还相互竞争性地和印第安人结盟。此时的土著民族一方面享有与欧洲殖民者“对等的”协商主体地位，另一方面在自己的部落或部族中享有高度的自治权。

“新法兰西”建立初期，除了阿卡迪亚等少数区域，土著民族处于完全自主独立的状态，继续保持着他们的传统生活方式和习俗。1665 年法国皇室在给总督库尔塞勒（Courcelle）的训令中指出，警察、士兵和其他所有臣民都必须以“仁慈、公平正义和没有伤害和暴力”的方式对待土著民族。法国殖民者在劳伦斯河流域及其腹地的广阔区域主张主权的同时，承认土著民族是由他们的法律和风俗所治理的独立的民族（nations）。他们将土著民族视为“盟友”而不是“臣民”，土著人和法国殖民者之间发生的法律纠纷由军事法庭管辖，一般的情况是，这些法庭只是把他们交给他们的部族议会按照他们的习惯法加以处理，这种对于土著民族司法权力（利）的尊重极大地改善了土著民族与法国殖民者的关系。

1665 年路易十四训令中有这样的规定，“永远都不要以对法国人更好或更适合法国人为借口侵占土著民族居住的土地”。这一规定一直被遵守至 1763 年新法兰西被英国殖民者控制为止。1716 年的皇家训令不仅要求在贸易和传教方面与土著民族保持和平关系，而且禁止法国人在蒙特利尔地区以西进行农垦和居住。在高地区域，甚至要求在修建贸易点、城堡和小型农业社区之前要征得居住在那里的群体的同意。在 1748 年与 80 个易洛魁联盟代表协商之后，拉加利索尼耶尔（La Galissonière）总督和地方行政长官弗朗西斯·比格特（François Bigot）重申“这些印第安人自称而且事实上也是独立的，他们的土地无可争议地属于他们自己”。

尽管法国殖民者继续主张对这片土地的主权并且在国际层面代表参加联盟的土著民族，但这种主权和代表性主要是为了对抗欧洲的其他殖民对手，而不是为了弹压印第安人的独立性和他们的传统的习俗。印第安人的领袖也乐意接受这种“保护国”的地位，因为这既可以获取外部的支持，又可以自己管理自己、保持土著民族传统的生活方式。除了在有关印第安人的事务方面尊重土著民族的土地权利、自主性和社群自治以外，法国殖民者还在殖民地的政治治理方面积极听取印第安人的意见和建议。在每年往返于新法兰西和凡尔赛的政策建议中，都包含着土著民族的一些建议和呼声。

总的来看，在新法兰西时期，基于军事上的联盟、贸易上的互利等因素，法国殖民者对土著民族的权利和诉求多采取了务实的策略，基本上做到了尊重土著民族的土地权利、文化权利和维持自己传统生活方式的权利。此外，法国殖民者还在司法尤其是刑事司法方面给予土著民族一定的司法主权，允许他们按照他们的风俗习惯去审判涉案的土著当事人。法国殖民者的这些做法，一定程度上争取到土著民族的人心。米克马克人及后来的阿布纳基人甚至以加入天主教的方式来证明他们对法国人的忠诚和兄弟之情和对英国殖民者的坚决抵抗。

七年战争结束，战败的法国殖民者在拱手让出新法兰西时也没有忘记他们在北美大陆的联盟——“易洛魁联盟七民族”（The Seven Nations of The Iroquois Confederacy），他们为这些土著联盟者争取到“放下枪的士兵的待遇”——“居住的土地不受侵犯，有宗教信仰的自由和保留他们的传教士的权利”。这些条款在数个条约中反复得到确认。

二 《皇室公告》与土著少数民族权利

从整体上来看，《皇室公告》是英国殖民者取得包括新法兰西在内的北美大陆的控制权以后发布的一个宣誓主权、明确管辖权的一个重要政治、法律文件。这个文件的一个重要内容是明确了英国殖民当局与土著民族的关系，以及土著民族与殖民者在土地等问题上的法律关系。公告开宗明义称“因其公正合理且对我们殖民地之利益及安全必要缘故，我们与之联络且处于我们保护下的那些印第安国家（nations）或部族在我们统治范围内占有一部分土地，不得受到侵扰或干涉，其土地在被割让或由我们购买之前为其保留，作为其狩猎场地”。这段文字大致表达了三层意思，一是对土著民族采取这样的政策的原因是基于“公正”，同时也是为了保障殖民者的“利益及安全”；二是明确殖民者与土著民族的关系是一种国与国之间的关系①；三是保护土著民族的土地不受未经程序或批准的占有和侵害。

从土著民族权利保护的角度来看，《皇室公告》最重要的一个内容是确认了土地权格（aboriginal title）② 的已经存在和继续存在。这种土地权格不仅构成土著民族土地权利的合法性基础，而且也是其主张政治自治权利（力）的重要依据。关于土地权利，公告规定所有的土地在通过条约割让之前都属于土著人的土地，只有英国皇室通过条约的形式才能获取这些土地。公告因此为以后殖民（加拿大）政府通过订立条约解决土地问题奠定了基础。一般来说，签订条约需要第一民族和政府双方在场，以及双方之间某种形式的同意，其基本范式是土著民族因出让土地或资源获得补偿，殖民当局或加拿大政府则获得土地。一年后在《皇室公告》基础上签订的《尼亚加拉契约》就是这种条约形式的具体实践。在这个“公平和自愿”的契约中，土著人交出土地，英国则承诺给 24 个土著部落一定的资金和物品。《尼亚加拉契约》的签署，标志着英国殖民者与土著民族通过契约（条约）解决土地问题的新范式得以产生。

为了减少割让土地对土著民族传统生活方式的影响，公告允许土著民族在已经割让的土地上狩猎或捕鱼。在土著民族与皇室的关系上，公告最引人注目的部分是规定了英国王室对土著民族承担的信托保护义务，这种信托保护义务的确立对后来土著民族群体权利的发展起了重大作用。

直到今天，《皇室公告》都仍然是一个有效的法律文件，因为没有任何法律或判决明确否认它的有效性，而且该公告也得到加拿大现行宪法的

---

① 加拿大联邦最高法院在 1990 年的一个判决中也确认早期英国政府同土著民族间的关系是一种“国与国之间的关系”。

② “土地权格”是加拿大普通法中一个独立的概念。它是土著土地制度和欧洲土地制度的某种混合。它既不是起源于土著习惯法，也不是来自英国普通法或法国民法，而是三者互动中的某种协调。土地权格是一个独特的概念，它的独特性可以从北美土著土地的历史演变中得到解释。See B. Slattery, “Understanding Aboriginal Rights”, *Canadian Bar Review*. Vol. 66, No. 4 (1987), pp. 727 - 783. Also see Bruce H. Ziff, *Principles of Property Law*, Scarborough, Ont. : Carswell, 1993, pp. 38 - 45, 118 - 120; Delgamuukw v British Columbia [1997] 3 S. C. R. 1010; K. McNeil, *Common Law Aboriginal Title*, Oxford: Clarendon Press 1989。

肯定，宪法第25条规定，本宪章中对某些权利与自由的保障，不应解释为废除或者减损属于加拿大各土著民族的任何土著的、条约规定的或者其他的权利或者自由，包括1763年《皇室公告》所承认的任何权利或者自由以及加拿大各土著民族依照土地请求权解决办法可能获得的任何权利或者自由。事实上，正如许多土著人和法律学者认为的那样，《皇室公告》是后来的土著权利包括自治权利得到宪法承认和保障的至关重要的一步。在这个意义上，《皇室公告》有时也被称为《印第安大宪章》。土著民族将《皇室公告》视为自己的权利宪章。①

三　剥夺与特权：《印第安人法》中的土著少数民族权利状况

《皇室公告》确立王室对土著民族的信托保护责任以后，英国殖民者通过种种政治的和立法措施来限制、剥夺和监护被他们视为“孩子”的土著民族。② 这种限制、剥夺和监护性的政策、立法到1876年发展成一个系统的专门适用于印第安人的法律——《印第安人法》。③《印第安人法》是英国殖民者（加拿大自治领）长期压迫、限制、剥夺和监护印第安人的政策的集大成者。这部法律几乎规定和控制了印第安人的一切方面，从身份的登记、确认到一系列印第安人权利义务的设定事无巨细地显示了加拿大政府对土著民族的控制。

1876年《印第安人法》有两个重要的法律基础，一个是1763年的《皇室公告》，另一个是1867年的《不列颠北美法案》，前者规定了皇室对印第安人的信托保护义务和责任，以及对印第安土地的垄断性的受让权，后者明确规定有关印第安人和印第安土地的管理权限仅限于联邦政

---

① 当然，也要看到，尽管《皇室公告》是一个宪法确认的有效法律文件，但土著民族对土地的权利却一直不得不在诉讼中通过举证获得支持。在不列颠哥伦比亚省，土地权利问题一直是土著民族严重关切的问题。该省的绝大部分土地都不是通过土著人的割让获得的，土著人认为这是一块“偷来的土地”。不列颠哥伦比亚省认为《皇室公告》不适用于该省，因为皇室宣言发布时，该省还没有被英国殖民（定居），这一主张在政府官员、学者和公众之间引起了极大争议。一些人主张，“公告”的适用应该与英国在该省建立主权同步。

② 这些法律除了前文提到的“下加拿大印第安人土地和财产的更佳保护法”“印第安部落文明法”外，还有1868年的“国务部法”“逐渐解放印第安人与印第安事务更佳管理法”，前者委任英国国务大臣为加拿大印第安事务的总管，后者则增加了对保留地进行管理的权力（实际上早从1830年开始，印第安人东部地区的保留地就被划归政府监督、管理）。

③ 19世纪早期以来，加拿大联邦政府（议会）推出许多有关印第安人的法律，这些法律最后都汇集在《印第安人法》之中。

府。这两个法文件中的第一个是为了保护土著民族“不受妨碍和侵害”，第二个则是将这种“保护”责任明确给加拿大联邦政府。大致说来，《印第安人法》[①] 主要包含了以下内容：第一，规定了“谁是印第安人”，该法规定，凡是在印第安人登记册上登记过的印第安人都具有“印第安人法律地位”（Indian status）或“条约地位”（Treaty status）[②]，未登记过的则属于“非法律地位印第安人”（Non-Status Indians）。为了严格控制有法律地位的印第安人的数量，《印第安人法》还规定了若干失去“法律地位”情形。[③] 第二，规定了印第安人的组织形式——村落社。《印第安人法》打破了印第安人千百年来行之有效的自治的社会组织系统，代之以行政化色彩浓厚的村落社，村落社设议事会管理，直接服从于印第安事务和北方发展部。第三，规定了印第安人的保留地及使用权限，《印第安人法》第 18 条规定，保留地是由女王阁下持有的、划给各个村落社享有和受惠的土地；（印第安事务和北方发展部）部长可批准使用保留地内的土地用来建设印第安学校、印第安人事务行政管理机构、印第安人墓地、印第安人保健设施，或征得该村落社议事会的同意用于该村落社其他公共福利事业，而且可出于上述目的在保留地内拨出土地使用等。规定“除非经由部长批准由村落社议事会将土地分配给他，否则任何印第安人都不能合法地拥有该保留地上的土地”[④]。第四，规定了保留地上资源开发的监

---

① 本书有关《印第安人法》的文本信息参阅了李鹏飞编译的《加拿大印第安人法》，载阮西湖主编《加拿大与加拿大人》（三），中国工人出版社 1994 年版，第 108—180 页；英文版《印第安人法》，http：//laws-lois. justice. gc. ca/eng/acts/i－5/；Ken Coates，The Indian Act and the Future of Aboriginal Governance in Canada，Research Paper for the National Centre for First Nations Governance，2008。

② 条约所赋予的对保留地的所有权与《印第安人法》所赋予的法律地位（权利）没有什么直接关联，许多印第安部落尤其是不列颠哥伦比亚省和魁北克省的印第安部落没有签订条约，因而没有被划定保留地。有保留地且登记过的印第安人在法律上被称为“有法律地位—条约印第安人”（status-treaty Indians），许多不列颠哥伦比亚省和魁北克省的印第安人在法律上被称为“有法律地位但无条约的印第安人”（Status，Non-treaty Indians），这一术语在实践中造成很大混乱。

③ 一是与非法律地位的印第安男子结婚；二是获得公民身份或曰“解放”（enfranchisement）；三是母亲和祖母在结婚前不具有“法律地位”，此类印第安人在 21 岁时自动失去“法律地位”；四是女方为“法律地位印第安人”而男方为“非法律地位印第安人”婚后所生的子女。这些条款直接针对印第安人的母系文化传统，根据这一传统，孩子的部落身份以及对财产和领导地位的继承都取决于母亲一方。

④ 李鹏飞编译《加拿大印第安人法》，载阮西湖主编《加拿大与加拿大人》（三），中国工人出版社 1994 年版，第 127—128 页。

管程序；第五，该法还规定，印第安群体中的个人可以通过放弃群体的权利和特权而获得公民权；第六，也是一个贯穿性的方面，该法规定了法律地位印第安人的各种福利与物质保障，并对印第安人的私人生活如婚姻、饮酒等进行全面管制。①

正如加拿大学者帕尔玛·帕特森指出的那样，《印第安人法》“影响和限定了印第安人生活的几乎所有方面。它不仅决定谁是印第安人，而且直接调整和干预法律权力、财产继承、税收、遗嘱及禁酒等事务。它创造了村落社政府，规定了其权力和成员构成。它还干涉教育及那些处于其管辖之下的人的公共与私人生活的其他诸多方面”②。

从印第安人利益的保障角度来看，《印第安人法》基本做到了对印第安土地的有序购买或割让，并给予出让土地的印第安人各种物质保障。但是，如果从权利保护的视角来看，《印第安人法》无疑对印第安人的权利构成了系统的剥夺。最明显的一个后果是《印第安人法》取消了印第安人的主体性地位。在欧洲殖民者到来之前，印第安人是北美大陆的主人，他们自主地生活在已经居住了千万年的土地上。新法兰西建立以后，他们的这种自主性虽然受到一定程度的损害，但是，由于法国殖民者没有能够建立系统的国家强权，印第安人依旧拥有比较充分的主体性空间。英国殖民者全面控制北美加拿大以后，印第安人逐步沦落为自由土地上的受监护人。英国人首先通过《皇室公告》将印第安人锁定为受英王保护的受保护人，然后逐步通过各种立法强化对印第安人的土地、财产和人身的控制。而《印第安人法》的出台，则是从根本上取消了印第安人的主体性：在这部法律中，印第安人传统的自治被取消了，部落或部族的立法权被取消了，存在了几千年的部族部落组织被只有某些行政权力的村落社代替了。印第安人从驰骋了数千年的广袤的土地被压缩到碎片化的保留地上，而且即使在自己的保留地上，他们也完全被印第安事务和北方发展部所控制。

《印第安人法》的初衷在于通过全面的控制和压迫，迫使印第安人尽

① 如《印第安人法》第 72 条规定，印第安人事务部总管（The Superintendent-General）有权停止对那些抛弃家庭的男人女人支付年金；第 79—82 条严厉禁止向印第安人出售酒精饮料；第 83 条规定警察有权力不经法律程序逮捕任何醉酒的印第安人，等等。

② E. PalmerPatterson II. “Native Peoples and Social Policy.” Shankar A. Yelaja, ed. *Canadian Social Policy*. Wilfrid Laurier University Press, 1987, p. 187.

早融入白人社会，享受到欧洲现代文明的成果。然而，由于印第安社会发展阶段的滞后，尤其白人主流社会对印第安人赖以生存的土地的大肆攫取和在此过程中表现出来的文化上的傲慢和偏见，印第安人既没有享受到古老社会的利益，也没有享受到新社会的利益①，只能从他们曾经长期占有和生活过的土地上被赶到小小的保留地上被动地去生存。

一百多年来，印第安人一直提出修改《印第安人法》的要求。他们认为《印第安人法》是“世界上仅有的专门针对某个特定种族（民族）的立法”，它是由加拿大议会而不是印第安人民制定的。加拿大议会在制定和修改《印第安人法》的过程中，印第安人民并没有参与其中，甚至也没有与印第安人协商。为了反对这个未经印第安人介入修改的法律，加拿大印第安人20世纪后半叶以来在联邦和省层面不断组织抗议活动。

需要指出的是，虽然自《印第安人法》出台以来，加拿大印第安人就一直对这部限制和盘剥他们的法律表示了强烈的不满，但他们却从来没有想到过要全面废除它。原因在于，虽然《印第安人法》及其他相关法律代表着加拿大政府对土著民族的全面控制，但它同时也意味着加拿大政府对他们负有特殊的责任。印第安人清楚地认识到，《印第安人法》主要是一部管理印第安人的法律，而不是有关他们基本权利保护的法律，而且法院在适用该法律的过程中也侵蚀了印第安人的实际权利，但是这部法律的存在，除了能够给他们带来许多实际利益以外，其本身就是土著权利遭到剥夺的证明。有学者将这种既能带来一定利益并且能够证明土著民族有着与非土著人不一样的历史经历和相应的权利诉求，又在很大程度上对土著民族构成严重侵害的《印第安人法》称为印第安人的“金锁链”——这个金锁链由两种质料构成：一种是剥夺，一种是特权，土著人被剥夺了土地、自由、生活方式乃至主体性，以此换取保留地、免税、年金和在出让的土地上狩猎和捕鱼等特权。20世纪60年代后期以来，加拿大政府试图破除这个金锁链，实现全面平等的公民权利，但是此举遭到印第安人的强烈反对。

四 解除“金锁链”：1969年“白皮书”中的土著少数民族权利

“二战”后，加拿大在移民政策方面的去种族化和普遍平等的公民身

① ［加］格莱兹布鲁克：《加拿大简史》，山东大学翻译组译，山东人民出版社1972年版，第38页。

份建设方面取得了初步成功。至1960年，公民权利的普遍化使得土著民族可以在不必放弃土著身份的情况下参加选举。受此普遍平等的公民主义范式的影响，1968年，新当选总理皮埃尔·埃利奥特·特鲁多（Pierre Elliott Trudeau），决心实现其建设一个公正社会（just society）的理想。特鲁多决心以解除的印第安人的金锁链——《印第安人法》为突破口，实现土著民族与其他加拿大人一样的完全平等的公民权利。

1969年特鲁多政府颁布《加拿大政府印第安人政策声明》（A Statement of the Government of Canada on Indian Policy），又称“加拿大印第安人政策白皮书”，“白皮书”宣布取消《印第安人法》和直接统管印第安人的印第安事务和北方发展部，将印第安人事务交由各省管理，决定把印第安人的土地直接交给他们自己控制。这是自《皇室公告》发布二百多年以来，加拿大官方首次明确宣布取消印第安人的区别对待政策，矛头直接指向印第安人的群体权利、历史权利和条约权利。“白皮书”首先在正式行文前对印第安人作了这样的描述：

> 今天，加拿大的印第安人与一般的加拿大人的不同之处在于：他们在法律上与人分开，在接受政府的公共服务方面与人分开，甚至在社会交往上与人分开。做一名印第安人，就意味着没有权力（power）——没有作为土地的主人去行使的权力；没有花自己的钱的权力；通常也没有改变自身处境的权力。虽然不总是这样，但经常的情形是，做一名印第安人就是没有——没有工作，没有好的房子，没有自来水，没有知识、培训和技术。最重要的是没有一个人必须有的——如果他想昂起头来走路——尊严感和自信心。
>
> 所有这些印第安人的情形都是历史造成的，和他们的能力没有关系。印第安人和其他加拿大人的关系开始于政府和社会给他们的特殊待遇，这些特殊待遇从欧洲人踏入加拿大以来就一直作为规则。特殊待遇使印第安社群变得脆弱和孤立。
>
> 很明显，历史的进程必须改变。作为一名印第安人必须是自由的——自由地在一个与其他加拿大人法律、社会、经济地位平等的环境中发展印第安文化。

“白皮书”序言中说：“政府认为其政策必须引导加拿大的印第安人

走向对加拿大社会的充分、自由和非歧视的参与，这一目标的实现，要求我们必须与过去决裂。印第安人的依附者地位必须让位于与其他加拿大人一样的平等、机会和责任的公民身份……政府认为，继续过去的政策不利于印第安人民，也不利于其他加拿大人。”①

“白皮书”指出，政府的政策选择基于这样一个简单的对现实的认识，即印第安人单独的法律地位以及从这种法律地位出发制定的政策，使得印第安人与其他加拿大人分开并且落后于他们。印第安人在他们居住的社区和省没有完整的公民身份，不能享受这种身份所带来的平等和福利。政府不想再延续那些造成“不和谐、不团结”的政策。“白皮书”认为，政府所引导的道路是逐渐摆脱差别待遇，使印第安人全面参与加拿大的社会、经济和政治生活的道路。对于这一道路选择，“白皮书”自信地指出“印第安人必须被说服，印第安人也必须说服他们自己，这条道路必将把他们引向更加全面、更加丰富的生活”。“如果印第安人成为加拿大社会的正式成员，那他们将受到这个社会的热烈欢迎”。

“白皮书”强调，印第安人的目标不能由他人制定，它必须生发于印第安社群内部，政府只能制定这样一个框架——在这个框架内，所有个人和群体都能够追求他们自己的目标。为此，“白皮书”公布了新政策的框架性内容：（1）消除歧视的立法和宪法基础；（2）积极承认印第安文化对加拿大生活的独特的贡献；（3）所有加拿大人的服务都来源于同一个渠道和同样的政府机构；（4）最落后的应该得到最多的帮助；（5）承认合法的义务；（6）印第安人的土地交由印第安人控制。政府将采取以下步骤实现这一框架：第一，向议会建议废止《印第安人法》，同时采取必要的立法措施，使印第安人能够控制他们的土地，争取他们的权利；第二，建议省政府像对待省内其他公民那样接管对印第安人的责任，接管将伴随着联邦资金向省政府的转移，这些资金通常是联邦政府向印第安项目提供的，如果必要，资金的数额可以加大；第三，为印第安经济发展提供大量资金（作为一种临时措施）；第四，终止印第安事务和北方发展部的这部分有关印第安人的工作职能，联邦政府印第安项目的剩余责任转移给其他合适的联邦部门。此外，政府将任命一名专员与印第安人进行协商，

① Department of Indian Affairs and Northern Development, *the White Paper*, *Statement of Government of Canada on Indian Policy*, Ottawa: Queen's Printer, 1969.

研究并提出可以接受的诉求裁定程序。

“白皮书”指出，一些改变很快就会发生，一些改变需要更长的时间。预计五年内，印第安和北方发展部将停止印第安事务方面的工作。新的法律将生效，现有的项目将移交。印第安人的土地将需要关注一点时间，土地控制权移交给印第安人的过程将受到不间断的审查。

最后“白皮书”指出，加拿大政府相信，新政策是公正的、必须的。该政策向所有印第安人承诺了一个在加拿大社会框架内拓展和发展自己的身份的新的机遇，它将给印第安人提供参与回报和责任以及有归属感的骄傲。

以上可以看出，“白皮书”在印第安人传统的权利方面做出了许多重大的调整，反映了加拿大政府急于改变印第安人群体现状的强烈愿望。新政策的目的在于逐步消灭印第安人与主流社会隔绝的状态，核心是最终消灭印第安人的集体权利尤其是条约权利和历史权利。特鲁多说，“我们承认条约权利，承认女王和印第安人签订的协议”。但那些条约不能永远有效。他认为“在一个特定的社会里社会的一部分和另一部分订立条约是不可思议的。在法律面前必须人人平等，我们不能在自己内部订约”。他坦承“就过去对待印第安人的方式而言，加拿大人的确没有什么骄傲的，我也不认为我们有什么好的理由骄傲”，但印第安人长期作为联邦的受监护者和“与我们不一样的公民的”历史和现实状况必须改变。“是让印第安人继续作为在加拿大被隔离的种族，还是让他们成为具有完全地位的加拿大人”，我们现在必须做出选择。他认为印第安人“应该像其他加拿大人一样成为加拿大人，如果他们繁荣而富裕，他们会被当作繁荣而富裕的人对待。他们也会为不繁荣不富裕的人交税，无论这些人是英语、法语加拿大人还是沿海的人，这是我们社会平等发展的基础”。

特鲁多也承认，这一转变过程“对印第安人来说是一个艰难的选择，因为一方面他们认识到如果作为完全公民进入社会，他们会取得平等的法律地位，但另一方面他们也冒着丧失某些传统、某些文化，甚至某些基本的权利”，鉴于此，他表示不会强制他们加速这一进程。①

“白皮书”公布后，遭到印第安人的激烈反对，印第安组织认为这是对

---

① Talk on the Aboriginal and Treaty Rights Meeting, On August 8, 1969 in Robert Head, “Trudeau's Words about Aboriginals Resonate”, *Calgary Herald* (N), January 3, 2012.

他们的文化和土地的攻击，“是以法律手段摧毁一个民族及其文化”①。阿尔伯特省印第安人酋长在一封抗议信中指出：“我们认为‘白皮书’与公正社会是相互矛盾的。”② 另一位酋长说：“特鲁多先生所指的公正社会应该是建立在相互的尊重、体谅、理解、完整及良好的信念之上的，但这一政策根本没有反映出这一点。”③ 最能体现印第安人立场的是阿尔伯特印第安人协会向联邦内阁提交的印第安人“红皮书”（Citizen Plus：Red Paper），针对“白皮书”的取消差别性的特殊待遇和相关立法，“红皮书”指出“实际的平等离不开差异对待”，“印第安人的法律定义必须保持。成为一个好的有用的加拿大人首先应该是一个优秀的、幸福的和能干的（productive）印第安人”④。印第安人认为，成为加拿大人与作为印第安人并不矛盾。他们的印第安身份是不能同化或被消灭的。他们宣称对于条约印第安人而言，没有什么比他们的条约、土地和后代的福祉更重要的事情了。在仔细研究了“白皮书”的内容后，印第安人的结论是：“白皮书”让他们感到绝望而不是希望。⑤

“白皮书”中的印第安人权利是一种较为典型的个体化的公民权利，它的两个基本内容是将印第安人的集体土地个体化和把印第安事务的管理由联邦转移至省层面。“白皮书”反映的主要不是印第安人自己的诉求，而是加拿大社会中白人自由主义者的理想。这些白人自由主义者认为，废除《印第安人法》，取消专门管理印第安事务的部门，将印第安人变成与他们一样的单个的公民就可以从根本上解决印第安的贫困、依附和“公地悲剧”等问题。这些人忽视了绝大多数印第安人⑥都愿意保留自己的民族身份，都愿意有更多的民族自主的权利。从文化心理和民族自尊心的角度来看，这一时期土著民族的民族意识已经觉醒，他们不仅要求改善个人和群体的处境，而且强烈要求与英裔法裔加拿大人享有同等的民族地位。值得注意的是，许多印第安人把条约权利的保护与印第安文化的保存联系起来，认为如果允许政府废弃了条约权，那么印第安文化也将不保。印第

① House of Commons, *Debates*, July 11, 1969.

② Indian Chiefs of Alberta, “Citizens Plus”, *Aboriginal Policy Studies*, Vol. 1, No. 2, 2011.

③ House of Commons, *Debates*, July 11, 1969.

④ Indian Chiefs of Alberta, “Citizens Plus”, *Aboriginal Policy Studies*, Vol. 1, No. 2, 2011.

⑤ Ibid..

⑥ 据有关学者的研究，印第安人中约有20%的人对“白皮书”持赞同态度。Alan Cairns, *Citizens Plus: Aboriginal Peoples and the Canadian State*, Vancouver: UBC Press, 2000, p. 59.

安人学者兀坦尼·威廉（Wuttunee William）认为，“白皮书”是“对文化的灭绝和对条约的废弃”[①]。阿尔伯特印第安协会主席哈罗德·卡迪纳尔（Harold Cardinal）批评“白皮书”“只是将同化进行了简单的伪装”，称“这个文化灭绝的计划又一次背叛了加拿大印第安人”。他不无愤怒地指出联邦政府“竟然有脸提出让印第安人帮助实施永远灭绝加拿大印第安人文化的计划，这真是奇怪的政府和奇怪的心理”[②]。

印第安人反对以“公正社会”为导向的“白皮书”，除了文化方面的原因外，还有经济社会方面的原因。据《霍桑报告》（1966—1967），有法律地位的印第安人的人均收入为300加元，而全加拿大的人均收入为1400加元；印第安人的人均年收入为1361加元，而全加拿大的这个数字为4000加元。印第安人的平均社会援助依赖度（Average Social Assistance Dependency Rates）为36%，全加拿大的平均社会援助依赖度为3.5%，前者比后者高出10倍还多。[③] 1970年，全加拿大52%的男性和14%的女性的年收入超过7545加元，而印第安人男性同比只有24%，女性仅有5%。[④] 教育方面，根据《霍桑报告》，1951—1962年十二年制的学校中有92%的印第安学生没有毕业；1969年2月，萨斯喀彻温省学校12年级的印第安学生的在学率只有5%，萨斯喀彻温省北部的仅仅达到3%。[⑤] 居住条件方面，1967年年底，保留地一半以上的印第安人家庭居住在低标准的住房里，这些住宅大部分缺水或者没有卫生设备，而全国的低标准住房率的平均数仅为9%。[⑥] 医疗保健方面，1963年时印第安人的平均寿命仅仅为34.71岁，印第安人女性的平均寿命为33.31岁，与之相比，白人男性的平均寿命为60.5岁，女性则为64.1岁。相差了几乎一倍。[⑦]

---

① William Wuttunee, *Ruffled Feathers*, Calgary: Bell Books, 1971, p. 38.

② Harold Cardinal, *The Unjust Society: The Tragedy of Canada's Indians*, Edmonton: Hurtig, 1969, pp. 1, 161.

③ Harry B. Hawthorn, ed, *A Survey of the Contemporary Indians of Canada: A Report on Economic, Political, Educational Needs and Policies*, Vol. 1, Ottawa: The Queen's Printer, 1966, p. 5.

④ Richard C. Powless, "Native People and Employment: A National Tragedy", *Currents*, 1985 (2), pp. 2-5.

⑤ Edgar J. Dosman, *Indians: The Urban Dilemma*, Toronto: McClelland and Stewart Limited, 1972, p. 39.

⑥ Ibid., p. 59.

⑦ ［加］迪克·加尔诺：《印第安人——加拿大第一民族的历史、现状与自治之路》，李鹏飞、杜发春译，民族出版社2008年版，第396页。

如此悬殊的经济、社会、教育发展水平，使得印第安人对白人政府及社会热情相邀建设“人人机会均等”的公民化社会充满了不信任。他们不相信白人主导的政府[①]会给他们提供“均等的和全面的”参与机会，不相信放弃族群身份和文化的印第安人会变得与白人加拿大人一样“繁荣和富足”。在许多印第安人看来，“白皮书”所谓的公民平等只是一个幌子，其真实意图在于利用公民化手段将印第安人同化和吸收于加拿大白人社会。

迫于土著民族强烈的反对声和主流社会一些精英的反同化、保存古老文化的立场和呼声，1971 年 3 月，加拿大政府宣布收回 1969 年政府“白皮书”。一场政府主导的以公民权利为中心的印第安人问题改革运动黯然谢幕。

然而，虽然“白皮书”收回了，但“白皮书”所留下的政治冲击力或余波却远远没有结束。“白皮书”事件后，印第安等土著民族的民族群体意识被大大激发，他们在反对政府同化政策和文化灭绝的旗帜下空前地团结起来。可以说，没有“白皮书”政策建议的出台，就不可能有土著民族在整个国家层面的团结和凝聚。[②] 自此以后，加拿大政府再也没有提出过诸如取消保留地、废止《印第安人法》等政策或立法建议。不仅如此，“白皮书”事件也标志着加拿大土著民族从此有了明确的族际政治斗争的目标——既维护一律平等的公民权利，也捍卫自身差异性的群体权利，他们把这种权利诉求类型概括为加权公民（Citizen Plus）模式。

第二节　土著少数族群的加权公民身份：从公民权的被剥夺到“加权公民”

一　被剥夺的公民权利

在整个英属北美加拿大的历史进程中，对土著民族的政策始终在两种相互矛盾的目标——“保护”和“同化”中推进，相应的一直存在着两

① 从政治代表性来看，这一时期土著民族参与的比例也相当低。据统计，1948—1971 年，加拿大联邦众议院只有 4 名土著民族议员，其中梅蒂斯人 3 名，印第安人 1 名。Canada Parliament, “MPs of Inuit, Métis or First Nation Origin”。参见加拿大联邦议会官网 http://www.lop.parl.gc.ca/ParlInfo/compilations/Parliament/Aboriginal.aspx? Menu = HOC-Bio&Role = MP。

② David C. Hawkes and Bradford W. Morse, “Alternative Methods for Aboriginal Participation in Processes of Constitutional Reform”, Ronald L. Watts and Douglas M. Brown, eds, *Options for a New Canada*, University of Toronto Press, Toronto, 1991, p. 164.

种政策。一方面，政府认为，保护土著民族利益的最好办法是将他们与加拿大社会分开；另一方面又赞成同化——支持将他们置于非土著人中间，取消特殊的保护措施和法律地位，[①] 最终将他们变成与欧洲白人一样的“文明群体”。后者直到1971年多元文化主义政策兴起之前一直是英国殖民者以及后来的加拿大自治领（联邦）政府的主旋律。

1763年《皇室公告》基本确立了将土著民族隔离保护的总基调。公告禁止白人在阿巴拉契亚山脉以西殖民，宣布尊重土著民族保存狩猎地的权利。与此同时，公告也为后来进一步蚕食土著人的土地留下了余地，规定只有英国王室有权通过条约的形式取得土著民族的土地。1867年《不列颠北美法案》规定，联邦政府有权对土著人以及土著人的土地行使管理权，这一立法在将之前的对土著民族的种种鼓励同化措施“合宪化”的同时，为之后通过系统化的排斥手段而将土著民族逐步同化的种种立法的和行政的措施提供了法律依据。

总体上看，在1960年至少是在“二战”之前，印第安人在公民权利方面遭受了极大的歧视，处于公民权近乎被完全剥夺状态。首先，在政治权利方面，以选举权为例，1867年《不列颠北美法案》在明确规定成年男性英属臣民选举权的同时，宣布印第安人及其土地受联邦政府的直接管理。也就是说，在同一个宪法法案中，符合条件的成年白人男性被赋予了作为公民身份重要标志的选举权，而印第安人则直接被规定为受联邦政府管理或监护的对象。一年后，联邦政府明确宣布印第安人获得选举权的条件是放弃印第安身份。在几年后颁布的《印第安人法》中这一规定得到了重申。据统计，从1857年到1876年，只有一名印第安人因放弃印第安身份而获得了选举权。[②] 在1920年之前，印第安人不能成为加拿大公民的原因除了身份外，还受到选举法有关财产标准的限制。[③] 因为印第安人

---

① Wendy Moss, “History of Discriminatory Laws Affecting Aboriginal People”, *Ottawa: Library of Parliament Research Branch*, No. 16, 1987, pp. 2 – 3.

② J. R. Miller, *Skyscrapers Hide the Sky: A History of Indian-White Relations in Canada*, Toronto: University of Toronto Press, 2000, p. 297.

③ 各省都规定了行使选举权的财产标准，如新斯科舍省要求众议员的选民必须拥有价值150加元的不动产，或个人财产与不动产总价值达到300加元，或收入达到150加元；新不伦瑞克省规定参加省内选举的选民须有价值100加元的不动产，或者个人财产和不动产总额达到400加元，或者收入达到400加元。付成双、丁见民等：《世界现代化历程：北美卷》，凤凰出版传媒集团2012年版，第65页。

是集体所有制的成员，个人没有财产权。① 从1867年自治领建立到1920年取消选举权的财产资格期间，取得选举权（公民权）的印第安人共有250人，年均4人。② 其间，为了鼓励印第安人放弃民族身份，加入到有选举权的加拿大公民行列，自治领（联邦）政府通过了一系列立法如《印第安人选举法》（1869年）、《选举投票法》（1885年），前者规定那些"有一定的文化程度、具有良好品德和清醒头脑，看上去不会危害他人的且适于做农耕主的"印第安男性可以被授予份地的终身财产权③；后者规定拥有150加元以上的男性印第安人可以登记为选民。

限制、剥夺或者反其道而行之鼓励印第安人争取选举权的目的只有一个，那就是使印第安人最终放弃自己的保留地、特殊待遇乃至民族身份。在1885年联邦众议院举行的一场是否应该授予印第安人选举权的辩论上，绝大多数人都持反对态度，他们所给出的理由是印第安人是"野蛮的""未开化的"人群，他们充其量只是联邦政府监护下的"一群孩子"。④ 新不伦瑞克自由党众议员皮特·米切尔（Peter Mitchell）指出，不给印第安人选举权的原因并不是因为他们属于不同的种族和血统，而是因为他们缺乏知识，社会规范化程度不足，"对于那些已经达到与白人同等水平，向国家交税并且为维护国家制度做贡献的印第安人，我愿意给他投票权"⑤。1887年，时任加拿大总理的麦克唐纳更是明确地指出"我们的目标就是废除部落制度，让自治领的居民从各方面同化印第安人"⑥。政府的目标"就是同化印第安人。随着印第安人的被吸收，他们会作为一个

① 不仅如此，实际上连他们居住的保留地也不是他们自己的财产，这些保留地在法律上归女王所有，印第安人只有居住权和使用权。

② J. R. Miller, *Skyscrapers Hide the Sky: A History of Indian-White Relations in Canada*, Toronto: University of Toronto Press, 2000, p. 297.

③ *An Act for the Gradual Enfranchisement of Indians, the Better Management of Indian Affairs, and to Extend the Provisions of the Act*, 31st Victoria, Chapter 42, S. C. 1869, c. 6, s. 13.

④ Debates, 11 May 1885, 1777, see Veronic Strong-Boag, "the Citizenship Debates-the 1885 Frachise Act", in Robert Menzies, eds, *Contesting Canadian Citizenship: Historical Readings*, Toronto: University of Toronto Press, 2002, p. 82.

⑤ Debates, 19, May 1885, 1484, Veronic Strong-Boag, "the Citizenship Debates-the 1885 Frachise Act", in Robert Menzies, eds, *Contesting Canadian Citizenship: Historical Readings*, Toronto: University of Toronto Press, 2002, p. 84.

⑥ Augie Fleras and Jean Leonard Elliott, *the "Nations Within": Aboriginal-state Relations in Canada, the United States, and New Zealand*, Toronto: Oxford University Press, 1992, p. 39.

独特的民族将消失”①。

这一时期，由于因纽特人和梅蒂斯人被认为属于印第安人的一部分，他们在政治权利方面遭遇了相似的待遇。

其次，在经济方面，19世纪中叶以后，随着欧洲移民的不断涌入，加拿大政府利用《皇室公告》所留下的余地，大肆地吞并印第安人的土地。1850年通过《罗宾逊—休伦—苏比利尔条约》占去大湖以北近13万平方千米的土地。最引人注目的是，1871—1921年，自治领（联邦）政府通过11个编号条约，以极其微小的代价②攫取了今天加拿大中部、北部和西北部广袤的土地。

在攫取新土地的同时，自治领（联邦）政府还通过反复修改《印第安人法》和颁布总督令来控制和掠夺印第安人保留地上的经济利益。③

对印第安人在经济上进行掠夺的原因，除了满足贪婪的欲望以外，还有强制同化印第安人的政治目的。当局认为“王室对印第安土地的保护与主流社会完整公民身份目标的追求背道而驰，维护印第安人与殖民地之间的界限，只能使印第安人在选举等各方面脱离殖民地的实际生活”④。

除了政治、经济权利方面的剥夺和压迫以外，殖民当局和加拿大政府还十分注意从文化上消灭印第安人的民族特性。他们认为印第安人的文化

---

① Alan C. Cairns, “Aboriginal Canadians, Citizenship and the Constitution”, in Alan Cairns, Douglas E. Williams, Eds, *Reconfigurations: Canadian Citizenship and Constitutional Change: Selected Essays.* Toronto: McClelland and Stewart, 1995, p. 244.

② 如1871年的1、2号条约规定的代价是：每印第安人5口之家给600平方米的保留地，签约时每人可得5加元的现金（或衣物）；每个酋长给20加元、1辆小马车及每3年给1套衣服，每个村落社每3年给4个首领每人各1套衣服，给一些农具；印第安人可在需要的时候在保留地开设学校；印第安人必须遵守法律和秩序，在保留地上禁止酒类（防止动乱）才可以享有以上补助。1912年的11号条约规定的交换条件是：每5口之家给2.5平方公里或每人600平方米的保留地；签约时每人给12加元，之后每人每年5加元；酋长每人每年32加元，之后每年15加元、银币及每3年1套衣服；印第安人有权在已割土地上渔猎（林业矿业及定居地除外）；买枪药和渔网线的钱由加政府根据情况批准；为儿童教育提供一些物资。签约时首领每人给22加元，之后每人每年15加元、1个铜奖章及每3年1套衣服。转引自贺建涛《二战后加拿大少数族群公民身份的构建与调适》2013年，南开大学博士论文。

③ 《印第安人法》的每次修改都导致印第安人经济权益的巨大流失。为了防止印第安人寻求司法救济，1927年的修正案禁止律师等人士未经政府批准为印第安人代理反对政府的诉讼，印第安人也不能就土地权利问题向法院起诉。

④ RCAP, *Report of the Royal Commission on Aboriginal Peoples. Volume 1: Looking Forward, Looking Back*, Ottawa: Minister of Supply and Services, 1996, p. 268.

节庆活动是阻碍印第安人成为基督徒或“文明化”的最可怕的因素。①1884年，加拿大政府通过修改后的《印第安人法》，将西海岸钦西安族（Tsimshain Nations）的冬节（Potlatch）和平原印第安人的太阳舞（Sun Dance）宣布为非法，规定参加节日者和鼓动别人参加者将被判处2—6个月的监禁。

在试图灭绝印第安文化方面，最臭名昭著和罪恶累累的措施是建立专门针对印第安人孩子的所谓“寄宿学校”，这种由联邦政府资助、基督教会承办的学校专门从事灭绝印第安文化的工作。1892年《印第安人法》修正案正式授权建立并管理印第安人寄宿学校，为了使“印第安孩子免受家庭的有害影响，使他们免于在野蛮国度长大”，该法案规定5—16岁的印第安孩子必须上寄宿学校。按照法律，寄宿学校的印第安孩子的监护权不再属于他们的父母，而是归操办学校的基督教会。印第安孩子在学校只能说英语或法语，信仰基督教并接受欧洲人的“文明的”礼仪教育，对于违反规定的孩子动辄施以鞭打甚至割舌的处罚。在身体上进行处罚的同时，印第安孩子还饱受精神上的摧残——他们不容许说本民族的语言，不允许与父母相见。课堂上白人教师反复向他们灌输印第安人低劣的思想和观念。据统计在1870—1970年，有多达15万的印第安孩子被强行送到寄宿学校。这些孩子被期望“在学校毕业时，除了他们的血统以外，其他一切都将消失”②。

由于精神和肉体方面的双重折磨以及白人主办者对这些弱小生命的从内心的歧视和不负责任，这些被送到寄宿学校的印第安孩子死亡率非常高。据1907年的《曼尼托巴和西北区印第安学校报告》，一些寄宿学校的孩子的死亡率达到50%，印第安孩子总体的死亡率也高达24%。寄宿制学校也因此被认为是“加拿大史上最可耻、伤害最大和种族歧视最严重的行为”③。

以上简要回顾了印第安人被严重剥夺公民权的历史事实。获悉这一历史事实对于我们正确理解今天包括印第安人在内的土著民族的政治和法律

---

① J. R. Miller, *Skyscrapers Hide the Heavens: A History of Indian-White Relations in Canada*, Toronto: University of Toronto Press, 1989, p. 189.

② ［加］迪克·加尔诺：《印第安人——加拿大第一民族的历史、现状与自治之路》，李鹏飞、杜发春译，民族出版社2008年版，第373页。

③ 韩云川：《加拿大如何处理种族关系》，《学习时报》2010年8月9日。

诉求显然有着重要的意义。历史上印第安人的公民权与他们的民族身份是截然对立的。白人统治者为了消灭他们的民族身份和文化认同，在公民权的各个维度——政治、经济和文化上采取了针对性的措施。不论是剥夺印第安人的公民权，还是鼓励他们去获得公民权，其中心意图在于消灭他们的群体身份，最终让印第安人作为一个群体永远消失在西方自由主义构建的白人社会中。从这一历史记忆出发，我们就不难理解为什么印第安人对实际上并不是简单地要同化他们的“白皮书”公民化政策建议①做出如此强烈的反应。在他们看来，“白皮书”的公民化建议与历史上殖民当局或加拿大政府的以公民身份为话语、为手段和为诱饵的政治策略并没有两样。无论是公民权的系统的被剥夺，还是赋予印第安人完整的公民权，都在于取消他们的保留地和特殊权利，在于消灭他们的土著文化和身份。因此，印第安人最终给出的应对策略是不排斥全面的公民权利，但也坚决不放弃自己的保留地、历史权利和历史条约等事关土著群体存亡的“物”要素和权利基础。而《霍桑报告》的“加权公民”的建议正好满足了他们的这一权利诉求。

二　“加权公民”的提出及主要内容

针对“白皮书”提出的给予土著民族“完整的公民权利”和“全面参与加拿大社会”的政策建议，1970 年 6 月阿尔伯特印第安人协会向联邦内阁针锋相对地提出了加权公民的“红皮书”（Citizen Plus：Red Paper)，该“红皮书”援引《霍桑报告》② 的建议指出：印第安人应该被视为加权公民，除了公民的权利和责任以外，他们作为加拿大社会的宪章成员拥有某种附加的权利。针对“白皮书”所说的“本政策建议是对协商中印第安人提出的要求的回应”这一说法，“红皮书”质问：是哪些印第安人要求这种——会导致省对我们的保留地进行征税的土地所有权？是哪

① 有学者认为，“白皮书”提出的有关土著人权利的政策建议克服了妥协性的自由主义范式（the compromised liberal approach）、实质性的自由主义范式（the substantive liberal approach）和差异政治的范式（the politics of difference approach）三种有关少数人权利学说的不足。详细参见 Mark A. Scott，“Aboriginals'Quest For Recognition：Assimilation and Differentiated Citizenship”，The University of Western Ontario，1998（未刊稿）。

② 《霍桑报告》是由联邦政府资助的就全国范围内“有法律地位”的印第安人状况展开调查研究的第三方调查研究成果，这项研究报告最终没有被加拿大政府采纳，但引起了包括印第安人在内的土著民族的高度关注。

些印第安人提出要修改宪法将印第安人和印第安人土地从宪法中删除？是哪些印第安人提出要终结条约？是哪些印第安人要求土著权利不再被承认？等等，这一系列质问体现出印第安人的权利诉求重点。“红皮书”认为，“保护我们的地位、权利、土地和传统是保护我们的文化的必要条件。我们的条约是我们的权利的基础”；“承认条约是一个历史的、道德的和法律的义务”。

“红皮书”指出，平等是正义的内在要求；平等绝不是不加区别地“一律对待”，而是有区别地对待。区别对待是土著民族与非土著民族实现事实上平等的一个关键要素。认为“事实上的平等使区别对待成为必然”；“正义要求承认印第安人特殊的历史、权利和状况”。“红皮书”特别强调了印第安人的土地权利和文化权利。认为没有土地权利的印第安人将一无所有，认为政府设计出来的新的土地所有权制度“将在一代人的时间内或《印第安人法》废除不久，把我们的人民变成没有土地的人。我们的后代将陷于绝望，变成城市贫民窟中丑陋的幽灵”①。

关于文化权利，“红皮书”指出，“加拿大应该保护它的‘多元性（pluralism）’，应该鼓励它的各族人民的文化，印第安文化非常古老，它是加拿大多元面料中的彩色线头。我们需要我们的后代去学习我们的方式、我们的历史、我们的习俗以及我们的传统”。“对我们来说，保持我们文化的唯一办法是保持印第安身份。”②

基于上述论证，“红皮书”明确提出了加权公民身份的要求，即在保障土著民族的充分的公民权的基础上，基于他们历史的和文化的特性，给予不同于非土著人的诸种权利，这些权利大致包括了土地权利、自治权利、条约权利（坚持历史条约或签署新的条约）、文化权利的承认（语言、狩猎/捕鱼、宗教）、坚守习惯法的权利、协商的权利以及获得帮助和救济的权利（肯定性行动），等等。其中土地权利和自治权利是两个核心权利。

加权公民的提出标志着土著人民民族集体意识的觉醒。20 世纪 70 年代以来，土著民族将这种意识化为具体的行动策略和目标。这些策略和目

---

① “Indian Chiefs of Alberta, Citizens Plus”, *Aboriginal Policy Studies*, Vol. 1, No. 2, 2011, pp. 188 - 281.

② Ibid..

标中，最引人注目的是他们对自治权利的追求。1975 年土著人提出著名的《提纳宣言》，该宣言称提纳已经在加拿大联邦内形成了一个国家（nationhood）；1976 年的《努纳武特提案》更是明确提出要在森林线以北建立一个因纽特人控制的区域；1977 年萨斯喀彻温省的印第安人联合会率先提出了“印第安政府”的概念①，这一概念很快变成了一个全国性的术语。自此土著民族在全国范围内展开了追求自治或建立印第安自治政府的运动。自治运动也成为继多元文化主义政策提出以后，加拿大社会有关少数人群体权利运动的一个重要组成部分。

第三节　土著少数民族的自治权利

自治权是土著权利的重要内容，它的实现与否以及实现的程度与土著民族其他权利的实现或保障有着密切的关联。一般来说，自治权根植于土著民族数千年甚至上万年的土地权利。早在西方殖民者到来之前，土著民族就已经形成了比较完整意义上的社会体制，他们在美洲大陆拥有数十个部落或部族性自治组织，占有广袤的美洲大陆。土著民族的这种自治或自主性社会结构，即使是在殖民地时期也一度得到尊重和一定程度的保护。在殖民地初期，由于战争结盟的需要，印第安人被法英殖民者视为独立甚至拥有主权的人民（Independent and Sovereign Nations）。新法兰西时期的土著民族有着相对完整的自治或自主权利。七年战争之后，英国也表达了对土著民族国家或人民（nation）身份的尊重。②

这种对土著民族自治权利的尊重从历史上殖民当局以及后来的加拿大政府与土著民族签订的诸多有关土地权利的条约中也可以看到。尽管这些条约充满着不对等的条件交换甚至是赤裸裸地剥夺，但在印第安人看来，这些条约是他们与殖民当局或加拿大自治领作为不同的法律主体经过协商签订的，它们至少证明殖民者赖以建国的土地是从印第安人手中通过协商

① Douglas E. Sanders, “The Indian Lobby” in Kieth Banting and Richard Simeon Eds. *And No One Cheered*; *Federalism*, *Democracy and the Constitution Act*, Toronto: Methuen, 1983, p. 302.

② 这种尊重和承认一直到 20 世纪 90 年代在加拿大联邦最高法院的相关裁决中都有体现。在一个裁决中，联邦法院这样写道：“不列颠认识到印第安人对他们的土地拥有确定的所有权，她寻求和他们建立公平的贸易，她也允许他们在内部事务方面自治，尽可能不加干预。”转引自郭跃《加拿大政府的土著民族自治政策述评》，《大连大学学报》2010 年第 4 期。

获得的，证明这些土地原来的主人是土著民族，而不是所谓的“无主土地”。此外，即使在这些不平等条约中①，土著民族仍然享有一定的自治权。

土著民族自治权的剥夺始于1876年《印第安人法》的全面颁行，正是通过这部法律以及其后众多的“修正案”，加拿大政府将印第安人的自治权利一点一点侵蚀殆尽。《印第安人法》不仅从根本上破坏了印第安人的社会结构，而且从主体性上消灭了印第安人与加拿大自治领（联邦）政府“平等”谈判的资格。从此印第安人在自己生活了几千年的土地上完全沦落为“受监护人”，他们的传统的自治所赖以存在的土地和社会结构遭到空前的掠夺和破坏。

“二战”后，由于世界范围的反对民族歧视和争取民族解放运动思潮的影响，加拿大土著民族的权利意识逐渐觉醒。1951年《印第安人法》中的禁止为土著民族实现土地权利要求提供资金的条款被废止；1960年的《加拿大权利法案》为印第安人争取平等的公民权提供了法律保障。然而，印第安人并没有满足或止步于以选举权为标示的公民权，而是主张恢复自己被剥夺的自治权。在1969年“白皮书”发布前的协商调研中，在几乎所有的协商会谈中，印第安人都表达了在管理他们自己的事务中承担更大责任的愿望。② 与此同时，《霍桑报告》也认为，联邦政府的长期的同化政策对印第安人的传统社会机构、文化以及政治、经济造成了不可挽回的破坏，报告建议加拿大议会给予印第安人更多自治权。

然而，这些（争取）自治权的活动或建议都没有取得明显效果，直到1973年的“考尔德诉不列颠哥伦比亚省”（Calder V. the Attorney General of British Columbia）案，才开始突破。该案中，七位大法官中的六人达成了这样的共识：1763年《皇室公告》证明，土著民族的土地权利是先于欧洲殖民者存在的，即在欧洲殖民者到达之前，土著民族的土地权利已经存在。这意味着土著民族对土地的权利不是现行法律赋予的，而是固有的。最高法院确认，土著民族对没有交出给英王（政府）的土地拥有权

① 一些学者认为1763年前欧洲殖民者同土著民族签署的40余个土地条约基本上是平等的。在这些条约中，土著民族的自治权利得到了相对全面的尊重或保护。雅柏苏咏·博依哲努：《加拿大第一民族土地争议解决机制之探讨》，施正锋、谢若兰主编：《加拿大原住民族的土地权实践》，万卷楼图书公司2009年版，第199—230页。

② W. G. Dinsdale. House of Commons Debates, July 11, 1969, p. 11139.

利。联邦最高法院的裁决为土著民族的权利运动包括争取自治权的运动提供了合法性支持。受这一裁决的影响，1973 年 8 月加拿大印第安事务和北方发展部发表政策声明，同意就未解决的土地权利问题与土著民族谈判并很快付诸实践。1975 年加拿大联邦政府、魁北克省与克里人签订了《詹姆士湾及北魁北克协议》，这是处理土著民族土地问题的第一个现代条约；1978 年双方签订《东北魁北克协议》，这两个条约在解决土地赔偿的同时赋予该地区土著民族一定的自治权。此后一系列的土地赔偿及赋予土著民族自治权的活动相继展开。

一　1980 年以来的土著民族自治运动

在土著民族坚持不懈的斗争下，加拿大 1982 年宪法法案明确写入了“承认并确认加拿大土著民族现存的土著权利和条约权利”的条款（第 35 条第 1 款），并在该条第 2 款明确加拿大土著民族包括印第安人、因纽特人和梅蒂斯人。同时为推进宪法有关土著民族条款的实施，该宪法法案第四编“宪法会议”部分第 37 条还要求：“在本编实施后一年内，由加拿大总理召开宪法会议，该会议由加拿大总理和各省总理组成。会议议程应包括一项直接有关加拿大各土著民族的宪法问题，其中包括宪法中土著权利的认定与定义”；规定“加拿大总理应当邀请那些民族的代表参加讨论”①。

1983 年，加拿大联邦下议院成立土著自治特别委员会，责成议员彭纳（B. Keith Penner）等调查“所有影响印第安保留地村落社政府的地位、发展与责任的法律因素和体制因素”，包括但不限于“村落社政府非法律地位”；“村落设议事会对村落社成员的责任”；“印第安人事务和北方发展部部长在有关保留地、村落社财务（band monies）及村落社权力行使方面的权力”；“村落社与加拿大政府之间的财政转移、控制和会计机制”；“村落社的立法权力以及这种立法权力与其他管辖权（jurisdictions）的关系”等七个方面。委员会最终提出了《加拿大印第安人的自治：特别委员会报告》（即《彭纳报告》）。《彭纳报告》建议政府承认“第一民族人民在加拿大内的独特的、受宪法保护的政府秩序”，建议赋予其全面的政府权力。在土著民族事务的管理方面，《彭纳报告》指出，

① 潘汉典译：《1982 年加拿大宪法文件》，《环球法律评论》1982 年第 5 期。

“印第安人应该自己管理自己的内部事务，加拿大急需要一种尊重多样性和印第安第一民族的权利和传统的一种新型的关系”。“这种新型关系将消除紧张、资金使用的低效率和印第安人不可接受的社会状况。”《彭纳报告》建议取消省政府的一切管理权限，将第一民族的政府机构视为与省平级，直接从联邦政府获得财政支持。报告支持印第安人在教育、儿童福利、健康卫生以及部族成员等事务方面要求完全自治的权利。报告特别强调，结束印第安第一民族对联邦的依附关系，“将会激励土著民族的自信心并促使其社会复兴”，报告建议“联邦政府与土著民族建立一种以承认土著民族自治为基础的新型关系”①。

《彭纳报告》还认为印第安人的自治权清晰地表述并记载于加拿大宪法，但是实现印第安民族与联邦政府关系的永久性和根本性的变革最可靠的办法还是修改宪法。印第安第一民族将在加拿大形成一级有着明确管辖权的独特的政府。②

联邦政府基本接受《彭纳报告》的建议，认为印第安社会在历史上已形成自治的社会秩序，而“长期以来对这种自治秩序的侵蚀，既不利于印第安人民，也不利于整个加拿大国家”③。《彭纳报告》之后，加拿大政府开始着手修改宪法，以期进一步明确宪法文本中“土著权利”的属性和范围以及土著自治权问题。但是 1982 年宪法后的数次修宪都没有就土著权利及自治权属性和范围达成一致。在 1987 年的米奇胡会议上，西部省的总理多数“以宪法规定的土著权利太模糊为由，反对将土著民族的自治权写进宪法”。

20 世纪 80 年代修宪失败后，土著民族依靠几个全国性的组织，在全国范围动员、宣传其主张自治权的理由及主要内容。经过反复的动员、宣传和游说，土著人自治的观念逐渐深入人心，成为加拿大社会一种有影响力的政治主张。1991 年联邦政府成立国家土著人问题委员会，对土著人问题再次进行深入调查和研究。与此同时，联邦议会也组织多个委员会讨

---

① Indian Self-Government in Canada, Report of the Special Committee, House of Commons of Canada, Issue No. 40, Wednesday, October 12, 1983, p. 41.

② Ibid..

③ Belanger, Yale D. and David R., "Newhouse, Emerging from the Shadows: The Pursuit of Aboriginal Self-Government to Promote Aboriginal Well-Being". *Canadian Journal of Native Studies*, 2004, 24 (1).

论修宪问题。1992 年，在各方努力下，联邦政府代表、各省总理以及土著人领袖终于在夏洛特城达成修宪协议。夏洛特城修宪协议的主要内容有：承认土著民族在加拿大内部实行自治的固有权利；规定了固有权利的范围；确认土著政府为加拿大三级政府中的一级。此外，夏洛特城修宪协议还对土著立法机构的权限范围以及不公正的历史条约的重新审核问题达成一致意见。

夏洛特城修宪协议明确了土著民族自治权的宪法地位，承认了土著民族的群体权利。这是自 1969 年“白皮书”宣布建设全面公民化社会以来，加拿大在土著民族的权利保护方面所做的一次重要调整。土著人的权利保护由个人化的公民模式走向以差异性权利为基础的群体权利。尽管在随后的全民公决中，由于种种原因，夏洛特城修宪协议遭到否决，但这次会议上所确立的土著民族自治权利，已经在实践层面成为联邦政府与土著民族的共识。夏洛特城修宪失败后，联邦政府另辟蹊径，利用国家土著人问题委员会继续推进土著人自治。1993 年该委员会在一个报告中提出了一个比《彭纳报告》更进一步的“法理解释”，认为，不论是从法律的角度，还是从公共政策的角度来看，土著民族的固有的自治权都已在宪法第 35 条中存在，政府的任务就是推进并实现这一自治权。

1995 年，加拿大政府发布了《加拿大政府实现固有权利和土著自治权协商实施指南》①（以下简称《指南》）。该《指南》分为“政策框架”“不同的自治路径”“程序问题”三个部分，分别对土著民族实现自治权的政策框架、不同土著民族的不同自治路径以及实现自治权的谈判协商程序作了详细规定。《指南》首先申明，加拿大政府承认作为宪法第 35 条“现行的土著权利”的“固有的自治权利”；也承认在条约及王室与条约第一民族的关系语境中可能也能找到有关这一固有权利的表述。这种对固有自治权的承认是基于这样的认识：土著民族有权管理自己的内部事务，这种权利对于维护他们独特的文化、认同、传统、语言和体制，以及他们和他们的土地和资源的特殊关系不可或缺。

关于固有自治权的实现途径，《指南》指出政府承认这一权利可以通

① The Government of Canada's Approach to Implementation of the Inherent Right and the Negotiation of Aboriginal Self-Government, Aboriginal Affairs and Northern Development Canada. http://www.aadnc-aandc.gc.ca/eng/1100100031843/1100100031844。2015 年 9 月 16 日浏览。

过法院的判决来实施，但是将固有权利推向诉讼将是一件耗时耗财且容易加剧冲突的做法。而且在任何情况下，法院也只能给各方提供一个一般性的指导意见，详细解决方案还得由各方坐下来协商。基于这些原因，政府确信，诉讼应该是最后的手段。政府和土著民族之间的谈判显然是最好的实行自治固有权利的最实用、最有效的途径。

在第二部分“不同的自治方式”，《指南》说政府认识到，印第安人、因纽特人和梅蒂斯人有着不同的情况、需求和愿望，他们想以不同方式行使固有权利。有的希望在他们土地上建立自己的政府，有的希望在更大的公共政府机构中行使固有权利，还有的希望有一种制度性的安排。政府将支持各种不同的自治模式，同时考虑不同的需要和情况，在具体的协商安排中采取灵活的态度。

第三部分规定了联邦政府内部在参与自治权协商和实施方面的分工。规定联邦指导委员会将协调联邦政府内的（土著民族）自治权的实施工作，保持对联邦政府内所有有关自治权活动的监督。委员会还将按照要求确保所有联邦部门和机构参与协商。此外，委员会还负责监控所有自治政府谈判的进展。

总之，《指南》从各个方面详细规定了实现土著民族自治权的一般原则、程序和步骤。特别有具体指导意义的内容有：《指南》根据不同的土著民族类型和不同地区的具体特点，规定了可选择的不同的自治模式；根据自治管辖权的一般特点，分类列出了完全属于、部分属于以及不属于土著民族管辖范围的事项；明确提出自治过程应该由土著民族根据自身的条件和诉求主动启动；规定梅蒂斯人和那些没有生活在保留地上的印第安人如果满足一定条件也可以启动自治谈判程序；同意历史上没有签过土地条约的土著民族可以在与政府就土地权利的谈判中一并提出自治权要求，等等，这一政策性文件的颁行对土著民族自治的全面推行起了重大作用。《指南》公布后，土著民族实现自治的步履明显加快，内容也更为充实与完善。

二　土著少数民族自治权利的实践及存在的问题

（一）土著少数民族自治权利的实践

严格来说，土著民族自治权的实践最早可以追溯到 20 世纪 70 年代初期。1972 年年底，全国印第安人协会向印第安事务和北方发展部部长递交了《印第安人控制印第安教育》的报告，要求在印第安教育方面实现自治，随后联邦政府接受了这一建议。教育方面自治的成功使印第安人获得自我管理的经验和信心。1984 年，詹姆斯湾的克里人、魁北克的因纽特人及塞弗维尔纳斯卡皮人与联邦和魁北克两级政府签订协议，后由联邦议会通过《克里—纳斯卡皮法》，该法除了保留地、土地赔偿和渔猎权以外，规定了土著民族对地方事务的自治权。值得注意的是，该协议规定纳斯卡皮部落和八个克里人部落不再受《印第安人法》拘束。1986 年，不列颠哥伦比亚省赛卡尔特部落与政府达成协议，随后颁布了《赛卡尔特印第安部落自治政府法》。1993 年，加拿大政府与土著民族签订了四个最终性自治协议。1995 年后，加拿大政府处理土著人自治的步伐明显加快。1997 年同塞尔扣克人（Selkirk）、米克马克人（Micmac）、里特萨孟人（Little Salmon）和卡马克斯人（Carmacks）签订最终性自治协议；1998 年与川戴克怀春人（Trondek Hwechin）签订了最终性自治协议；1999 年与尼斯加人签订了最终性自治协议，等等。其中 1999 年签订、2000 年正式实施的《尼斯加最终协议》是《不列颠哥伦比亚省当代签署的第一份土地诉求协议》。通过这一协议，尼斯加人获得了大量的土地、土地赔偿以及空前广泛的自治权。同样引人注目的是《尼斯加最终协议》的一些内容，该协议规定尼斯加人的土地不属于《印第安人法》中的保留地，他们将独立拥有这些土地；尼斯加人将建立一个中心政府和四个村级政府；尼斯加人中心政府拥有包括公民身份、语言、财产权、司法、社会服务在内的内容广泛的立法权；尼斯加人有权对其土地上的公民征税；尼斯加人土地上的矿产和森林资源归尼斯加人所有，等等。这些自治协议不仅为印第安人争取到更广泛的自治权利，而且在实践意义上对已经实行了一百多年的《印第安人法》造成强烈冲击。

进入 21 世纪以后，土著民族自治工作继续推进。2003 年，不列颠哥伦比亚省的西岸族人（奥卡纳根族联盟的一支）与加拿大政府达成单独的自治协议。2006 年，该省的杜华逊人（Tsawwassen）与联邦政府、不列颠哥伦比亚省政府签订《查瓦森第一民族最终协定》，该协定包含了与尼斯加人相似的自治内容。其后，该省的土著民族自治进程继续推进。截至 2015 年 8 月 4 日，不列颠哥伦比亚省有 8 个第一民族的 13 个村落社处于条约过程的第 5 个阶段①；有 8 个条约已经完成；有 1 个第一民族的 4

① 五个阶段分别为“提交申请”“接受申请”“框架性协议”“原则性协议”和“实施”。见加拿大印第安事务和北方发展部官方网站 http://www.aadnc-aandc.gc.ca/eng/1100100032275/1100100032276。

个村落社已经完成了原则性协议，正在等待批准；有65个第一民族的105个村落社在参与或已经完成条约过程；积极协商或已经完成协商的有47个第一民族的83个村落社，占到该省村落社总数的41%。[①]据加拿大印第安事务和北方发展部2008年的统计，全加正在进行的自治谈判有近80项，涉及全境445个土著民族社区（村落社）。[②]

从深远的意义上来讲，自治权的诉求伴随了土著民族争取自身权益的整个历史过程。20世纪80年代以来，随着形势的发展，土著民族将争取自治权的斗争摆在了最重要的位置。自治成了一切土著问题的中心。土著领袖不仅把自治权视为生存和发展的关键，而且在很大程度上将自治权视为土著权利的同义语。[③] 为了争取自治权，土著民族首先把目光转向了宪法，试图通过修改宪法，使自治权成为一个明确的宪法权利。在修宪失败后，他们又通过动员、宣传和游说工作，促使政府通过了实施宪法中规定的土著权利的政策，最终使土著民族的自治权细化成为一个操作性十分强的政策实施指南。加拿大政府认为，土著民族在历史、文化、政治、经济等方面是多元的，自治权的实施可因为所涉土著群体、地区和社区的多元而采取多种形式。按照这一认识，联邦政府将土著民族的自治形式归纳为以下四种情况。[④]

第一种是印第安民族的自治，这一类自治（协议）通常针对一个特定的印第安民族及其定居地区签订，而不是把几个印第安民族社会整合到一个单一的政府中。第二种是因纽特民族的自治，与印第安民族在每个特定的社区谋求自治不同，因纽特人寻求建立更广泛的公共政府，把一个区域内许多不同的社区以及所有的因纽特人包括进来。第三种是梅蒂斯人和没有土地的印第安人的自治，前者没有政府正式授予的集体土地，后者主要是离开保留地的印第安人，这两类人由于没有集体土地，因而需要区别对待。加拿大政府认识到这一类自治安排必须有充分的灵活性。作为走向自治的前提条件，联邦政府愿意和省政府一起分担成本，

---

① For Immediate Release, August 4, 2015, By BC Treaty Commission.

② Bradford W. Morse, “Regaining Recognition of the Inherent Right of Aboriginal Governance”, in Belanger, Yale D. (ed.) *Aboriginal Self-Government in Canada: Current Trends and Issues 3rd Edition*, Saskatoon: Purich Publishing Limited, 2008, p. 61.

③ E. Palmer Patterson II. “Native Peoples and Social Policy”. Shankar A. Yelaja, ed. *Canadian Social Policy*, Wilfrid Laurier University Press, 1987, p. 192.

④ 郭跃：《加拿大政府的土著民族自治政策述评》，《大连大学学报》2010年第4期。

完成这类人群的身份甄别和统计工作。在必要的情况下，也可以考虑授予他们土地。第四种是在西北地区和育空地区实施的自治，这两个地区由于人口稀少且不同民族杂居，加拿大政府认为建立公共政府比较可行，而建立多个土著民族自治政府缺乏效率。解决自治的办法是可以制定专门的制度满足土著民族自治的需求，也可以设立一些土著民族机构来行使某些自治权利。

实践中出现的土著民族自治大致有三种情形，第一种是保留地自治，这种自治形式以革除《印第安人法》对印第安人的直接控制为目的。在取得自治权的保留地，村落社议事会的决策不再受制于印第安事务和北方发展部，而是由印第安人自己来控制。实践中这种形式的自治居多。第二种是在新赋予的土地上自治，尼斯加人的自治就属于这种类型。第三种类型的自治是在一个大的区域内，建立一个以某个民族为主导的公共政府。这种形式自治的典型是努纳武特自治。需要说明的是，努纳武特自治虽然是一种形式的土著人自治，而且它的设立也是北极圈地区因纽特人长期斗争的结果，但它在地区名称的设置上并没有使用“自治”或“自治区”这样的字眼。加拿大政府直接将其与其他两个地区即“西北地区”“育空地区”并列为三大区。

从“民族自治”的基本类型①划分来看，上述三种土著民族自治中，保留地自治和尼斯加人自治可归类为“属人性自治”，其中尼斯加人自治还带有一定程度的属地性，因为它“有权对其土地上的公民征税”。努纳维特自治则属于“属地性自治”，它的人口以因纽特人为主，各民族分散杂居，官方语言为因纽特语、英语、法语，主要工作语言是因纽特语。按照自治程度的强弱，上述三种类型的自治都可以划归为“领土化自治”，但实质上“碎片化的”保留地自治更多地与“议会化自治”相近（也可以理解成一种“行政自治”）。此外，上面提到的按照 1984 年《克里—卡

① 按不同标准，民族自治可以有不同的分类。按照自治权主体范围的不同，民族自治可以分为属人性自治和属地性自治，前者以一定的族群为自治主体，后者则以一定区域内的族（人）群为自治主体。按照自治所依托的载体，民族自治可区分为社团化自治、政党化自治、议会化自治、领土化自治。按照自治程度的强弱，民族自治可分为领土或区域自治、行政自治、司法自治和文化自治。按自治是否以民族整体划界，或自治体成员的身份是否以一定的族裔、语言、文化和血缘为基础可划分为“均质化民族自治”和“非均质化民族自治”。周少青：《非均质化民族自治——多民族国家处理民族自治问题的一种新范式》，《当代世界与社会主义》2013 年第 5 期。

斯纳皮法》所创立的克里人的自治实际上是一种“行政自治”①。按照是否以民族整体划界，前两种自治大致可归类为“均质化民族自治”，而努纳维特自治则属于比较典型意义上的“非均质化民族自治”。

以上，笔者对20世纪80年代以来加拿大土著民族的自治实践情况做了一定的分析和评价。总的来看，土著民族的自治对于缓解历史上遗留下来的政府—土著紧张关系、修补和恢复土著民族的自信心和自尊心起到一定作用。通过形式不同的自治，土著民族获得了管理自己内部事务的权利，也获得一定的支配自然资源的权利。

（二）存在的问题

但是也要看到，由于种种的历史和现实的原因，加拿大土著民族的自治也面临着诸多不确定性甚至是矛盾与冲突。

第一，自治权的“合宪性”问题。虽然1982年宪法清楚地写着“承认并肯定加拿大土著民族现有的土著权利和条约权利”，但是无论是后来的修宪活动，还是联邦制最高法院的相关判例，都没有明确自治权是否包含在宪法所确认的土著权利和条约权利中。实践中，自治权的合宪性主要靠一些组织和政府部门对宪法条款解释维持。

第二，自治权的属性问题。土著民族的自治权究竟是一种什么样性质的权利？是像土著民族说的那样是一种先于加拿大国家存在的“固有的权利”（inherent rights），还是像加拿大国家坚称的那样是一种来自联邦赋予的法定权利（legal rights）？土著民族和加拿大政府在这个问题上分歧很大。土著民族认为自治权是固有的，是自古以来就存在的，它是土著民族自主选择和决定自己生活样式的正当性表达。而加拿大政府则认为，土著民族的自治权主要是一种法定权利，它虽然具有一定的历史合理性，但其具体内容和行使方式需要经过双方谈判并最终通过宪法和法律的确认，具有一定的或然性（contingent）。双方关于自治权属性的争论，各有其担心和目的所在。在土著民族看来，只有将权利的性质认定为“固有的”而非“法定的”，才能在更高正当性（legitimacy）的层次上捍卫自己的权利，而加拿大政府则担心“固有的权利”可能会被发展成国际法“主权”

---

① 按照协议，克里人的自治政府隶属于魁北克省，克里人必须在上级政府部门的授权范围内进行自治和立法，并且对上级部门负责。他们拥有的创制权与豁免权都非常有限。Alain Cunningham, *Canadian Indian Policy and Development Theory*, New York: Carland, 1999, p. 115。

意义上的权利，从而赋予土著民族某种自决权或“分离权”。

第三，由于在自治权属性认识方面的差异，双方对自治权在实践中的定位以及范围存在着很大的分歧。加拿大政府坚持在宪法包括加拿大权利与自由宪章的框架下界定土著民族的自治权，认为土著自治政府（自治权）和其他各级政府一样，只是加拿大联邦下的一级政府组织，其职权范围受到宪法及其他相关法律的约束和保护。在具体设立土著自治政府时，加拿大政府甚至倾向于将这类政府定性为履行相应层级行政权的地方政府。而在土著民族看来，他们的自治政府不同于一般性的地方政府，不应受到上级政府的管制或掣肘。在行政级别方面，这些自治政府应该与省级政府享有同样的待遇。土著政府应该享有对自己事务的全面控制权。土著民族认为，全面的自治权是土著人决定和选择自身发展道路的根本保障，也是他们重新掌握自身命运的基本保障。第一民族大会的领导人奥威德·莫科瑞迪公开申言“自治就意味着我们有权控制自己的生活，有权管理本民族的日常事务，而不是被要求该如何做”①，他批评联邦政府预先设定自治权范围的行为，破坏了自治权固有权利的属性。

第四，在自治权的行使主体范围方面，目前加拿大政府主要将精力放在那些有集体土地的土著民族群体身上，甚至打算在必要的时候，为那些没有集体土地或走出保留地的印第安人授予土地来维持这种基于土地的自治，而对于那些已经走出保留地或从来没有被授予土地的生活在城市的土著民族要求某种形式的自治的呼声缺乏应有的对策。20 世纪 80 年代，印第安事务和北方发展部曾公布过一份关于土著自治谈判的原则，其中一个主要的原则是政府只和那些有保留地或者通过条约谈判获得土地的土著社区谈判。② 这一缺乏前瞻性的政策，对于目前城市人口已经超过总人口一半的土著民族显然不适合。

第五，从土著民族自治发展的长远目标来看，目前土著民族的自治可以说仍处于发展初期，因此在发展方向有很大的可塑性：这种自治最终是要把土著民族的个人隔离于主流社会，还是鼓励他们积极融入主流社会？对此加拿大政府或主流社会与土著民族有着不同的答案。

---

① Angie Pleras, Jean Leonard Elliott, *The Nation Within: Aboriginal-state Relations in Canada, the United States and New Zealand*, Oxford University Press, 1992, p. 24.

② Ibid., p. 48.

从加拿大政府或主流社会这一方来看，自治的目标显然在于通过赋予土著民族一定的自治权，在帮助他们保存自身文化传统的同时，使他们通过发展能够逐步成为全面参与加拿大社会生活的平等的一员。而土著民族的目标则在于，通过自治获得有形的和无形的资源，使土著民族在经济和社会发展上逐步赶上加拿大的平均水平的同时保持自身的独特性，甚至最终在加拿大社会中形成一个独特的“小社会”。这种目标上的冲突性时时体现在有关自治权的谈判、协商、政策制定及实施过程中。

从个案的角度来看，上述矛盾或冲突同样存在，以尼斯加人的自治为例，该地区的自治全面推行以来，受到来自加拿大主流社会与土著少数民族群体两个方面的批评。主流社会的一些论者认为，尼斯加人独特公民身份的承认和大量资源的“慷慨让予”，不仅对加拿大国家本来就不强固的国家认同构成明显冲击，而且对非土著的加拿大人也构成一种不公正。① 另外，在一些土著民族看来，尼斯加人的自治模式在土著民族权利保护方面创造了一个负面的先例②，因为它放弃了 90% 的土地和《印第安人法》规定的免税待遇。不列颠哥伦比亚省的印第安酋长联盟主席索尔·泰利（Saul Terry）甚至将《尼斯加最终协议》称为“国家赞助的自杀”③。

第四节　“加权公民”的困境：一个案例

迄今为止，以土著权利、条约权利尤其是土著自治权为标示的加拿大土著民族加权公民运动已走过了近半个世纪的历程。近半个世纪以来，土著民族既保持住了历史上留下的特权，又获得一定的自主决定内部事务、自我选择发展道路的新的机会和权利，一些土著民族的社会状况因此得到较大改善。然而，由于历史上形成的受压迫和依赖性的政策及社会心理并没有因自治运动而得到多大的改变，实行自治后的土著民族群体仍然面临着诸多问题和困境。以下是笔者 2013 年在加拿大对一项土著维权运动所做的分析与评价。通过这个案例，我们或许可以对加拿大土著民族在取得

① 尼斯加人的公民标准完全建立在族裔或血缘之上，它规定“入籍”的尼斯加人，其母方或父方五代之内须有尼斯加人的血统；如无血统，则只有两个渠道可以成为尼斯加公民，一个是从小被尼斯加人收养，另一个与尼斯加人结婚并通过其获得其授予的文化认同证明。

② Nisga' a people say “yes” to final agreement.

③ Ibid. .

加权公民身份后的整体处境做一个一叶知秋式的观察。

在进入这个案例前，让我们先看看当年在决定给予土著民族自治权时，印第安事务前专员劳埃德·巴伯博士说的一段话。他说："我希望我们能在心理上做好迎接这场挑战的准备。这对我们来说太突然了，会动摇一直以来我们思考我们与土著民族关系的基础。我想，在某种程度上，我们的反应就像，一个人踩在另一个人的脚趾上的时间是如此之久，以至于当被踩者想把他的脚抽出时，另一个人变得愤怒。我希望我们为了他(们)也为了我们能够克服这一点。"①

"不再坐视"（Idle No More）是2013年年初发生在加拿大的一场由土著民族包括"第一民族"、因纽特人与梅蒂斯人共同发起的一场带有草根性质的社会抗议运动。抗议者采取了"公民不服从"（civil disobedience）、"示威""直接行动""快闪族"（Flash mobs，在各大商场以舞蹈等形式表达抗议）、"绝食""网络行动主义"等现代政治表达方式，运动发展到高潮时出现了堵塞公路、铁道等交通要道的较为激烈的行为（如多伦多到蒙特利尔的加拿大国家铁路干线被阻断了近三个小时）。这场运动据称是为了抗议联邦政府对土著权利的立法侵犯和对历史条约的不信守。运动从2012年年底开始，短短几个月就遍及加拿大各地，并且蔓延至美国许多州，甚至在欧洲、大洋洲也出现了抗议声援活动。

值得注意的是，参加这场运动的除了土著人以外，还有不少环保、人权领域的非土著人士。他们相信土著人的价值观更有利于保护环境；认为加拿大的土著人仍然处于社会边缘。多个环保组织发表声明，支持"不再坐视"运动。联合国土著人权利特别报告员也发表声明，督促联邦政府与土著民族进行实质性的谈判以解决问题；大赦国际组织在有关加拿大的人权报告中指出，"政府在发放采矿、伐木、石油和其他资源开采许可证的时候，应该尊重土著民族的权利"。然而，当我们走近土著民族，真正面对他们几个世纪以来所累加的各种问题时，我们不禁要问那些抗议运动的组织者、参与者、同情者、声援者一个问题：谁将"不再坐视"什么？

---

① Indian Self-Government in Canada, Report of the Special Committee, House of Commons of Canada, Issue No. 40, Wednesday, October 12, 1983, p. 137.

一　“C－45法案”

作为这次抗议运动的直接导火线的“C－45法案”，其准确名称是《第二综合预算法案》，该法案已于2012年12月经过联邦议会的审议，变成了正式的法律文件（《就业和增长法》）。《就业和增长法》实际上改变了64部法律和法规的相关内容，其触发抗议运动的法律主要有三项，分别是《印第安人法》《航运保护法》（Navigation Protection Act）［修改前名为《通航水域保护法》（Navigable Waters Protection Act）］和《环境评估法》（Environmental Assessment Act），其中有关《印第安人法》的改变事项是：（1）只要参加会议的人有超过半数的多数通过，“第一民族”的成员就可以出租他们在保留地上的土地，而在这之前，则需要全体成员（包括不在场的）的超过半数的同意，此修改显然有利于印第安人保留地上的“土地流转”；（2）土著事务部部长有权召集会议，考虑出让村落社（band）的土地问题，对村落社委员会做出的反对会议决定的决议，部长可以选择忽略。新颁行的《航运保护法》规定，除了交通部名单上的62条河流和97个湖泊以外，主要管道和电力线路工程的项目人，不需要就他们的项目是否会损害或破坏所经过的可通航的水道提供证明。《环境评估法》则在《第一综合预算法案》已经大幅度修改的基础上，进一步削减了需要评估的工程项目数量。

土著民族认为，以上第一部法律的修改导致土著民族的条约土地和领地向社会开放，侵犯了他们的土地权利及其他相关权利；第二、三部法律的修改则容易造成对他们赖以生存的自然环境的污染和破坏，他们声称“法律的修改使得加拿大的99%河流和湖泊失去了联邦政府的保护”，开发和审批程序的加快，意味着土著民族面临着更大的环境风险，而这种“环境”对他们来说，不仅仅是一种物质财富或财产权，更重要的是一种文化上的、精神上的和生活方式上的“家园”。尤其让土著民族感到不可接受的是，上述法律的修改没有依法经过与土著民族的协商程序。

二　土著民族的抗议诉求

实际上，上述三部法律的修改只是这次抗议运动的一个直接诱因，土著民族与联邦政府更深层次的矛盾，嵌裹在双方“民族”（nation）对“民族”（nation）历史性结构中。土著民族一直认为，他们与英王（联邦政府）是两个平起平坐的具有悠久“合作”历史的民族（nation）兼伙伴。通过签订大量的“和平与友好”条约，双方表达和确立了“和平相处共同分享这片土地上的财富”的愿望和共识。但是经过数个世纪的发展，如今却只有一个条约伙伴享受到财富和繁荣，而另一个伙伴则堕入了经济社会的底层——在卫生、平均寿命、教育水平和就业机会等方面大大落后于其他加拿大人（有土著学者指出土著人的平均寿命比一般加拿大人缩短了20年）。土著民族认为，出现这种状况的根本原因是联邦政府不遵守条约，不信守承诺。不仅如此，他们还认为哈珀政府一直处心积虑，试图用单方立法（不与土著民族协商）的形式达到逐步同化土著民族，一劳永逸地解决“印第安人问题”的目的。

促使土著民族改变斗争策略的是保守党政府公然取消了前届自由党政府与土著民族达成的《基隆拿协议》，这一事件使土著民族认识到，传统的协商的办法已经变得没有意义，因为联邦政府随时可以背弃这些协议，唯有抗议甚至激烈的行为，如堵塞交通，才有可能引起整个加拿大甚至国际社会的关注，从而有利于土著民族问题的解决。

“不再坐视”抗议运动的短期诉求是要求联邦政府“收回立法”“恢复对土著民族的资金支持”，长期的诉求则是要求承认和执行各种条约（包括历史条约和现代条约），承认土著民族的主权以及主权项下的环境权利、自治权利、文化权利等，其核心越来越集中在土著民族的自治权方面，认为完全的自治权是实现土著人权利的根本依托。

三　土著民族的内在矛盾和冲突

由于种种历史的和现实的原因，在抗议运动中，土著民族在主体定位、权利诉求等方面充满内在的矛盾和冲突。

首先，在主体定位和身份认同上，一方面，他们视自己为与英王或联邦政府平等的“主权者”（在加拿大主流社会的政治和法律话语中，他们也享有“第一民族”的美誉）；另一方面，他们却高度依赖他们称之“条约伙伴”的英王（联邦政府），甚至在某种程度上，已经变成了一个以出卖土地、获得历史补偿为生的“食利者”（rentier）民族，离开了土地使用者和历史上迫害者（联邦政府）的购买和补偿，他们的生存和发展能力就会受到严重威胁。在身份认同上，一方面他们似将自己定位于“加拿大人”，认为“土著加拿大人”的权利（包括条约权利）是保护整个加拿大的土地、水、动植物免遭毁灭的重要保障；另一方面却反复声称，自己与加拿大人是“一条河里的两个独木舟”——“分开且平等”。

其次，在权利诉求上，一方面他们要求改善生活处境，提高生活水平，过与主流社会民众比肩的体面生活；另一方面却固守集体所有制、禁止个人拥有能够保证起码独立的财产权。可以说，私有财产权利的阙如已成为印第安社会发展出现停滞的重要制度性根源。

最后，在文化权利方面，一方面他们要求主流社会了解、尊重和重视土著民族的文化发展；另一方面又将自己的文化、语言、传统和宗教牢牢地与民族身份及保留地连在一起，对于所有试图“渗入”的政治、立法行为严加防范，等等。

在对待运行了近一个半世纪的“印第安人法”问题上，他们的这种内在矛盾和冲突表现得最为明显：一方面他们愿意摆脱“被管教的孩子”这个历史性的尴尬和耻辱的集体身份，成为真正意义上的自立的“第一民族”；另一方面又坚决抵制解除这一依附身份的举措——废除“印第安人法”的行为。土著民族的这种“依附—获利”型的人格结构，严重影响了民族整体的发展，使得他们长久难以摆脱遭受迫害的历史记忆和悲情意识，成为徘徊在现代与前现代之间的一个精神失重、物质严重依赖其他民族（联邦政府）的民族。从根本上来讲，这也是西方殖民主义活动至今未祛的后遗症之一。

四 土著民族自身的态度和选择成为解决问题的关键

土著民族的这种内在矛盾和冲突，加上来自主流社会的制度性、社会性歧视与排斥，导致当前土著社会确实出现了让人“不再坐视”的困境：阿塔瓦皮斯基特族的住房危机、克支川温族的水危机、皮康基坤的自杀危机等，已经为土著民族生存状况的恶化做了最好的注释。民调显示，三分之二的加拿大人认为，土著民族已经从联邦纳税人那里获得太多的支持，政府对他们也非常好，土著民族的大部分问题都是由他们自己造成的。但同样数量的人也认为，联邦政府现在必须行动起来改善土著民族的生活质量。

加拿大主流社会认为，保留地制度本身已经成为土著民族问题的一部分。有的学者经过调查和数据分析后指出，“保留地已成为苦难的孵化器”；“印第安事务与北方发展部所支撑的垂死的、摇摇欲坠的大厦应该拆除”，认为“种族主义的《印第安人法》的继续存在是整个加拿大的耻辱”，等等。

从土著民族内部来看，已经有不少人隐隐约约认识到，美好的集体生活和文化身份实际上也难以避免集体住房无人负责的“公地悲剧”，他们了解到保留地住房短缺、已有房屋毁损严重的重要原因是缺乏一种财产责任制，准确地说缺乏一种有效的私人财产权制度——这一制度的缺失“堵塞了保留地上的人们通过抵押贷款获得房屋的通道，阻塞了人们建立股权和积累财富”的渠道。这些人士可称为土著民族内部的务实派，他们想尽快“结束滋养受害者意识的神话”，提高教育、就业和收入水平。

但是，总体而言，土著民族仍然坚持把强化条约权利、加强土著文化保护与土著民族的自治作为解决问题的基本途径。他们将条约权利定位于与英王的“盟约”，坚持其不可变更性；将土著文化定位（格）在以保留地、集体制、狩猎、捕鱼、传统的仪式与宗教等为标识的前现代文化形态上；将土著人的自治理解为“有权管理自己的内部事务”。

情况表明，解决当前土著问题的主要突破口很大程度上取决于土著民族一方：土著民族需要在三个基本问题上积极回应，做出重要的“不再坐视”式的决定，第一个是条约权利与联邦政府尤其是与现代社会其他群体的关系问题；第二个是文化保持与文化发展、文化适应的关系问题；第三个是民族自治与主流社会的关系问题。这三个问题涉及一系列重大的理论及现实问题，以下只作一些纲要性的评点。

关于第一个问题，土著民族需要确切地理解条约权利的历史性和有限性，需要知晓加拿大联邦政府并不是英王恰当的具有完全合法关系的继承者，条约权利的兑现，需要充分考虑第三方——非土著人的权益保护问题。一句话，土著民族需要将自己的特殊利益与整个加拿大人的权益放在一起，综合平衡地考虑，而不是只讲女（英）王、“主权关系”和自己的特殊利益。

关于第二个问题，土著民族需要明确：是否保留地、集体制、狩猎、捕鱼等是一个民族永恒的文化符号？是否这些标识性的东西不能像其他（历史上的）民族一样，随着社会的变迁和历史的发展而发生某种适应性的变化？（如果是）如何处理文化的保持与文化的适应社会发展以及由于与其他群体的交往和互动而产生的文化适应性？等等，在现代性的历史长河中，在全球化的浪潮下，这些问题显然不是土著民族所独有的，它是每个民族包括所谓“民族—国家”需要认真考虑的。

第三个问题带有根本性和全局性，土著民族需要考虑：是否民族自治就是完全和绝对意义上的“自己管理自己的内部事务”？政治、经济、文化教育的完全自主、保留地的封闭、禁止非土著人在领地购买和居住甚至出入的权利，是否就是土著民族追求的民族自治？如何解决这种隔离式自治条件下，土著民族与主流社会和其他民族群体的关系？更深层次的追问是，在全球化的大背景下，既然“均质化”的“民族—国家”已经成为不可追往的空梦，那么“均质化”的民族自治的法理又何以立足？等等。总之，关于民族自治，土著民族需要摆脱对陈旧的均质化“民族—国家”的简单模仿，走出一条既能解决群体自身的内在矛盾和冲突，又能适应加拿大主流社会的新路子。

五　小结

在欧洲殖民者到来之前，加拿大的土著民族已经在自己的土地上生活了两万多年。在与欧洲殖民者“接触”的几百年里，土著民族经历了被监护、被同化和作为一个民族被承认的历史过程。其间，由于受到源于欧洲的民族主义意识的巨大影响，土著民族逐步从一个个自在的蛮荒民族演变成当今具有强烈民族意识的、自为的“主权民族”——当历史和全球化将一个个“民族—国家”不可逆转地变成多民族公民国家的时候，土著民族仍然停留在民族自决“一族一国”的欧洲经典民族主义时代。然而，由于政治上的依附和经济上的严重依赖以及自身内部结构的多样性，土著民族无论是从主观上还是客观上，都缺乏独立建国的勇气和基础，于是，他们选择文化作为实现“主权民族”的最后寄托。为维护文化的“纯洁”和民族的自尊，土著民族选择坚守保留地，并把630个村落社变成了一个个与（英王）联邦政府完全平等的“主权民族”，这种结构关系，给加拿大政府与土著民族的关系带来了巨大的影响：一方面，联邦政府不能在主权的政治责任框架内，通过自上而下的努力，有效解决土著民族面临的种种问题；另一方面，土著民族又不愿接受省市层面的管辖或领导，导致离他们最近的政府机构却对他们没有行政管理和服务的责任。更严重的问题是，由于土著民族自身没有形成自我发展和自我解决问题的能力，他们对联邦政府形成了严重的依赖——以至于日常生活中遇到的许多具体问题都需要直接与联邦政府沟通、协商，以寻找解决问题的办法，一旦因为鞭长莫及或低效的行政管理行为，造成一些保留地的房屋失修、环境损害等，土著民族就会迁怒于联邦政府，双方的矛盾就变得尖锐起来。

在这次抗议运动的过程中，加拿大的著名民调公司 Ipsos Reid 对 1023 人进行了网上调查，当问到“时任加拿大总理哈珀与第一民族谁理智”的时候，56% 人的回答是“都不理智”，这说明有过半的加拿大人对联邦政府和土著民族不满。民调同时显示，“不再坐视”运动的支持率只有 38%，而绝食女酋长的支持率仅有 29%，这从另一个侧面说明，土著民族自身已成为土著民族问题的主要矛盾方面。

第六章　法裔少数民族的“独特社会”

广义来说，法裔民族在加拿大国家的“独特社会”诉求始于它作为“新法兰西”的缔造者梦断七年战争之时。七年战争将法裔民族从独占一方的一个“主权民族”变成英帝国的“被征服民族”。自治领的成立又进一步将这个被征服民族变成一个名副其实的少数民族。无论是作为被征服民族，还是作为加拿大联邦内的一个少数民族，法裔人在加拿大历史上的一个不变的主旋律是追求本民族作为一个有着独特文化和身份的独特民族的存在。20 世纪 60 年代以前，法裔民族追求自身独特性的方式主要是通过法语、天主教和乡村生活方式。20 世纪 60 年代以后，伴随着平静革命和所谓的“主权主义”实践，法裔民族逐渐在魁北克的区域社会内找到了一种以法语为依托，在政治、经济、文化和社会诸领域占主导地位的“独特社会”。为巩固这一“发生学”意义上的法裔独特社会的存在，法裔魁北克人展开了一系列的政治与法律斗争。尽管迄今法裔魁北克人都未能实现其独特社会的“合宪化”，但在现实意义上和政治承认层面，法裔魁北克人的独特社会都有着重大影响。

第一节　法裔少数民族“独特社会”诉求形成和发展的历史过程

一　早期法裔民族意识的觉醒和斗争

（一）七年战争后法裔民族意识的觉醒和斗争

严格来说，早在七年战争战败之际，法裔民族的民族意识就已开始觉醒。[①] 原因有三个。第一，作为一个拥有悠久历史的法兰西民族的一部分，法裔民族在到达美洲大陆的时候，就已经是一个民族意识发育很全面的族群，他们有自己独特的语言、宗教、经济制度、法律制度和生活方式。150 年来，这些他们虽然受到北美大陆独特的自然、人文环境的影响和熏陶，但其作为法兰西人的特质并没有改变。因此，当发现自己经营了一个多世纪的新法兰西因战败拱手相让于英国殖民者时，法裔民族民族意识的觉醒不可避免。第二，作为法国和英国两个亢奋的民族主义国家斗争的一部分，七年战争并不是一场孤立战争，它是继奥格斯堡同盟战争（1689—1697 年）、西班牙王位继承战争（1700—1713 年）、1744 年奥地利王位继承战争之后英法之间的第四次战争。在这场被认为是英法“终局”一战的战争中，法国被彻底击溃。战败后法国民族主义情绪弥漫，这种情绪不可避免地传至殖民地。甚至从某种程度上可以说，殖民地上的法兰西民族主义比本土的更加炽盛——因为本土的法国依旧是一个独立的民族国家，它的人民可以继续掌控自己的命运，而留在北美殖民地上的法兰西人却从此沦为英帝国的臣民或“被征服民族”。七年战争的失败，给新法兰西人造成了严重的心理创伤，他们的民族自信心和对法兰西民族的自豪感被严重挫伤[②]，从此，反抗和不服成为他们与英国征服者相处的不变的旋律。第三，战争期间发生的阿卡迪亚人大规模被放逐的事件，更是给法裔民族留下了难以磨灭的记忆。[③] 因此，当《皇室公告》决意要对法裔民族“英格兰化”的时候，不仅法裔民族毫无意外地采取了坚决抵制的态度，就连当时的魁北克省督卡尔顿也认识到“公告的内容既不适宜，

---

① 有学者认为，法裔民族意识的形成、强化的原因是英国殖民者摇摆不定的政策，这种观点过分强调了民族意识形成过程中的外部因素，忽视其内部早已生发的根基十分深厚的民族意识结构。

② 这种历史记忆一直延续到现代加拿大，并且将其与魁北克独立联系在一起。1995 年魁北克公投失败后，一位魁北克籍的众议员苏珊娜·特朗布莱（Suzanne Tremblay）说：“我们比你们到这里要早，你们（1763 年）打败了我们，1980 年通过公投又打败了我们，1995 年再一次在公投中打败我们，但是我们将用第三次公投战胜你们。” William Johnson，“Federalists in Quebec Find Their Voice”，*the Global and Mail*，13 Nov.，2007。

③ 阿卡迪亚人是 17 世纪定居于阿卡迪亚的法国殖民者的后裔，其中很大一部分是法裔与土著人的混血梅蒂斯人。1755 年，英国殖民当局因怀疑他们在帮助法国人将他们集体放逐。此次遭放逐的人高达 1.3 万人，其中三分之一死于放逐途中。阿卡迪亚人长期与法国殖民者隔离，形成了一套富有自己特色的文化系统，但是因为他们的法裔民族身份，遭到严酷的迫害。这一事件给加拿大的法裔民族留下了难以磨灭的记忆，成为助长他们民族意识的重大历史事件。

也无贯彻的可能”①。

《皇室公告》后，迫于北美斗争形势的需要和法裔民族的坚决斗争，1774 年，英国殖民者颁布了具有妥协和安抚意味的《魁北克法案》，该法案保障了法裔民族的宗教和语言权利，保存了他们的民法制度和庄园经济。该法案的颁布，增强了法裔民族继续斗争的信心，增强了他们的民族意识。

为缓和效忠派大量加入后魁北克的英法民族矛盾，《1791 年宪法法案》将魁北克省两分为“上加拿大”和“下加拿大”，这种英法族群分治的政治治理模式在维护初来乍到的英裔民族利益、减少两个族群摩擦的同时，也使得英法两个族群壁垒分明、文化差异在不同的空间固化，从而客观上也更进一步促进了法裔民族的独立的民族意识。同时由于没有采用议会内阁制，上、下加拿大的政治实权都控制在英裔寡头集团手中。这一政治现状为上、下加拿大的政治斗争和下加拿大民族矛盾的激化留下了体制性伏笔。

19 世纪上半期，随着英裔民族人口的日益激增，法裔民族面临的英格兰化压力也日益倍增。与此同时，整个英属殖民地对英帝国的寡头集团统治也表达了强烈的不满。这种对现行统治体制的不满首先在民族矛盾尖锐的下加拿大爆发，表现为所谓议会改革派与寡头统治集团的斗争。在下加拿大，法裔民族控制的议会形同虚设，实际权力集中在英裔寡头统治集团手中。由省督和司法委员会、行政委员会构成的政府独行其是，不仅掌控了几乎全部行政权力，而且又拥有解散议会的权力。1834 年，下加拿大议会在议长路易斯·帕皮诺（Louis Joseph Papineau）的领导下通过了《92 条决议案》，该决议案表达了法裔民族对现状的强烈不满和要求改革政治统治体制的呼声。英裔寡头统治集团对此置之不理。1837 年魁北克英裔省督阿奇博尔德·艾奇逊（Archibald Acheson）不仅明确拒绝帕皮诺代表议会提出的要求，而且违反代议制的基本精神和政治构成原则，公然宣布下加拿大政府可以甩开议会直接支配省财政。在百般无奈的情况下，帕皮诺选择了“武器的批判”，发动了武装起义。②

① 宋家珩：《十八—十九世纪英国对加拿大的殖民政策》，《文史哲》1985 年第 6 期。

② 需要提及的是，与此同时，在上加拿大也发生了麦肯齐领导的反对寡头统治集团的起义。如果麦肯齐领导的武装起义可以定性为“民主革命”的话，那么帕皮诺领导的起义就可定性为“民族民主革命”。

1838 年英国政府任命德拉姆勋爵（Lord Durham）为高级专员前往北美殖民地调查引发起义的原因。经过数月的调查，德拉姆向英国当局提交了《关于英属北美事务的报告》即著名的《德拉姆报告》。德拉姆认为，英裔和法裔的斗争不是基于一种原则，而是基于种族（民族）。因此，解决问题的焦点不在于改善法律或体制，而在于消除两个民族之间的敌意。① 报告中，德拉姆将爆发动乱的原因主要归咎于法裔民族，认为他们“没有历史、没有文化”“缺乏教育、停滞不前”，试图要在一个“新的、不断进步的世界保持一个陈旧的、停滞的社会”，批评法裔民族没有把下加拿大看作是一个“有待开发的土地”，而是看成一个已经开发完备的世界，看成是他们的避难所。② 因此他力主同化法裔民族，消灭其落后的民族主义。

德拉姆建议将上下加拿大合并，实施英国化，具体措施为实行按人口比例的选举制③，把殖民地统治结构改为议会（内阁）制。1840 年英国政府通过《联合法案》，上下加拿大被合并为统一的加拿大省。考虑到当时英裔人口在数量上落后于法裔人口，英国没有采纳德拉姆的按人口比例选举并分配下议院议席的建议，而是采取了英法族裔各占一半席位的做法，如此，人口 63 万的下加拿大就与人口只有 47 万的上加拿大在议会中有同等的话语权④，不仅如此，联合法案还取消了法语的官方语言地位，并规定下加拿大需要分担下加拿大的债务。⑤ 此举引发了法裔民族强烈的不满。

在省层面，英裔压制法裔的一个案例是，1864 年新斯科舍省的法语天主教阿卡迪亚人（Acadians）被禁止举办法语学校。

（二）加拿大自治领建立后法裔民族意识的发展和斗争

1867 年奠定加拿大自治领根基的《不列颠北美法案》，有限度地恢复

---

① Robert M. Dawson, *The Government of Canada*, Toronto University Press, 1948, p. 15.

② Reginald Coupland, *The Durham Report*, Oxford: The Clarendon Press, 1946, pp. 23 - 51.

③ 因为预见到不久的将来，英裔人口将会大大超过法裔人口，故而责任政府的主导权必将落入英裔民族之手，如此，责任政府将可以通过民主多数的形式来同化和支配法裔民族。

④ 1850 年后，英裔人口反超，英方又提出按人口分配议席，在遭到法裔议员的断然拒绝后，双方妥协推出一个联合总理制（Joint Premiers）即由上、下加拿大各选出一名总理，政府每四年在多伦多和魁北克之间轮换。

⑤ 张友伦：《加拿大通史简编》，南开大学出版社 1994 年版，第 87 页。

了被 1840 年联合法案取消的法语的平等地位①，这一举措似乎预示着英裔和法裔两个族群将在新的共同体——加拿大自治领中保持较为和平的族际关系。然而，随着自治领的进一步扩张尤其是西部开发，英裔和法裔两个族群的矛盾再次变得敏感、尖锐。西部扩张中，影响英法族群关系的重大历史事件是路易·里埃尔领导的两次起义。一次是 1869—1870 年红河地区起义，另一次是 1885 年西北地区起义。

第一次起义缘起于法裔血统的梅蒂斯人为保护他们的土地、家园、语言和文化传统。自治领建立后麦克唐纳政府面临的一个重要任务是向西扩张一统加拿大的领土。1869 年，加拿大联邦政府通过谈判以 30 万英镑的代价从哈得孙湾公司接管了加拿大西部的全部领土，属于被接管领土上的红河地区居民——大部分为梅蒂斯人，还有一部分人为英裔混血人及少量印第安人，因为联邦政府未经他们的同意就准备大肆地占有他们的土地、破坏他们的生存及生活方式，而在路易·里埃尔的领导下发动了起义。这次起义迫使联邦政府基本接受了他们提出的自治要求以及包括“法语、英语同为官方语言以及关于省议会控制公共土地”在内的详细的“权利条款”。联邦政府也最终以通过《曼尼托巴法案》的形式承认了红河地区的独立的法律地位（包括在建省的法案中）。然而，事情并没有就此结束。这个很大程度上属于捍卫地区利益性质②的起义却因为处死了一个名叫托马斯·斯科特的英裔安大略人而在事后逐渐发酵成一个“法裔天主教徒杀害英裔新教徒”的宗教、民族仇杀叙事。起义结束后，围绕该不该按照政府与梅蒂斯人达成的协议赦免起义参加者，安大略省的英裔与魁北克省的法裔形成了旗帜鲜明的民族、宗教阵营，前者坚决反对赦免“杀人犯”和“叛乱者”，后者则要求政府按照双方达成的“权利条款”赦免参加起义的人员包括里埃尔。一时间两地街头出现了大规模的抗议活动，抗议中英裔、法裔民族相互攻击、谩骂，表现出了高昂的民族主义和宗教情感。

---

① 该法第 133 条规定“任何人在加拿大参众两院及魁北克议会都可以使用英语或法语辩论，这些机构的正式记录和刊物将同时使用英语和法语”。除此之外，法语在魁北克以外的省份以及魁北克省的大部分学校和其他非官方场合都没有取得官方语言地位。Donald Creighton, *Canada's First Century*, Toronto: Macmillan of Canada, 1970, pp. 5 – 6。

② 从保护地区利益的广泛视角来看，参加这次起义的人，除了梅蒂斯人以外，还有部分英裔混血人和印第安人。很显然，他们与联邦政府的对立不是“民族”性质的，而是利益性质的。

第二次起义即西北地区起义缘于一个同样的故事，保护家园、生存（活）方式和文化传统。第一次起义后出台的《曼尼托巴法案》并没有从根本上解决梅蒂斯人的生存问题，相反，随着大量移民拥入曼尼托巴省，梅蒂斯人很快变成了丧失土地和在新的移民社会中缺少谋生能力的少数人。为了生存，他们被迫放弃家园，随着被驱赶的野牛群继续向西迁徙寻找新的家园。最终在西北地区、今天的萨斯克彻温省北部建立了三个新的定居点，以躲避“滚滚红尘”的资本主义。但是好景不长，不久联邦政府就带着骑警队、测绘人员和铁路建筑工人蜂拥而至。在面临再次“失乐园”和可能永远失去他们传统的生活方式的巨大威胁下，居住在这一区域的梅蒂斯人和印第安人毅然联合起来作最后的抗争。他们请来了远在千里之外的里埃尔领导这次起义。起义者先发起了请愿书。在请愿书里他们代表梅蒂斯人、印第安人和一部分贫困白人提出了“给予梅蒂斯人土地赔偿金和使用土地的专有权”“建立责任政府和在联邦议会中的代表权”“控制他们的资源”“给予被剥夺的印第安人以自由生活的权利”等要求。而此时的联邦政府因为已经在西北地区建立了有效的行政权力和西北骑警队等武装力量，加之太平洋铁路已经在此地区开通，对起义者提出的请愿书反映怠慢并在起义者失去等待的耐心时，迅速调遣部队予以坚决的镇压。起义失败后，梅蒂斯人社会结构和政治共同体遭到毁灭性打击，家园被焚烧，财产被劫掠。领导起义的里埃尔被判处绞刑等待执行。在死刑判决下达到执行的三个月时间里，要求对里埃尔减刑或免除处罚的请愿书像雪片一样从魁北克省以及其他一些地区涌向渥太华的联邦政府。此期间，加拿大的法裔民族同里埃尔一样，在精神上经历了渥太华英裔主导的政府的最终审判。他们期待渥太华的宽宥与民族和解。然而，遗憾的是，在经历了一番“调查”后，渥太华最终决定执行里埃尔的死刑。

里埃尔之死在英裔和法裔两个族群之间留下了不可弥补的鸿沟。法裔人认为，杀死里埃尔是对英裔人托马斯·斯科特之死的复仇。里埃尔被推上绞刑架象征着整个法裔民族被英裔推上了绞刑架——以“向女王陛下发动战争的罪行”处死里埃尔对此作了最好的诠释。渥太华的法裔议员和政治家强烈谴责加拿大政府罔顾法裔加拿大人的利益和尊严，人为地在两个族群之间制造仇恨的行为。法裔自由党人也是后来加拿大第一个法裔加拿大总理威尔弗里德·劳里埃（Wilfrid Laurier）公开为里埃尔辩护，申言“如果当时换做是他，也会奋起反抗”。劳里埃的表态，使本已恶化的英裔、法裔关系变得公开、明朗。

像第一次起义一样，里埃尔领导的第二次起义本质上也是地区性的，至少是多民族性的。起义遭镇压后，一同参加起义的印第安人遭受到的严酷后果不亚于法裔血统的梅蒂斯人：有 11 名印第安首领以谋杀罪被判处绞刑，2 名以叛逆罪判处入狱，大部分印第安人被赶进保留地，失去了自由选择生活的权利。但是，由于两个“建国民族”长期以来存在的宿怨和现实中继续存在的激烈争夺，里埃尔领导的西北地区起义被化简为英裔、法裔两个民族之间的争斗。其严重的历史后果之一是加深了两个族群之间的裂痕，进一步强化了两个族群的民族意识。

除了政治上、军事上的直接对抗，英法两个族群在“文化战线”上也进行了一系列的“较量”，这些较量主要表现为“主政”的英裔利用其优势地位不断排除法裔的宗教和语言权利。1871 年新不伦瑞克省立法关闭天主教学校，并禁止公共学校用法语授课和教授法语；1877 年爱德华岛宣布天主教和法语学校“违法”。1890 年曼尼托巴省议会通过“曼尼托巴官方语言法”，规定议会和法院禁止使用法语，宣布废除天主教学校，实行不分教派的独尊英语的学校制度。而早在 1870 年该省实行的还是魁北克式的教育制度，保留了不少天主教学校。面对曼尼托巴立法机构公然以立法的形式褫夺法裔民族的宗教和语言权利，法裔人纷纷向联邦政府请愿，希望联邦最高法院宣布这一立法违宪！然而，这一切都无济于事。1894 年该法正式出台。1892 年西北地区包括阿尔伯特和萨斯喀彻温在内宣布法语教学和天主教学校违法。1905 年和 1915 年建省后的阿尔伯特和萨斯喀彻温继续维持了这一政策。1912 年安大略省禁止公立学校和私立学校使用法语。1916 年和 1930 年，曼尼托巴和萨斯喀彻温再一次确认学校教授法语为法律所禁止，萨省甚至规定校外教授法语也为法律所不允许。①

与一些省赤裸裸地剥夺法裔民族语言权利有所不同的是，联邦层面基本上维持了法语的合法存在。1938 年一项联邦立法规定，联邦机构在雇佣职员时，如果该机构所服务的地区多数为英语或法语群体，则受雇的人

① Andre Bernard, *What Does Quebec Want*? Toronto: James Lorimer, 1978, p. 27。转引自贺建涛《二战后加拿大少数族群公民身份的构建与调适》2013 年，南开大学博士论文。

必须会说这种语言。但在实践中，法语与英语的地位不可同日而语。

宗教和语言是民族文化中最敏感也是最难与其他文化相调和的部分。英语族群利用手中掌握的国家化的权力对法裔民族实行文化与宗教上的严厉限制，以期实现英裔新教、文化和语言在加拿大联邦的一统地位。这种做法不仅没能消灭法裔人的宗教和文化，而且激起了他们“永志难忘”的保护自身语言和（宗教）传统的斗志。

在宗教、语言方面激烈斗争的同时，英裔与法裔民族还在是否参加第二次布尔战争以及两次世界大战期间的征兵制等问题上发生了激烈的冲突和对抗。1899 年，劳里埃政府为平复和平衡英裔和法裔的民族情绪，决定派 1000 人参加第二次布尔战争，此举不仅激起了法裔人的强烈不满，而且也使得英裔人深表不满，在前者看来，派加拿大士兵去帮助英帝国攻打与自己有着血缘关系的布尔人是断然不能接受的，而在后者看来，派遣如此少的士兵去帮助与自己有着深厚感情的大英母国显然反映出劳里埃的“私心”。这场派兵危机不仅加深了英法两个族群的隔阂，而且导致劳里埃与他的内阁成员之间的裂痕逐渐加大。

如果说是否参加第二次布尔战争问题只是英裔和法裔在个别、局部问题上的一次民族情绪的碰撞的话，那么，两次世界大战期间在征兵问题上发生的冲突就具有非常强烈的表征性意义了。“一战”时，由于前方战事吃紧、兵源极度紧缺，博登为首的联合政府被迫采取义务征兵政策，此举从多种意义和背景上激起法裔人的反感与反抗，第一，法裔人认为，让法裔人为自己的征服者——大英帝国而战，从根本上伤害他们的感情、违反他们的良知；第二，英裔人长期在语言和宗教方面限制和剥夺他们的权利，让他们为这个压迫者——英裔人所主导的国家去打仗在情感上也是难以接受的——更何况就在战争发生期间，安大略省还在制定和推行侵犯法裔语言权利的立法；第三，军队里法裔军官不受重视，升迁机会少；法裔人的文化特性得不到尊重，英语和新教牧师被不加区别地运用到法裔士兵身上，如此等等。

除了上述原因以外，法裔民族主要生活在相对封闭的法语—天主教乡村社会，他们对外面的世界知之甚少，对协约国参战的所谓“正义性”更是一无所知。留在他们记忆深处和现实中不断活跃的元素是英裔人对他们的生存空间的不断打压，因此面对政府的强制征兵政策，法裔群体选择了坚决抵制，这种抵制到 1916 年演变成一场暴乱。但是，暴乱并没有能够阻止英裔占主导地位的议会通过征兵法案。征兵法案的通过使法裔民族进一步认识到，在一个自己永远都不可能成为多数的共同体（联邦）里，他们的主张无论是赞成还是反对一项法案，都对结果没有影响——就像这次在反对参加“英国人的战争”中进行表决一样。

“二战”期间，加拿大国家又一次面临征兵政策的大考。有所不同的是，这一征兵活动发生在以麦肯齐·金为首的自由党执政时期。麦肯齐吸取“一战”期间征兵政策带来的民族分裂的教训，运用其高超的政治智慧，提出了让英裔和法裔两个族群都能接受的征兵政策。针对法裔群体反对加拿大赴海外为大英帝国作战这一心理，麦肯齐巧妙地将义务兵役制限定在国内防务方面。因为作为一名加拿大人，法裔人显然有责任和义务守卫自己的国土。但是随着前线战事的吃紧和兵员紧张，麦肯齐政府最后还是不得不选择同样也适用于海外作战的征兵制①，这一政策选择最终还是导致了法裔人的普遍不满。但是因为相信，麦肯齐·金不会像“一战”时期的博登政府那样无视法裔加拿大人的利益，法裔人最后没有选择以极端的方式对抗联邦政府。然而这期间以全民公决形式通过征兵制的做法还是给法裔人留下了深刻的印象，使他们清醒地认识到，联邦议会制的普遍公民主义模式对于处在少数人地位的法裔加拿大人来说，很难有胜算的机会。

以上笔者对加拿大自治领建立到“二战”期间的法裔民族在政治和文化方面的历史境遇及其对法裔民族意识所起的强化作用作了简单的述论。总的来看，这一时期英语族群主导下的联邦政府及地方政府对法裔民族采取了种种压迫性的政策和做法，这些政策和做法为法裔民族的民族意识的进一步强化和升级提供了源源不断的原料或养料。“二战”后，法裔民族的民族意识继续发展，并在趋势上进一步由全加范围内的泛法裔民族意识转入以魁北克省为中心的地区民族意识。在政治策略上，法裔民族不再四面被动防御英裔民族的步步紧逼，而是开始以魁北克为中心谋求本民族在一个地区的绝对优势，并在占有天时、地利、人和的条件下主动进攻，逐步实现本族群在魁北克省的主导地位。在此过程中，法裔人的民族

① 1944年在是否派出援军问题上，爆发了两次政治危机：两位国防部长先后辞职——第一位部长辞职是因为他的同僚不同意他把国内守卫部队派往海外的意见而辞职；第二次是因为政府最终抽调了少量征来的士兵而辞职。

意识逐步发展为一种势力强劲的地方民族主义——魁北克法裔民族主义。

二　“平静革命”：“成为自己家园的主人”

（一）“平静革命”发生的原因及条件

1959 年，长期奉行农业社会 + 天主教模式以守护法语文化的民族联盟党首、魁北克省总理莫里斯·杜普莱西斯的离世成为法裔民族改变自身命运的历史契机。杜普莱西斯在其执政期间（1936—1939 年、1944—1959 年），长期固守传统的农业社会政策，认为只有维持农业社会，才能保住法裔民族的传统特性，才能守住法语和天主教。在他执政期间（及之前），一个惊人的现象是，一边是法裔人固守文化传统、在传统的行业——农业等技术含量很低的职业中谋生存，一边是大量拥入的英裔人占据了魁北克大工业、金融等行业的主导地位。正如一位美国社会学家所观察到的那样“在魁北克，英裔外来者占据工业经济的上层，当地的法裔则屈居下层，他们在工业社会中无立足之地”①。20 世纪 60 年代初，魁北克省的经理人阶层中，英裔人所占的人口比例近两倍。法裔人多从事第一、二产业，1962 年其平均收入比英裔人低 22 个百分点。② 20 世纪 30—60 年代期间，魁北克省人均年收入比全国平均水平低大约 15 个百分点，同期失业率却高出全国平均水平 25 个百分点。③

从联邦政府的任职情况来看，总人口占比 28% 的法裔人只得到了 18% 的联邦政府工作职位④，而这一点不仅影响了法裔人的就业率，而且也大大影响了他们对联邦政府决策过程的影响。

由于固守自己的文化宗教传统，法裔民族长期在自己聚居的家园落后于“外来人口”英裔人群。这一现象对于一些已经从魁北克工业化过程中诞生的法裔中产阶级精英来说成为一件不能容忍的事情。他们强烈希望改变现状，而 1960 年让·勒萨日的上台执政，为这种改变提供了机遇。

从魁北克已有的种种条件来看，20 世纪 60 年代初的魁北克已经具备

---

① 转引自徐再荣《当代魁北克民族主义初探》，姜梵主编：《加拿大民主与政制》，社会科学文献出版社 1993 年版，第 136 页。

② John Fitzmaurise, *Canada and Quebec*: *Past*, *Present and Future*, New York: ST. Martin's Press, 1982, p. 156.

③ 储建国：《当代各国政治体制：加拿大》，兰州大学出版社 1998 年版，第 85 页。

④ 阮西湖：《加拿大民族志》，民族出版社 2004 年版，第 144 页。

相当雄厚的工业和城市化基础。早在19世纪中期，伴随着蒙特利尔的崛起，魁北克工业化和城市化的脚步就开始响起。20世纪发生的两次世界大战给魁北克经济的发展提供了巨大的历史机遇。“一战”对军需品的需求，刺激了魁北克重工业的发展。“二战”期间，加拿大成为盟军生产军需品的大后方，凭借丰富的资源和来自美国的投资及廉价的电力供应，加拿大的工业化程度得到了空前的发展。从1939—1950年，魁北克的制造业投资额增长了188%，制造业产量增长了92%。[①] 20世纪50年代以后，魁北克经济继续发展，至60年代魁北克的经济发展水平已经在加拿大整个国民经济中举足轻重。伴随着工业化的发展，魁北克的城市化进程也空前加速。1941年法裔农业人口大约占全省总人口的41%，到1961年魁北克省的法裔城市人口已经高达71%。[②]工业化和城市化从根本上改变了魁北克法裔人的社会结构，传统社会结构中占主体的农民已经被产业工人代替，与此同时，以企业商业管理人员、技术人员、科研人员、教育者等为代表的新型中产阶级开始崛起，开始成为影响魁北克未来命运的决定性力量。

可以说，在平静革命的前夜，魁北克客观上已经具备发动一场政治、经济和社会改革的一切基础。它所等待的就是法裔人的觉醒和决心。甚至可以这样说，平静革命前的包括英裔民族在内的魁北克人经过数十年努力创造的成果，正在等待法裔精英以民族主义的和社会革命的手段重新分配。正是在这一历史条件下，在1960年大选中获胜的让·勒萨日登上了魁北克的政治舞台。

让·勒萨日以“成为自己家园的主人”和“事情必须发生改变”为口号向魁北克内外的法裔人群发出了召唤。一些省外的法裔专业人才和政治上有抱负的法裔人也纷纷拥向魁北克，开始了他们“共建家园”的征程。至此，经历了近两百年被动应付的法裔民族终于在自己的世居领土上开始“站起来”。魁北克经历了一种新的觉醒，犹如一把夹住法裔加拿大社会的铁夹突然松开了，新的思想、新的活力和希望一起迸发了出来。[③]正如一位多伦多记者所观察到的那样，这场没有流血、没有牺牲看似平静的革命将给魁北克乃至加拿大带来翻天覆地的变化。

---

① 徐再荣：《当代魁北克民族主义初探》，姜梵主编：《加拿大民主与政制》，社会科学文献出版社1993年版，第136页。

② 同上。

③ 宋家珩：《枫叶国度——加拿大的过去与现在》，山东大学出版社1989年版，第263页。

从 1960—1966 年，让·勒萨日政府在魁北克省开始了一场涉及政治、经济、文化教育、社会等诸多领域的系统的改革。

（二）“平静革命”的主要内容

平静革命首先是一场以文化运动或“文化革命”为先导的教育和社会改革。革命前的魁北克虽然在工业化和城市化方面有了巨大的改变，但是其文化（思想）仍然牢牢地被以天主教会为代表的保守势力所掌控。保守势力无视法裔人在日益现代化的魁北克社会中面临的种种危机，仍然固守天主教的传统和社区式的相互守望的生活，把城市化和工业化视为是对家庭和宗教信仰的一种威胁。而那些率先觉醒的法裔自由主义知识分子和中产阶级则敏锐地认识到正是这种以天主教为核心的法裔传统文化，在保持法裔人不同于一般加拿大人的特性的同时，使他们在全国范围遭受到压制和排斥，使他们在自己的地盘上受雇于人、受制于人。他们认识到只有世俗化的改革才能适应魁北克的城市化和工业化的发展，只有改革天主教在传统魁北克社会中的角色和定位，他们才能与英裔加拿大人进行平等的竞争，才有可能提高法裔加拿大人的生活质量，从而赶上英裔人群。

基于上述认识，魁北克平静革命的一个重要节点就是进行世俗化改革，其主要的一个内容首先就是将教育从天主教教会中剥离出来。1961 年魁北克政府成立“帕朗委员会”，该委员会的主要任务是研究教育制度，通过借鉴英国等国家的教育制度为魁北克的“政教分离”提供对策和建议。1964 年成立教育部，正式从教会手中接管魁北克教育的管理权。具体而言，教育方面的改革主要涉及以下几个方面①，第一，改革教育管理机构。平静革命前魁北克的所有学校都在天主教教会的控制之下。学校的老师多为天主教的教职人员如牧师、嬷嬷等，他们教授的内容多是些保守的社会教条和规范。为了培养出魁北克需要的商业和技术人才，在勒萨日政府控制下的学校设置了更多的工程、科学、商务和贸易等方面的专业。第二，中等教育的改革。勒萨日政府规定了在 6 年的小学教育、5 年的初中教育和之后的 2 年的高中教育，为学生提供大学学前教育及技术教育。第三，高等教育的改革。在改革之前，大学教育主要是为天主教教会提供牧师及一些传统职业如医生、律师等，管理和经营才能因被天主教教会蔑视而不被教授。科学技术和技能方面的教育也不受重视。平静革命催

① 甘艳平：《论魁北克的“平静革命”》，《法国研究》2010 年第 4 期。

生了大学的发展。1965 年蒙特利尔成立第二所法语大学，1969 年魁北克大学成立（后来该校又成立了很多分校），这些大学的设立为更多的人提供了上大学的机会。政府对大学的资助也从 1960 年的 1000 万加元，增加到 1970 年的 3 亿加元。与此同时，政府的教育理念也在发生改变，由以前的重视传统职业的教育转变为重视科技才能、管理才能的教育。同时推行民主化的教育方式。

教育与宗教脱离的改革的同时，勒萨日政府在社会领域也进行了广泛的改革以实现“教社分离”。政府收回了改革前由教会控制的医疗保险、社会福利等，设立社会保险和社会福利部，实行国家医疗保险制度；同时建立和实施退休金计划，等等。此外，在其他社会改革方面，1964 年颁布“劳工法”，简化了成立工会的程序，赋予工人罢工的权利；同年修改“民法”，赋予妻子与丈夫一样的平等权利。

上述“政教分离”和“教社分离”的一系列改革，使人们摆脱了对教会精神和物质保障方面的双重依赖，极大地削弱了两百多年来天主教在魁北克地区的影响。据有关学者研究，从 1960 年到 1970 年短短的 10 年间，魁北克的信教人数下降了 30 个百分点，1961 年蒙特利尔的一个教区做弥撒的人从 60% 降至 30% 。① 许多地方的教堂开始变得冷清，有的教堂甚至成了咖啡厅或工会活动的场所。

其次，在经济方面，勒萨日政府的主要目标是夺回英裔魁北克人和美国人对魁北克经济的控制权，其主要措施是通过“购买魁北克计划”将私人所控制的关键部门收归“国有”。其中一个引人注目的举措是收回英裔所控制的电力公司，成立魁北克水利局，将其交给法裔管理者和技术阶层去经营。1963 年，魁北克经济委员会成立，制定魁北克发展目标。另外，勒萨日自由党政府还成立了矿业公司、石油公司、钢铁公司等，把能源的开发权控制在法裔加拿大人手中。② 同时加大对本省自然资源的开发利用。

再次，政治或政府管理层面，为了适应涉及范围广泛的改革，增强魁北克政府对改革的掌控能力。同时为了适应随着城市化和现代化的进展，

---

① John Fitzmaurise, *Canada and Quebec: Past, Present and Future*, New York: ST. Martin's Press, 1982, p. 60.

② 甘艳平：《论魁北克的“平静革命”》，《法国研究》2010 年第 4 期。

越来越多的法裔魁北克人开始摒弃“远离”“不参与”政治的思想，积极参与各种政治决策，希望能够自己掌控自己的命运的现状①，勒萨日政府将其政府机构和雇员的数量几乎提高了一倍，政府机构由原来的39个增加到64个，雇员由2万人增至4万人。② 政府规模的扩大为大量的法裔精英提供了就业、晋升和参与政府管理的机会。

最后，在省与联邦政府的关系方面，勒萨日政府力主扩大省权，以保障和保存已经取得和正在取得的魁北克的自主权。面对法裔魁北克人的已经在变化和正在变化的社会中，掌握自己经济和文化命运的决心，皮尔逊联邦政府认识到加拿大需要最大限度的宪法分权，以维护联邦的统一。③作为一种妥协，皮尔逊政府采纳了“合作联邦主义”的解决方案。该方案规定“两级政府既要履行各自的义务，又要尊重对方的责任，并使其行动互相协调，并行不悖，建立起磋商与合作机制”。④ 按照这种新的解决方案，平静革命期间，魁北克退出了与联邦的大部分分摊项目——其中比较重要的是退出了联邦制定的财务分摊规定，直接征收同量的税收加以弥补，此举大大增强了魁北克对联邦在财税和经济方面的依赖性。

（三）平静革命的后果

平静革命是法裔加拿大人作为少数民族在经历了与英裔民族近两个世纪的在全加范围内博弈后生发的一场涉及政治、经济、文化、社会和省权的综合改革运动。在这场改革中，法裔人主动发起对尊奉了300多年的天主教的改革，破除了天主教教会对法裔人群在思想上的禁锢、教育上的主导和政治方面的重大影响，实现了法裔社会迟滞了几个世纪的世俗化革命。通过消除天主教教会对法裔魁北克社会深入骨髓的影响和广泛的政治、经济、文化和社会改革，法裔人基本上实现了政治上的广泛参与、经济和文化上的自主和社会保障权利方面的较为广泛的享有。

平静革命既是一场文化革命，也是一场社会革命；既是一种民主革命，更是一个民族革命。作为一场文化革命，平静革命具有强烈的反传统

① 甘艳平：《论魁北克的“平静革命”》，《法国研究》2010年第4期。

② Kenneth McRoberts, *Quebac: Social Changes and Political Crises*, Toronto: McClelland and Stewart Inc., 1988, p. 136.

③ 徐再荣：《当代魁北克民族主义初探》，姜梵主编：《加拿大民主与政制》，社会科学文献出版社1993年版，第136页。

④ 张友伦：《加拿大通史简编》，南开大学出版社1994年版，第278页。

特征；作为一场社会革命和民主革命，它具有反（阶级）压迫、反封建、反教权的三重任务。作为一个民族革命，平静革命兼具上述多种革命的色彩。

平静革命后，加拿大的法裔民族主义彻底回缩到魁北克地方，从此联邦内弱势的泛法裔民族主义开始转变成强势的魁北克民族主义。法裔魁北克人在实现民主化、现代化和自主权的同时，进一步发展了其民族主义诉求。平静革命后期，法裔领导集团开始发生分化，以勒萨日为代表的温和派主张在联邦范围内积极扩大魁北克省的省权或自治权，谋求从各个方面提高法裔人的福祉。而以雷内·莱维斯克（Rene Levesque）为代表的激进派则提出为了魁北克的利益，必须选择走独立之路。他认为：“在联邦范围内进行的改革不可能从根本上提高法裔的地位，因为渥太华控制所有的新闻、广播和电视台，其制定的法律影响着整个魁北克经济，惟有让魁北克脱离联邦，变成主权独立的国家，法裔才能真正实现民族振兴，这就是我为什么是分离主义者的理由。”①

法裔民族主义激进派的出现，标志着魁北克民族主义已进入一个新的发展阶段。自1763年以来，英裔加拿大人一直处心积虑地采用各种措施，力图使法裔加拿大人“看上去跟他们一样”：高度的世俗化、工业化和城市化。两百年后，他们的这一愿望最终得以实现，只是结果多少有些出乎意料。法裔人不仅与他们在世俗化、工业化和城市化方面一样了，而且在民族主义诉求方面也有了与他们相似的愿望，这种愿望就是，要么作为两个“建国民族”之一，在联邦内享有与英裔一样完全平等的权利，要么建立自己的主权国家。平静革命初期当英裔加拿大人为他们的法裔同伴正在蜕变为“城里人”而喝彩的时候，他们没有想到这些昔日的“乡下人”在变成城里人的路上会走得那么远。具有讽刺意味的是，19世纪40年代，英裔人曾郑重其事地警告法裔人“保留农村生活方式是很危险的”②，如今对英裔人来说似乎放弃农村生活的法裔人才是危险的，因为法裔人不仅想做“城里人”，而且还想做拥有主权的人民。

---

① 阮西湖：《加拿大民族志》，中国社会科学出版社1986年版，第143页。

② 阮西湖：《加拿大民族志》，民族出版社2004年版，第144页。

第二节 法裔主权主义的深入实践

一 “主权主义”的早期实践

法裔魁北克人的主权主义行动最早可追溯到“二战”后。1947 年魁北克出现了第一个法裔民族主义政治组织“魁北克人国家行动”（Mouvement national des Québécoises et des Québécois），该组织由 19 个（法裔）民族协会和著名的圣让巴蒂斯特社团（SSJB）构成，它的使命是“促进和捍卫法语、魁北克主权和民族自豪感”。1957 年雷蒙德·巴博（Raymond Barbeau）在魁北克市成立“劳伦联盟”（the Alliance Laurentienne），该联盟是为数不多的带有一定右翼甚至工团主义政治（corporatist politics）色彩且与天主教有着密切联系的魁独组织。1960 年“魁北克独立社会主义者行动”（the Action Socialiste pour l'Indépendance du Québec）和“国家独立联盟”（Rassemblement pour l'Indépendance Nationale）相继成立，这两个组织倡导非暴力的和平独立路线。

早期的魁独组织主要受到“二战”后亚非拉民族解放运动的重要影响和启发。他们认为魁北克是一个主权民族，长期受到英裔人的殖民统治，有权获得独立和解放。20 世纪 60 年代，刚果、塞内加尔、喀麦隆、阿尔及利亚、牙买加等法语殖民地的纷纷独立，对法裔加拿大人的独立建国梦有很大的触发作用。自此以后，“魁北克人”而非“法裔加拿大人”成为法裔人更经常使用的自我界定的词汇。

1963 年极端民族主义组织“魁北克解放阵线”横空出世，该组织发表宣言痛陈法裔民族遭受“殖民”的历史和现状，号召广大法裔人拿起武器以暴力的手段反抗压迫者。宣言认为，法裔民族在政治、社会和经济上遭到英裔掌握的渥太华殖民政府的全面压迫；联邦政府无论是在宪法层面还是在实践中都完全站在“盎格鲁-撒克逊帝国主义者”一边，在英裔和法裔利益冲突时，做出牺牲的总是法裔民族。在魁北克，经济上法裔人在劳作，而榨取利润的是英裔人；语言上占人口 80% 的法裔被迫学说作为工作语言的英语，而法语正在成为被边缘化的语言；在社会生活方面，英裔人一如既往地轻蔑法裔，将法裔人群视为低人一等的“劣等人类”。宣言认为只有全面的革命才能实现魁北克的独立，才能使法裔人获得摆脱被殖民的命运；认为不妥协的“民族革命”是战胜英裔殖民主义的唯一选择。[1] 虽然“魁北克解放阵线”激进的观点并不代表大部分法裔人，但其主张中的许多内容引起不少法裔人的共鸣。为了实现自己的主张，“魁北克解放阵线”在数年后以发动恐怖袭击的手段来胁迫联邦政府答应他们的独立诉求。[2]

20 世纪 60 年代，魁独活动取得一定成效的两个重要事件是 1966 年“国家独立联盟”作为一个省级政党进入魁北克大选和代表激进民族主义的“民族联盟”（Union Nationale）在大选中获胜上台，前一个事件开创了现代魁北克独立运动的先河，后一个事件也在很大的程度上预示着魁北克“官方”意义上的分离运动即将登场。1966 年上台后的民族联盟领导人丹尼尔·约翰逊（Daniel Johnson）公开表示，加拿大宪法和联邦制严重束缚了魁北克的自主性和谋求自治的能力，如果不改变这一现状，魁北克将谋求退出联邦。约翰逊的表态比其前任勒萨日显然多了鼓动分离的要素。

在“内政”方面谋求更多自主性的同时，这一时期魁北克还表现出了一定程度的独立参与国际事务的愿望。1965 年魁北克与法国签订了第一个教育友好协议，该协议具有半主权的性质。同年魁北克副总理兼教育部长保罗·热兰－拉儒尔（Paul Gérin-Lajoie）在蒙特利尔的一个外事活动中发表演讲称：“不论是在国内还是在国外，魁北克决心要在当今世界中谋求一个合适的位置。”[3] 当然，拉儒尔演讲的主旨在于强调魁北克在省权范围内具有与他国签订条约的权力。

总的来说，在魁人党正式登上魁北克的政治舞台之前，魁北克出现的形形色色的主张独立或具有分离倾向的政治组织很大程度上践行的只是一种“法理上”的魁独。同一时期魁北克政府在各种场合坚持维护本省自主权或自治权的做法，实质上也仅是省和联邦在权限问题上的正常斗争或博弈。总体上这两类活动都没能形成或构成真正系统性的魁独实践。历史上的必然事件往往由偶然事件引发。1967 年 7 月，出访魁北克的法国总

---

① Janet Morchain, Mason Wade, *Canada's Crises in French-English Relations 1759 - 1980*, Markham, ON: Fitzhery & Whiteside, 2012, pp. 159 - 160.

② 1970 年 10 月，“魁北克解放阵线”一周内连续绑架英国贸易专员詹姆斯·克罗斯和魁北克副总理兼劳工部长皮埃尔·拉波特，数月后拉波特遭到杀害。此事件导致联邦军队进驻魁北克，经过政府强有力的镇压，暴力谋求魁北克独立的活动逐渐平息。

③ Louis Balthazar, “The Quebec Experience: Success or Failure?” Francisco Aldecoa and Michael Keating eds., *Paradiplomacy in Action: The Foreign Relations of Subnational Governments*, London: Frank Cass, 1999, p. 161.

统戴高乐就充当了必然事件的触发者。当行至蒙特利尔面对热情汹涌的法裔人群时，一向特立独行的戴高乐显然被“同文同种”的法裔同胞所感染，他激动地喊出了影响魁北克深远的“魁北克万岁！自由的魁北克万岁！”戴高乐喊出了平静革命以来，许多法裔人、法裔政治组织甚至魁北克政府存在于内心和日程中的对于民族自由和民族自主权的向往。他的话“像一颗火星溅进魁北克充满反英情绪的火药桶里”，极大地激发了魁北克法裔人对自己语言和文化的自豪感，极大地推动了处于酝酿和宣传中的魁独计划，给蓄势待发的魁北克独立运动烧了一把熊熊之火。

二 “主权主义”的深入实践

（一）魁人党的横空出世及其争取执政的斗争

戴高乐事件4个月之后，以雷内·莱维斯克为首的400多名法裔代表在蒙特利尔市发起与联邦关系的主权—联系运动（Le Mouvement Souveraineté-Association），该运动的目的简单地说是魁北克政治上建国、经济上与联邦继续保持联系。1968年10月，该运动的组织在魁北克市召开第一次全国会议，大会联合1966年成立的“国民大会党”（ralliement national）正式组建了魁北克人党即“魁人党”（PQ）。魁人党是一个以民主渐进为途径、以自治和独立为明确目标的政党。它从建立之初就建立了严格的以赞成魁北克独立为基本准入条件的政党纪律。魁人党的党徽为一个红色的箭头在蓝色的圆圈里，红色箭头代表魁北克，蓝色圆圈代表殖民主义。党徽寓意魁北克将冲破殖民主义，为自己赢得独立。魁人党党魁莱维斯克是一个有着系统魁独思想和主张的政治家，著有名为“魁北克的选择”的小册子，该小册子论述了魁北克独立的必要性和可能性。在必要性部分，他论述了魁北克的历史和平静革命发生以来魁北克民族主义的发展以及加拿大联邦存在的种种不足，提出为了魁北克的安全和发展（前途），应该建立一个独立的魁北克国家。在可能性部分中，他提出在建立魁北克国家的同时，与加拿大建立货币同盟和共同市场。集思想、理论、组织、人力为一体的魁人党成立以后，魁北克的独立运动进入了一个实质性阶段。

1970年，魁人党迎来政党组建以来的第一次大选，由于魁人党在竞选政策方面存在的问题，加上英裔大财团蓄意在大选前制造经济上的动荡以及面临执政的民族联盟和魁省自由党的有力挑战等因素，魁人党在大选中落败。但是魁人党提出的独立主张也赢得一定的支持，选举中共获取23%的选票和7个国民大会席位。1970年后，魁人党利用魁省政府在处置魁北克民族解放阵线的人质危机和工会罢工方面存在的不当进一步拓展了其选民基础。1973年魁人党获取30%以上的选票，成为议会的最大反对党。此后，魁人党吸取前两次竞选的经验教训，调整其党纲和选举策略。其中的一个最大调整是确立了新的独立路线图，它向选民承诺执政后不直接宣布独立，而是先于联邦政府就独立进行谈判，在谈判失败的情况下再举行全民公决以决定独立的事宜。此举对处于中间摇摆状态的选民起了重要的安抚和拉拢作用。在1976年的大选中，魁人党提出争取（法裔）中下阶层的政策许诺如对65岁以上的公民实行免费医疗、缩小贫富差距、银行和大工业国有化以及保护工会、农业、反腐等，这一政策主张加上20世纪70年代魁北克经济的滑坡和自由党政府的腐败等因素，魁人党一举夺得大选的胜利，赢得国民大会110个席位中的71个席位，成为执政党。此后在1981—1994年的四次省大选中，魁人党三次执政，一次为议会中的第二大党。魁人党的执政地位为魁北克省全面实践主权主义提供了有力的政治基础和保障。①

（二）主权主义的深入实践

魁人党领导下的主权主义实践主要包括两个方面的内容。一是通过一系列政策和立法确立了法语“唯我独尊”的地位；二是在移民和外交领域获得准国家地位的权利。

法语“唯我独尊”地位的确立需要指出的是，法语绝对主导地位的确立并非始于魁人党执政时期。早在20世纪60年代中期，魁北克自由党就提出了有关魁北克语言政策的“白皮书”。② 该“白皮书”提出的一些主张在随后的一系列语言政策和立法中都得到了体现。“白皮书”发布后，魁北克政府颁布了数部有关语言政策的立法，主要有“63法案”（1969年）、22法案（1974年）、101法案（1977年也称“魁北克法语宪

① 与此同时，在联邦层面，1991年联合了诸多法裔民族主义政党的魁北克党团（Bloc Québécois）即“魁人党团”在蒙特利尔成立。该党在1993年的联邦大选中，一举夺得185万选票和54个众议院席位，成为加拿大议会的官方反对党。

② 这也说明虽然自由党在魁北克的“主权”地位问题上与魁人党有着明显不同的立场，但其钟情于法裔民族主义的情感和立场与魁北克并没有实质性的差别。区别仅在于这种法裔民族主义的发展方向。自由党主张在联邦框架实现最大的“主权”利益，而魁人党则以脱离联邦为实现主权的最终形式。

章”）以及魁北克法语宪章修正案（1983 年）和 178 法案（1989 年）。这几部法案连同 1968 年颁布的 85 法案，一步一步将法语推向独尊地位。

85 法案是“魁北克连续几届政府旨在确认法语在该省教育领域的重要性实行语言立法所采取的一系列步骤中的第一步”，它提出在最高教育委员会设立语言委员会，该委员会的职能是制定管理语言教育的法规。85 法案“要求所有在校学生具有法语的知识能力”。63 法案对法语语言署提出了一项新的任务：要求促进对法语口语和书面语的改进和充实工作，并对政府为保证法语在魁北克省各公共和私人场所作为工作语言使用及其在很多其他领域得到优先使用所必需的立法措施提出咨询；22 法案包括了制定新的语言政策的四项建议，正式宣布法语为魁北克省的官方语言。根据该法案的条款，法语变成了该省的唯一官方语言。①

语言法案中最引人注目的是 101 法案即“魁北克法语宪章”，该法案在强行规定各级政府机关团体使用法语方面措辞更加明确强硬，以至详细规定了明确的最后截止日期和惩处办法。这一语言立法“正像许多非洲和亚洲新独立国家的语言立法那样，变成了某种建立国家的手段”②。的确，101 法案在其立法性质上已远远超过一部语言立法的功能和目的。它宣称“魁北克本质上应该是法兰西民族的魁北克”，认为法语的使用不仅能够避免“外国势力”主导法裔人群，而且能够使法裔多数控制魁北克的经济主导权。③ 在法语的具体使用规定方面，该法案作了这样的描述：“法语为魁北克的官方语言，每一个人都有权与民政部门、医院、社会服务部门以及在魁北克经营的商业公司用法语与他交谈。法语是魁北克的立法和家庭使用的语言；政府及有关部门，民政及其有关的服务机构都只能用法语名称进行称谓；唯有官方语言才可用作公共交通设施的标牌，也唯有符号或图表才许可填补或替代用法语写成的文字说明。”④ 这种在语言使用上的强烈排他性反映了法裔民族炽热的民族主义情绪和在加拿大以至北美的英语海洋中生存的危机意识。

---

① 阮西湖主编：《加拿大与加拿大人》（三），中国工人出版社 1994 年版，第 193—194 页。

② 拉波特：《魁北克的语言地位规划：一项评估 1984 年》，转引自阮西湖主编《加拿大与加拿大人》（三），中国工人出版社 1994 年版，第 194 页。

③ Ramsay Cook, *Watching Quebec*, *Selected Essays*, McGill-Queen's University Press, 2005, p. 31.

④ 阮西湖主编：《加拿大与加拿大人》（三），中国工人出版社 1994 年版，第 194—195 页。

101 法案的颁行影响到每一个在魁北克生活和工作的个人和团体（企业）。法案规定不具备一定法语水平的人不能取得公务员职位；员工有权要求雇主说法语；雇佣 50 人以上的企业需要取得法语证书才能开业，如此等等。对于长期以来的“劲敌”——英语，法案作了以下规定：严格限制英裔少数人用英语接受教育的权利，同时限制法裔人群送孩子到英语学校接受教育的权利；新移民则一律被禁止到英语学校接受教育。显然，这些规定已触及法裔以及作为少数民族的英裔和外来移民群体的公民权利。

“魁北克法语宪章”（101 法案）包括 22 法案颁行以来，引起魁北克各民族（族群）尤其是英裔人群的强烈抗议，他们向联邦政府请愿，向联邦最高法院上诉，要求改变或撤销魁北克的相关语言法案，但是这些行为都没能动摇魁北克法语独尊的既成事实。① 事实上，联邦政府对魁北克的法语独尊地位和双语政策在那里的实际上的废除采取了默认的态度。

经过 20 多年语言法案的强制性推行，魁北克以法语为母语的比重有了一定幅度的提高，从 1971 年的 80.7% 上升到 1981 年的 82.4%，同期以英语为母语的比重从 1971 年的 13.1% 下降到 1981 年的 11%，同期法语作为家庭语言的比重从 80.8% 上升到 87.7%，英语的比重则从 14.7% 降至 12.7%。值得注意的是，从 1981—1991 年间，在以英语为母语的比重继续下降（从 11% 下降到 8.8%）的同时，以法语为母语的比重也出现了下降，从 82.4% 下降到 81.6%，但是同一时期，使用其他语言的比重从 6.6% 上升到 9.6%②，这一方面反映了法裔人口的出生率在下降，另一方面说明魁北克的新移民人数在增加。

当然，语言法案的意义和效果更多地体现在魁北克的语言环境变化等“质”的方面，而非单纯的以法语为母语的人的数量增加方面。前者主要表现在：语言法案的实施使法语在文化上和工作上逐渐成为一门强势语言，大量的英语人口面临要么离开魁北克，要么努力学习法语的选择。与此同时，魁北克的法语人群学习英语的压力大大下降，他们只要熟练掌握法语就可以有效保障生活尤其是工作的权利。更重要的是，法语的独尊地

① 1989 年颁行的 178 法案对 101 法案作了微小的修订，如规定室内的标志可以使用法英双语。

② 阮西湖：《20 世纪后半叶世界民族关系探析》，民族出版社 2004 年版，第 269—289 页。

位极大地增强了法裔人群对魁北克经济的掌控能力和他们的文化自信以及政治自决意识。法裔魁北克的语言立法在一定程度上成为他们建立自己的国家的一种预演。

移民和外交权力（利）的确立和扩展根据1867年的《不列颠北美法案》，移民属于省和联邦共管事务。外交权方面，1931年之前外交领域归英国独管，加拿大只有执行相关外交协议或条约的义务。按照1931年的《威斯敏斯特法》，加拿大自治领开始享有“独立的外交权”，此后加拿大在外交领域逐渐有了比较完整意义的外交权。

20世纪60年代后期以来，魁北克在移民权力（利）方面取得一系列进展直至获得完整的移民权力。1968年魁北克建立自己的移民局；1971年与联邦政府签订《朗－克劳蒂尔协议》（Lang/Cloutier Agreement），通过该协议，魁北克获准向加拿大的驻外使馆派驻负责魁北克移民事务咨询的代表。1975年与联邦政府签订《安德拉斯－比安弗尼协议》（Andras/Bienvenue Agreement），该协议允许魁北克对以其为目的地的移民申请者进行面试，并向签证官提出建议；1978年同联邦政府签订《卡伦－库蒂儿协议》（the Cullen/Couture Agreement），通过该协议，魁北克获得了赴海外参与挑选移民、制定自己移民标准的权力。在此基础上，1991年联邦政府赋予魁北克完整的移民权力，即魁北克可以独立地选择、审核与整合前往魁北克的移民。①

外交方面，1971年魁北克获得国际法语国家组织正式成员身份，这是一个只有主权国家才可以加入的国际组织；1981年，魁北克第一次代表加拿大参加了一般情况下只有主权国家才可以参加的法语国家教育国际会议（International Conferences on Education of Francophone Countries）；1984年魁北克将其“政府间事务部”（Intergovernmental Affairs Department）（1967年）改为“魁北克国际关系部”（Québec Department of International Relations），从而成为西方国家省区政府中唯一有此称谓的地区政府。1960—1985年间，魁北克省总理及内阁部长共进行外交性出访115次，与外国中央政府及地区政府共签订国际（政府间）协议

① “Canada-Quebec Immigration Agreements (1971 - 1991) and Their Impact on Federalism,” *American Review of Canadian Studies*, Volume 38, Issue 1, 2008.

230个。[①] 1985年经联邦政府同意，魁北克以参与者成员身份与加拿大联邦政府一同加入法语国家和政府首脑会议。1992年在大选中击败魁人党上台的自由党政府继续扩大魁北克在外交领域的影响，自由党政府不仅完全保留魁北克“魁省国际关系部”的名称，而且在规模上将其由最初的224名雇员扩展到1017名，并在全世界设立了23个代表和办事机构处理双边或多边关系。[②]

第三节　魁北克“独特社会”的提出及其有限的实现

魁北克“独特社会”与其说是一个明确的政策主张或政治诉求，不如说是对已经取得的主权主义实践成果进行宪法上的确认。经过早期的不懈斗争尤其是20世纪60年代以来的平静革命和主权主义实践，法裔人在魁北克地区取得了政治、经济、文化、语言、移民、外交等各方面的主导权或控制权。为了保护已经取得的胜利果实，从20世纪80年代起，法裔魁北克人以修宪为历史契机，提出将魁北克“独特社会”合宪化的政治诉求。

一　魁北克“独特社会”的提出及其主要内容

从最广泛的意义上来说，至少从加拿大自治领建立开始，作为“被征服”法裔民族就有了在联邦的框架内追求独特的身份存在的愿望。但是，由于在全加范围内长期处于被排斥和压制的地位，他们追求的作为两个“建国民族”之一的特殊存在一直没能提上日程。20世纪60年代以来，法裔人在其世居领地——魁北克发起了平静革命，取得了经济及文化方面的主导权，为了保留平静革命的“胜利果实”，他们向联邦政府提出了承认魁北克社会独特性的要求，在这要求遭到拒绝后，他们继而在平静革命的基础上发起了主权主义运动。主权主义实践最初激发于法裔魁北克人在“分享加拿大更多的财富的同时，希望得到联邦政府保证法兰西人

---

① Louis Balthazar, “Quebec’s International Relations: A Response to Needs and Necessities,” in Brian Hocking, *Foreign Relations and Federal States*, London: Leicester University Press, 1993, pp. 147 - 152.

② 陈志敏：《二元民族联邦制与对外关系：加拿大魁北克省的国际活动研究》，《太平洋学报》2010年第3期。

的生活方式不变的承诺”破灭之后。由于渥太华明确拒绝魁北克的“特殊地位”的要求，导致以莱维斯克为代表的魁独势力的崛起。莱维斯克意识到，为了保护法裔人已经在魁北克取得利益，“必须敢于在魁北克为我们争得完全的自由。即是说我们要完全控制集体决策的每一个领域，而这意味着魁北克必须尽可能早的争得主权”①。也就是说，在莱维斯克看来，法裔魁北克人的独特身份和利益只有在他们取得魁北克主权地位的情况下才能得到完全保障。

从法裔民族主义政党在魁北克问题上的一系列主张可以看出，法裔魁北克人所谓的“独特社会”（distinct society）有当下目标和长远目标之分，当下的目标是保持对魁北克在经济和政治上的主导权；维持法裔文化尤其是语言上的统治地位。从长远的目标来看，魁北克独特社会试图通过建立与联邦的“主权—联系”关系，从而实现其“国中国”的主权诉求。以下纲要性地述及。

经济和政治上的主导权独特社会的特点之一是将使魁北克的经济主导权掌握在法裔群体手中。在平静革命之前，经济主导权主要掌握在少数人英裔群体手中，英裔群体通过掌控魁北克的大工业、金融等要害行业而将魁北克的经济主导权牢牢控制在自己手中。平静革命中，法裔群体通过手中掌握的政治权利系数将那些决定魁北克“国计民生”的行业控制在自己手中，实现了经济上的主导权。政治上，由于法裔群体在魁北克的绝对多数地位，无论是自由党当政，还是民族联盟抑或是后来的魁人党取得执政权，都可以定性为法裔人“自己的政府”。也就是在魁北克的自由民主制度下，法裔人在魁北克的政治主导地位是一贯的和无须争取的。

从文化或语言上的统治地位来看，法语和天主教是法裔社会包括魁北克社会在内的两大支柱。由于平静革命革除了天主教在魁北克社会中传统的统摄地位，维系魁北克法裔社会独特性的重任就毫无选择地落在了法语身上。正如一位曾经非常关注魁北克问题的英裔加拿大史学家所说的那样，历经平静革命后的法裔人群在文化特性方面“只剩天主教了”②。平静革命一方面使法裔人群在经济、政治和社会等领域实现了充分的主导

---

① Rene Levesque, *A Option for Quebec*, Toronto: McClelland and Stewart Inc., 1968, p. 27.

② Robin Mathews, *The Canadian Intellectual Tradition: A Modern People and its Community*, Simon Fraser University Press, 1990, p. 254.

权，另一方面也使得法裔魁北克社会失去了标示自身独特性的重要宗教工具——天主教，为了弥补这一重要的缺失，魁北克政府在法语的法律地位方面做了登峰造极的努力，不仅将法语置于事实上的无可挑战的独尊地位，而且将宪法中规定的双语官方政策置于完全无效的地位。

总的来说，法裔魁北克的“独特社会”诉求，使得魁北克在事实上取得了与其他省明显不同的待遇，这些不同的待遇特别明显地体现在经济、税收、移民、外交等各个领域。也就是说，从事实层面来看，魁北克省已然是一个具有“超级地位”的省份。事实上也正是这一原因，一方面加拿大的其他省和地区包括土著民族对魁北克的这一地位充满了不满、不安和批评；另一方面，魁北克省自身也非常急于在加拿大宪法中谋求这一特殊地位的合法化。

从长远来看，充满着不安全感的魁北克法裔人似乎并不满足于在宪法上确立其独特社会的地位，他们最终谋求实现的是以所谓“主权—联系”为特点的主权国家地位。按照西方著名学者琼·杰克斯的观点，魁北克的“主权—联系”中的“主权”主要是指文化主权、经济主权和政治主权。即是说，法裔魁北克人追求的终极目标是在文化、经济和政治方面有类似或接近主权国家的权限，与此同时，在贸易联系、军事联系、公民的自由往来、自行加入美国与加拿大成立的机构以及使用相同的货币五个方面建立与加拿大的联系。①

20 世纪 60 年代末，皮埃尔·特鲁多执掌联邦政府，为了应对平静革命后魁北克的法裔分离主义和土著民族的以土地权利为核心的权利诉求，同时也为了解决与西部诸省的“宿怨”和现实纷争，特鲁多政府决心以“宪法收回”为契机，理顺各民族（地方）与联邦的关系，加强加拿大国家的主权建设和社会团结。平静革命后的法裔魁北克不失时机地抓住这个历史机遇，试图通过修宪谈判，将平静革命和主权主义运动取得成果在宪法中固定下来，同时为了守护这一成果，在修宪中争取到修宪否决权。从此法裔魁北克人将斗争的重心从争取独特社会的权利这一行为转向以肯定、维护独特社会本身为目的的修宪斗争。

---

① Jane Jacobs, *Quebac and the Struggle over Sovereignty*, Random House, New York, 1980, pp. 90 – 123.

二 围绕魁北克“独特社会”诉求的宪法斗争

特鲁多政府收回宪法的第一次比较成功的努力发生在1971年，当年6月，经过反复磋商，联邦政府与各省达成《维多利亚宪章》，该宪章承认“在养老金、不考虑年龄的额外津贴和家庭、青年教育和职业培训等社会保障领域省权至上，实际上追认了魁北克60年代以来在这些方面的自主权”。在宪法修正的权力分配方面，宪章规定修宪“需要得到任何一个人口达到加拿大总人口25%的省以及西部和沿海各4省中两个省的同意”，按照这一规定，魁北克省和安大略省实际上获得了宪法修改的单独否决权。① 通过这次修宪斗争，魁北克省获得了对平静革命和主权主义实践部分成果的承认，也获得了弥足珍贵的修宪单独否决权。但是，由于宪章没有明确承认魁北克的独特社会的诉求，这一修宪斗争的成果没有得到魁北克法裔群体的承认。在魁北克法裔群体强大的民族主义压力下，已经在宪章上签字的自由党总理被迫宣布撤销对宪章的承认。

1980年2月获得再次执政机会的特鲁多决心在其任期内推进修宪谈判，收回宪法主权。魁北克第一次公投（1980年5月20日）失败后，特鲁多于当年6月和9月两次召集由联邦和各省总理参加的宪法会议，但是由于与会各方分歧极大，宪法会议不欢而散。1981年11月，宪法会议再次召开。在这次会议上联邦政府与除魁北克省外的9省就收回并修改宪法达成原则协议。会上被孤立的魁北克省投了反对票，但据随后联邦法院的裁决，该反对无效，因为魁北克省不具有单独的修宪否决权。1982年3月，英国议会批准加拿大议会提交的《1982年宪法法案》，至此加拿大收回并拥有行使和修改宪法的全部权力（利）。

与1971年的宪法修改协议相比，1981年的修宪协议及1982年宪法法案中，法裔魁北克人不仅一无所获，而且就修宪协议达成的方式或背景来看，魁北克几乎被完全孤立。这种孤立不仅表现在修宪会议上公开的9:1对峙，而且还体现在修宪会议前联邦政府与其他9省事先秘密协商等方面。本来法裔魁北克人试图借助于修改并收回宪法的重要历史机遇，谋求魁北克在“在宪法框架内为魁北克谋求新的角色，他们明确地表明，

① 王建波：《魁北克拒绝签署加拿大〈1982年宪法法案〉的原因探析》，《历史教学》2011年第16期。

加拿大是由两大民族或两种文化组成的，魁北克作为法裔加拿大人的家园，应该给予更大的权力来捍卫他们的利益”①，但实际的情况却是：不仅单独的修宪否决权②和独特社会的名分没有得到承认，而且连魁北克本身的主体资格都遭到轻视甚至忽略。更让魁北克难以忍受的是，这样一个完全无视魁北克存在的宪法修正案竟然毫无阻拦地直通英国议会、直接在加拿大产生宪法效力，因此魁北克不仅断然拒绝签署《1982 年宪法法案》，而且省议会还一致通过了谴责《1982 年宪法法案》的决议。

《1982 年宪法法案》斗争完败后，魁北克法裔民族民情激愤。为了安抚法裔民族主义情绪，同时将这个领土为各省之首、人口占全加四分之一的大省纳入加拿大宪法的框架之内，联邦政府几经努力，终于在 1987 年 4 月 30 日的米奇湖会议上接受魁北克总理提出的加入联邦、统一宪法的五项最低条件，主要内容有：宪法应强调英语与法语同为官方语言，承认魁北克是一个独特社会；各省有权在省辖范围内不支付联邦的摊牌款项，但并不影响其从联邦获取赢得的补偿；扩大省对移民的处理权限；联邦政府应从各省提供的人选中任命联邦最高法院的法官和参议院议员；宪法的修正、中央机构的设立、新省的建立等问题须经各省一致同意方能进行。③ 米奇湖会议满足了法裔魁北克人的“独特社会”的诉求，扩大了魁北克在挑选和整合移民方面的权力，承认魁北克有权参与联邦最高法院法官和联邦参议员的任免以及宪法修正方面的否决权。

《米奇湖协议》是法裔魁北克人自平静革命和主权主义实践以来取得的一次重大的胜利，但是由于曼尼托巴、纽芬兰等省拒绝批准该协议，加之土著民族对承认魁北克独特社会的强烈反对，该协议因为到 1990 年 6 月 23 日的最后批准期限未能获得各省批准而流产。

《米奇湖协议》失败之际正值苏东社会主义国家集团大分裂时期，魁人党携法裔民族主义的不满情绪乘势提出“主权宣言”，主张突破联邦制建立自己的主权国家。为缓和紧张的形势，1992 年 8 月联邦政府与 11 省区总理在夏洛特顿召开会议，会议重申承认魁北克独特社会的地位，承诺

---

① 孙卫华、刘彦龙：《加拿大魁北克问题论析》，《世界民族》2004 年第 1 期。

② 宪法规定，一般宪法修正案只需加拿大三分之二的省和 50% 以上的人口同意即可；重要事项的宪法修正案则需要联邦和各省的一致同意，前一个规定意味着魁北克省无权单独行使否决权，后一个规定意味着魁北克省和其他省有着同等的否决权。

③ 阮西湖：《加拿大与加拿大人》（三），中国工人出版社 1994 年版，第 185 页。

不论魁北克人口在全加的比例如何变化，都将保证它获得联邦众议院25%的席位。为了使《夏洛特顿协议》在全加范围获得正当性，在联邦政府的主持下，《夏洛特顿协议》在包括魁北克省在内的各省区公投表决。公投的结果是除了纽芬兰、爱德华王子岛、新不伦瑞克和西北区公投赞成票过半外，其余各省区对协议草案的支持率都只有40%上下。稍有意外的是，公投在魁北克省的反对率竟然高达55.4%，超过了其他各省区的反对率。

三　魁北克“独特社会”诉求的有限实现

1995年，魁北克迎来了平静革命后也是加拿大联邦历史上的第二次寻求独立的公投。由于1982年修宪以来法裔魁北克人在宪法问题上屡次遭受的挫折，这次公投险些促成法裔魁北克的独立。为了“挽留”魁北克，次年加拿大联邦议会通过了以《米奇湖协议》为框架内容的议案，议案承认了魁北克的特殊性，并给予包括魁北克省在内的3省（魁北克、安大略和不列颠哥伦比亚）2地区（指大西洋4省）宪法修正的否决权。

2006年，加拿大联邦议会以压倒性多数通过魁北克“独特社会”的动议。魁北克独特社会的诉求又一次在联邦层面得到政治上的承认。哈伯总理在解释“独特社会”的含义时说，我们承认魁北克在一个统一的加拿大内形成了一个独特的“民族”（nation），但这个“nation”是一个文化社会学的术语，而不是一个法律术语。这一解释清晰地表明，虽然魁北克在联邦的政治过程中被认定是一个“民族”（nation），但这种承认不具法律约束意义，更没有合宪性。

第七章　新移民少数族群的多元文化公民(身份)权利

如果说土著民族的加权公民和法裔民族的独特社会的诉求侧重于在加拿大联邦谋取不同于一般公民的特殊权利（待遇）的话，那么新移民少数族群则倾向于要求真正平等对待的公民权利。新移民少数族群的这种权利诉求与他们自身的历史境遇和加拿大国家的社会发展、移民政策的演变有着密切的关联。总的来说，新移民少数族群在公民权利待遇问题上经历了三个明显不同的历史时期。① 第一个时期是从加拿大自治领建立到“二战”结束后（1947 年），这一时期加拿大政府奉行明确的歧视性和排斥性的公民政策，那些属于“可见性少数族群”的移民受到严重的歧视和排斥，他们中的许多人被拒绝赋予公民权利或公民权利遭到褫夺，或虽拥有公民身份，但权利受到严格限制，其中一些人还遭到野蛮的驱逐。这一时期还有一个显著的现象是，由于“一战”引起的一些白人国家的高度敌对和基督教正统世界对其宗教上的少数人所持有的固有的偏见和敌视，也发生了白人少数族裔移民群体和门诺派信徒等宗教少数群体遭受迫害、驱逐和排斥的历史事件。此外，这一时期属于白人的犹太族裔群体也遭到严重的歧视以至迫害。第二个时期是“二战”后到 1971 年多元文化主义政策提出，这一时期尽管“可见性少数族群”移民仍然受到程度不同的政策性歧视（1967 年以前），但新移民少数族群已经开始得到“普遍平等的”公民（权利）待遇。第三个时期是从 1971 年多元文化主义政策实行

① 本章有关加拿大新移民的历史政策和事实来源如无另注，一律来源于加拿大难民委员会的百年资料汇编。*A Hundred Years of Immigration to Canada 1900 - 1999*, Canadian council for refugees。

到现在，这一时期新移民少数族群不仅平等地享有一般意义上的公民权利，而且他们的族群、文化身份得到国家的承认并给予一定程度的差别对待即多元文化权利。

第一节　从加拿大自治领建立到“二战”结束后的新移民少数族群权利

一　从自治领建立至“一战”前的新移民少数族群权利状况

加拿大自治领建立后，为发展经济和通过开发西部广袤的土地来维护国家主权，自治领政府将制定移民政策吸引移民当作头等大事来抓。1969年即自治领成立的两年后，加拿大政府制定了第一部移民法。理论上讲第一部移民法实行的是一种限制较少的“门户开放”（open door）政策，法案明确限制的对象只有罪犯，附件限制条件人群有残疾人、患病者和穷人。除了移民立法外，加拿大政府还在英国、欧洲大陆和美国设立了用以宣传、招纳移民和加快移民程序的移民办公室。除了移民法以外，政府还通过了“自治领土地法”以吸引移民到西部定居。

实践中这一时期的移民法律是高度歧视性的。招收西部移民的主要对象是来自美国、英国或北欧国家的白人农民，而美国的黑人被以“不适应那里的气候”为由拒绝。19世纪80年代以来，最能体现加拿大政府对新移民少数族群歧视和排斥的法律当数1885年通过的《人头税及排华法案》（Chinese Head Tax and Exclusion Act），该法案典型地反映了加拿大政府在集经济上的实用主义和政治、社会上的种族主义于一身的立法倾向。19世纪80年代早期，为了修建横贯加拿大东西的太平洋铁路，加拿大政府看准了吃苦耐劳且劳动力成本很低的华人。在加拿大政府的鼓励和协助下，成千上万的华工拥向加拿大修铁路养家糊口。由于气候、疾病、施工条件和工作待遇的低劣，铁路竣工时，有高达4000多名华工付出了生命的代价。铁路建成后，加拿大白人政府的种族歧视面目尽显，不仅严格限制华人入境①，而且对已经生活在加拿大领土上的华人征收人头税，税额从之前的10加元增加到1885年的50加元，到1900年增加到100加元，1903年猛增到500加元。在加拿大历史上，华人是唯一被专门立法强收

① 规定除外交人员、旅行者、商人、科学家和学生以外，其他类的华人一律禁止入境。

人头税的一个群体。他们所受的压迫和剥夺之深，在整个移民史上罕见。从 1907 年开始，所有登陆加拿大的亚裔人都要缴纳 200 加元的登陆费。与此同时，加拿大当局严厉限制华人入籍，公开剥夺他们的公民权利。1901 年，中国出生的华人中只有 4%（大约 668 名）的人拥有加拿大国籍。加拿大国家对华人移民的这种“卸磨杀驴式”的歧视和排斥集中反映了早期加拿大社会对待“可见性少数族群”的态度。

1906 年移民法授权加拿大移民局采取种种措施控制“不受欢迎的”移民，这项法律不仅扩大了禁止入境移民的类别，而且授权政府驱逐登陆两年内的不受欢迎的移民，后来可驱逐的时间范围扩大到三年内、五年内。驱逐出境的理由一般包括“成为公众负担、精神错乱、虚弱、疾病、残疾、入狱或入（医）院、道德堕落犯罪”，1905 年之前此类驱逐是无法可循的（without the benefit of law），1906 年之后遭驱逐的数额急剧上升。

在按照以上类别驱逐的同时，排斥亚裔移民的活动加剧。1906—1907 年间，到加拿大的日本人和华人数量有所增加，其中仅 1907 年到达英属哥伦比亚省的日本人就超过了 2300 人，该省的白人居民对此的反应“几乎是歇斯底里”。一些排斥亚裔人的团体组织了“反亚裔大游行”，游行最终以暴乱结束，给唐人街和日本人的住地造成了重大的财产损失。

1908 年加拿大政府总督令（Orders in Council）颁行“连续的航行”（continuous journey）规则，该规定禁止那些不是从他们的来源国经过不间断的航行到达加拿大的移民。此规定也是明显针对亚裔人群，因为当时坐蒸汽船而来的印度人和日本人需要停靠夏威夷。印度人的登陆费也因此从 50 加元提高到 200 加元。1910 年，移民法赋予政府在处理移民问题上的巨大的自由裁量权，该法案第 38 条允许政府依照“连续的航行”规则禁止相关移民登陆，同时允许政府禁止“被认为不适合气候和加拿大要求的”任何种族的移民登陆。该法案第 41 条将可驱逐的理由扩展到“不道德与政治犯罪”。该法案还创设了一个新的术语“永久居住地”（domicile），规定住满 3 年（后延至 5 年）才可以被认为有永久居住地。

另一个受到严格限制的新移民群体是黑人。1910 年美国俄克拉何马州的黑人农民因忍受不了美国日益严重的种族歧视欲前往加拿大。得知这一消息后，一些商会和埃德蒙顿市议会向加拿大政府发出了组织黑人入境的吁请。1911 年，加拿大政府起草了一项命令，该命令禁止“任何属于黑人种族的移民”入境，认为黑人不适合加拿大的气候，不符合加拿大的要求。尽管这一命令最终没有公布，但加拿大政府通过雇佣有关机构，在始发地俄克拉何马州成功地阻止了黑人的到来。1896—1911 年有超过 100 万的美国人移民到加拿大，这些移民中，黑人的数量不超过 1000 人。

从人口来源（origins）的统计口径来看，截至 1911 年，黑人人口只有 16877 人，这个数字比 1901 年少了 560 人①；来自英国的移民占总人口的 54%（比 1901 年上升了 7 个百分点），来自法国的移民占总人口的比重为 29%。在总人口为 720.7 万人的加拿大国家中，犹太人的数量为 75681 人、华人为 27774、日本人为 9021、印度人为 2342。总人口中来自德国的移民占 5%，来自奥匈帝国的移民占 1.8%。总的来看，97% 的人为欧洲裔白人。

对“可见性少数族群”移民的公然排斥和歧视深刻地反映了盎格鲁 - 撒克逊白人的种族主义偏见和情绪。1908 年，时任加拿大劳工部副部长的麦肯齐·金在一份报告中指出，“加拿大希望限制来自东方的移民是天经地义的。加拿大应该继续作为白人的国家而存在，这不仅是基于经济和社会因素的考虑，也是基于政治和民族（national）因素的考虑”②。1911 年 5 月，加拿大保守党众议员亚瑟·古迪夫（Arthur Goodeve）在众议院发言时更是一语道出了加拿大移民政策的深刻动机，他说我们“只应该选择欧洲国家优秀的人们，只有他们才能同化于我们从而造就一个团结的、完善的盎格鲁 - 撒克逊民族（race）”；“人人都会同意我们无法同化亚洲人，把他们变成加拿大的好公民”③。

总的来看，从加拿大自治领成立到“一战”前，“可见性少数族群”移民在加拿大受到强烈的排斥和不平等对待。在移民准入上，他们面临着最严苛的标准。初到时，需要缴纳登陆费；进入加拿大后，一些群体如华人需要缴纳人头税。在取得公民身份方面，他们面临的困难要远远大于那些白人移民。以华人为例，1911 年，在所有外国出生④的 752732 名移民

① 由于对黑人移民长期的严格防范，黑人这一时期在加拿大的人口数量总体上呈下降状态。据有关统计，1881 年加拿大有 2.14 万黑人，1901 年有 1.74 万，而到了 1911 年这一数字下降到 1.69 万人。Anne Milan and Kelly Tran，“Blacks in Canada：A Long History，” *Canadian Social Trends*，spring 2004，Statistics Canada，Catalogue No. 11 - 008。

② Documents of Canadian History，Canadian Opinion of Immigrants（pre 1945 period）. http：//faculty. marianopolis. edu/c. belanger/quebechistory/readings/CanadianOpinionsofImmigrants. html.

③ Ibid..

④ 即出生在大英帝国之外。

中，47%的人通过归化获得加拿大公民身份，而华人获得公民身份的比例只有9.5%（约为2578人），日本人的这一比例为22.5%（约为1898人）。在加拿大白人当局看来，“华人、黑人或者其他黑白混血有色人种”没有资格担负起公民的责任，他们只是受管制的孩子。① 从此认识出发，加拿大许多省②都制定了禁止华人、日本人和印度人拥有选举权的法律。③

在严厉限制政治参与的同时，加拿大政府尤其是省政府还在职业准入等方面限制“可见性少数族群”移民的权利。如1897年的《外来劳工法案》明确禁止华人和日裔在公共场合工作；1899年的《不列颠哥伦比亚省酒类许可证法》吊销了华人和日裔的酒类销售权；不列颠省还禁止华人从事律师、药剂师或会计师等职业，如此等等，职业准入方面的限制将华人等“可见性少数族群”牢牢控制在技术含量很低的服务行业及重体力劳动的行业如餐饮、清洁、缝纫、洗衣、伐木、采矿等。这一法律强制的职业分层特点至今在加拿大社会都能看到。

二　“一战”时期及其后的新移民少数族群权利状况

“一战”期间，新移民少数族群中的白人群体因他们的族源国与加拿大在战争中的敌对关系而遭受到严重的歧视、排斥乃至迫害。战争期间，“可见性少数族群”移民的受关注度和受排斥力度都有所减少。

“一战”爆发后，加拿大政府在移民问题上采取了更加限制的措施。基于国家安全的考虑，加拿大暂停了一切来自敌对国家（如德国、奥地利、匈牙利）的移民。与此同时，1914年的《战争措施法案》（War Measures Act）将那些已经生活在加拿大的敌对国家的人认定为“敌国侨民”，要求他们到政府登记并随身携带身份证件，他们被禁止参加联邦政

---

① Debates, May 11, 1885, 1777, see Veronic Strong-Boag, “the Citizenship Debates-the 1885 Frachise Act”, Robert Menzies, eds, *Contesting Canadian Citizenship: Historical Readings*, Toronto: University of Toronto Press, 2002, p. 82.

② 加拿大自治领成立后，联邦政府将决定选举权资格的权力赋予各省。

③ 如1872年不列颠哥伦比亚省修订《选民资格与登记法》，规定土著人、华人、日本人和印度人没有选举权。1875年重申了这一规定，并对违反者作了具体的处罚规定（50加元罚款或监禁1个月）。An Act to Make Better Provision for the Qualification and Registration of Voters, S. B. C. 1875, c. 2, see Harry Con, Edgar Wickberg, *From China to Canada: A History of Chinese Communities in Canada*, Toronto: McClelland and Stewart in association with the Multiculturalism Directorate, 1982, pp. 45 – 46。

府认定为“非法的”社团或运动。有近 9 万敌国侨民被要求每月向警方报告行踪。① 许多敌国侨民被收押在拘役营或遭到驱逐。据有关统计，1914 年至 1920 年期间，加拿大在拘役营中共收押敌国侨民 8579 名，其中德裔为 1192 名，奥匈裔为 5954 名（大部分为乌克兰人）。这些遭收押的白人移民少数族裔，被限制了人身自由，被迫在艰苦的环境下从事重体力劳动。据负责关押工作的威廉·奥托（William Otter）少将提供的研究报告，在整个关押期间，有 106 人因被监禁而精神错乱；许多人感染肺炎，24 人因肺结核死亡；6 人因试图越狱被击毙；另有 106 人因疾病、事故等原因而死亡。②

社会层面，战争期间有关敌国侨民“不忠”或暗中破坏以致投敌的谣言到处传播：1916 年 2 月，国会大厦着火，有人怀疑是敌侨所为；1916—1917 年大战正酣时，有传言说中部草原省农场的奥地利工人要放火烧掉那里的庄稼。甚至有人给众议院写信说美国的德裔居民正在北部边境集结准备北上，加拿大的奥地利裔居民准备加入他们；还有传言说乌克兰人想在加拿大建立自己的国家③，如此等等。这些传言或谣言在加拿大各地引起大规模的反“敌国侨民”的抗议活动甚至暴力攻击。一时间德语学校遭关闭，德语报纸被捣毁，与德国有关的大学课程被取消，德语歌曲遭禁唱，德裔公民参军遭拒。④ 德裔加拿大人在加拿大成了“过街的老鼠”人人自危。为了生存，许多德裔人都将自己伪装成荷兰、北欧和俄国裔。⑤ 乌克兰裔和意大利裔加拿大人也遭到类似待遇。

1917 年加拿大政府推出“战时选举法案”，该法案剥夺了 1902 年后取得公民身份的敌国侨民的选举权。至此，“一战”期间加拿大官方和民间社会对新移民群体中的德裔、意大利裔和乌克兰裔白人群体的排斥和敌视达到了高潮。

---

① Victor Malarek，“Ukrainian Canadians seeking Redress，” *The Globe and Mail*，January 15，1988.

② William Otter，“Report on Internment Operations，” Lubomyr Luciuk（ed.），*In Fear of the Barbed Wire Fence：Canada's First National Internment Operations and the Ukrainian Canadians，1914 – 1920*，Kingston，ON：Kashtan Press，2001，pp. 82 – 88.

③ John Herd Thompson，*Ethnic Minorities during Two World Wars*，Ottawa：Canadian Historical Association，1991.

④ Ibid..

⑤ *The 1998 Canadian & World Encyclopedia*，McClelland & Stewart，Toronto：1998.

“一战”后，加拿大国家继续收紧其移民政策，早期那种为发展经济而采取的移民开放政策得到了很大的修正。面对政治和经济方面巨大的不确定性如共产主义的崛起、有组织的劳工运动和大萧条，加拿大政府选择了具有更大排斥性的移民政策，其目标在于将某些宗教的、族裔的和意识形态的移民排除在来加的移民范围之外，同时为了保护国内劳工的就业权利，排斥的矛头也指向某些廉价劳动力的来源国如中国。1919 年加拿大出台新的移民法，该法第 38 条授权政府限制或禁止某些不受欢迎的族群和国家的移民。按照这一规定，加拿大政府禁止战争期间与加拿大和大英帝国作战的那些国家（如奥地利、保加利亚、匈牙利和土耳其）的移民。加拿大政府还利用第 38 条的授权，禁止杜霍波尔派教徒、哈特派信徒和门诺派教徒入境，禁止的理由是这些宗教上的少数人的“奇特的习惯、生活方式和财产所有形式”。这是在 1917 年从美国南达科他州来接受 4000 名哈特派信徒之后，加拿大政府第一次公开禁止宗教上的白人少数群体移民。

截至 1921 年，加拿大 878.8 万的总人口中，97.5% 属欧洲白人，比 1911 年增长 0.5 个百分点。在 89 万外国出生的移民中，58% 归化为加拿大公民。由于“一战”期间强烈的排斥，德国人的公民化数量从战前 1911 年的 23283 下降到 21630 人。同理，由于受到基于多种原因的排斥，华人的公民化率从 1911 年的 9.5% 下降到 4%，人数从 2578 下降到 1766 人。值得注意的是，尽管在移民准入及公民化方面受到极大的排斥和阻碍，华人的总数量却在明显地增长，从 1911 年的 27774 人上升到 1921 年的 39587 人。也就是说 1911 年的 27774 华人中，有 2578 人取得公民身份，而到了 1921 年虽然总人数增长到 39587 人，但取得公民身份的数量反而下降为 1766 人，这从一个方面说明，华人在加拿大社会的总体处境在恶化。

1922 年加拿大政府部分地撤销了对宗教上的白人少数移民群体的禁令，接纳了受到苏联迫害的门诺派教徒，从 1923—1929 年有大约 2 万名门诺派教徒到加拿大定居。而杜霍波尔派教徒仍在禁止之列。

1923 年经过一段时间的战后经济低迷和移民限制之后，加拿大开始调整移民政策，实施“谨慎的”鼓励移民政策。这一时期移民的大门主要面向“大英帝国的臣民”、美国和一些“首选国家”如挪威、瑞典、丹麦、芬兰、卢森堡、德国、瑞士、荷兰、比利时和法国。对于那些“非首选国家”如奥地利、匈牙利、波兰、罗马尼亚、立陶宛、爱沙尼亚、拉脱维亚、保加利亚、南斯拉夫、捷克斯洛伐克等，移民的职业门类仅限于农学家（agriculturalists）、农场雇工、佣人和受到赞助的家庭成员（sponsored family members）。

与此同时，加拿大政府加紧了对亚裔移民的排斥，1923年发布的总督令（order in council）排除了除农学家、农场雇工、家庭女佣和在加拿大合法居留的人的妻子与儿女以外的“任何亚洲族裔的移民”。同年，加拿大出台《华人移民法案》，该法案禁止除外交官、学生、加拿大人的孩子和投资者阶层以外的任何中国人。这一严厉的排华法案导致从1923—1947年只有8名华人进入加拿大。[①] 特别伤害在加华人感情的是，对于这一极端排外的法案除了华人社区的激烈抗议以外，加拿大其他阶层对这一法案都非常漠然。法案生效的7月1日被华裔加拿大人视为难以从记忆中抹去的“耻辱日”[②]。

1929年开始，由于资本主义世界经济危机的蔓延，为应对“大萧条”时期的财政危机，加拿大政府开始以“成为公众的负担”为由大规模地驱逐移民。据加拿大难民委员会的资料，从1930—1934年以此为由遭驱逐的移民高达16765人，这个数字是过去5年内遭驱逐的移民数量的6倍。这一时期，以医学和犯罪为由的驱逐也迅速增加。

“大萧条”中亚洲的“可见性的”移民群体最先成为限制和排斥对象。1930年9月加拿大政府发布总督令（P. C. 2115），禁止除加拿大人的妻子和未成年子女以外的任何亚洲人来加拿大。在严格限制移民准入的同时，对亚洲移民归化入籍的申请也基本上采取了不予批准的态度。在双重限制下，亚裔人口在加拿大总人口的比重进一步下降，欧洲白人在总人口中占的比例进一步提高，由1921年的97.5%提高到1931年的97.7%。这意味着在加拿大总人口中，“可见性少数族群”和土著民族人口加在一起还不足2.3%。1931年的加拿大已然是一个白人国家。

在亚裔少数群体遭到严厉限制和权利剥夺的同时，人种上属于白人的犹太少数群体也遭到加拿大反犹主义者的排斥和迫害。犹太人被禁止从事

---

① 钱喻、曲韵编导：《从地狱开始的故事——中国人在加拿大的历史》（纪录片），凤凰卫视，2003年。

② 在这之前的1922年，加拿大政府还通过修改其《鸦片与麻醉药法案》（*Opium and Narcotic Drug Act*），大肆地以与毒品有关的罪名驱逐已经在加拿大合法定居5年及以上的华人。

律师、医生等行业。安大略省多伦多市还明文禁止犹太人从事警察和公交司机的职业。一些雇主在招聘广告中明确提出“非犹太人”的工作准入要求。一些服务行业公然贴出“犹太人与狗除外”的侮辱性告示。1933年8月，多伦多市的英裔反犹主义者在一家公园袭击犹太人，造成数十人受伤。与此同时，一些地方还出现了烧毁犹太人教堂的暴力活动。1938年，面对欧洲愈演愈烈的反犹暴力，加拿大的一些个人和组织如圣公会（The Anglican Church）、联合教会（The United Church）、基督教青年会（Young Men's Christian Association）和一些地方服务性社团以及犹太社区团体呼吁政府接纳犹太难民，但这些呼吁遭到另一些组织如“加拿大原住民之子”（The Native Sons of Canada）、“领导联盟”（Leadership League）、“加拿大军团”（Canadian Corps）等组织的坚决反对。从地域性来看，魁北克的反犹主义呼声最强烈。

1939年，一艘载着930名犹太难民的船从德国而来，没有一个美洲国家允许这些犹太人上岸。44位多伦多的名人联名发电报给加拿大总理要求给这些犹太人提供避难所，但是加拿大政府无动于衷，最后这艘船被迫返回欧洲，其中许多难民死于纳粹手中。

以上，笔者对“一战”期间及战后20年间加拿大的新移民少数族群的生存和权利状况作了简单的介绍。在对待新移民少数族群问题上，加拿大政府一如既往地采取了实用主义和种族主义并举的复合政策。在“一战”期间，由于劳动力相对紧缺，便对包括华裔在内的亚裔采取相对宽松的态度。同一时期，由于战争对抗的巨大利害关系，加拿大政府一反常态，对同为白人的德裔、奥匈裔痛下“杀手”，对他们实行严厉的权利（自由）剥夺政策。“一战”结束后，由于需要安置大量的退伍军人就业，政府对亚裔（华裔）采取严厉禁止入境的政策。大萧条时期，为了渡过难关，政府使用各种理由和借口驱逐已经定居多年甚至取得公民身份的移民。20世纪30年代后期拒绝接受犹太难民，其中的一个重要理由也是“为了保护我们自己的生活”。

在贯彻实用主义政策的同时，一个不变的主旋律是白人种族主义。表现在移民准入方面，就是当国家经济发展需要引进移民的时候，白人总是优先；当国家经济形势紧张就业出现严重问题时，那些可见性的少数族裔移民总是率先受到排斥甚至驱逐。种族主义还反映在已有移民的归化入籍方面，从1923—1931年期间，亚裔移民的公民身份申请几乎没有获批过，但同一时期，欧洲移民的归化入籍机会没有受到影响。这一点我们可以从1911年、1921年和1931年的移民归化入籍率看出。据加拿大难民委员会的资料，1911年的归化率为47%，1921年为58%，1931年为55%。可以看出，在1923—1931年几乎禁绝亚裔人入籍的条件下，加拿大移民的总归化入籍率仍然高达55%，也就是说，在全面限制亚裔移民入籍的同时，欧洲白人移民的公民化过程依旧照常进行。

三　“二战”时期及其后的新移民少数族群权利状况

“二战”爆发后，加拿大政府在“国家安全的”价值取向下，对来自敌对国家的少数族语移民群体实行了“不分种族”的排斥、歧视和迫害。战争中首先受到排斥与迫害的是德裔、意大利裔和日裔移民群体。850名德国移民和600名意大利移民（其中200人已取得加拿大国籍）被关进拘役营，6万多名1922年后移民到加拿大的德裔和意大利裔被责令定期向警方报告行踪。[①] 社会层面，德裔和意大利裔在生活、工作、求学等各个方面受到强烈冲击。

珍珠港事件爆发后，同为敌对国的日裔遭受到更为严厉的控制和制裁。日裔移民比较集中的不列颠哥伦比亚省要求所有的日裔进行登记。1942年1月，加拿大联邦政府颁布总督令，要求18—45岁的男性日裔从该省的沿岸区域向内陆迁移100英里。几周后又下令所有的日裔人内迁。许多人从接到通知到搬离只有24个小时。在内迁过程中，壮年男子被赶到劳工营强迫劳动，妇孺老幼被送到不列颠哥伦比亚省废弃的矿区居住，另有4000人则带着家眷到阿尔伯特省做糖厂工人，他们的房产、汽车、农产品及渔船也大都被政府以极低的价格出售。[②] 1944年8月，加拿大总理麦肯齐在众议院宣布，如果日裔想证明他们是忠于加拿大的话，那么他们必须自动迁往落基山以东地区居住；如果拒绝迁移，那么他们将被强制迁出并在条件合适时遣返回日本。

“二战”期间，日裔移民群体（包括已取得国籍的日裔加拿大人）是受到冲击最大的少数族裔群体，他们的家园被连根拔起，财产被托管后廉

---

① Alexandra Bailey, “German Internment during the First and Second World Wars,” Center for Constitutional Studies. n. d. Web. , July, 2012.

② John Herd Thompson, *Ethnic Minorities during Two World Wars*, Ottawa: Canadian Historical Association, 1991, pp. 15 – 16.

价拍卖，工作权利乃至人身自由被剥夺，人格尊严受到极大的侮辱。需要提及的是，“二战”爆发后居住在不列颠哥伦比亚省的2.3万名日裔移民大部分都是通过出生或归化取得加拿大国籍的加拿大公民，战争期间他们完全丧失了能够保护他们自身权益的公民权利，沦落为不受任何主权国家保护的任人宰割的无国家人群。与德裔移民的遭遇相比，日裔移民遭受的更严厉处罚和待遇，除了他们的“敌对国”族源身份外，与他们的亚裔背景也有着密切的联系。从某种意义上看，日裔移民是加拿大政府长期奉行的实用主义和种族主义复合移民政策的双重受害者。从实用主义的立场来看，他们因被视为是加拿大国家的潜在破坏者而遭受严厉的处罚和控制；从种族主义的角度来看，他们因属于可见性少数族裔群体而应该受到歧视和排斥。后一点从华人在“二战”期间的遭遇可见一斑。

“二战”时期中国与加拿大共属反法西斯国家阵营，但是这种“盟国”的身份，并没有给华人带来应有的待遇。欧洲战事爆发后，不列颠哥伦比亚省和萨斯克彻温省政府强烈反对招募包括华裔在内的亚裔士兵，他们害怕战争结束后，这些亚裔士兵会主张剥夺已久的选举权。尽管如此，华裔还是通过各种形式支援加拿大抗战。许多加拿大本土出生的华裔踊跃参加了为加拿大军队提供服务的志愿兵。华人社群购买了加拿大政府发行的1000万加元的战争债券。① 太平洋战争爆发后，为了在日军的后方中国本土阻击日本人才开始正式招募华裔加拿大陆军士兵。1942年10月和1943年3月华裔获准进入加拿大空军、海军。战争中共有超过600名以上的华裔士兵在加拿大军队服役。作为“二等公民”的华裔参战的目的更多的是为了改善自身长期权利被剥夺的状况。他们把这次战争更多地看成是一个机遇，认为穿上英王阁下的制服，穿上加拿大军队的制服，“当我们从战场上凯旋时，我们就有足够的资格要求权利”②。

截至1941年，外国出生的移民的公民归化率为71.5%，而同期华人的公民入籍率才仅仅8%。也就是说在加拿大的绝大部分华人还属于无居住国国籍的移民。如此，华人参战的动机便不难理解了。

“二战”期间，黑人作为一个特殊的移民群体经历了与华人相似的被

① 庞玉洁：《加拿大华人对中国反法西斯战争的贡献》，《加拿大掠影》1999年2月，第246页。

② Evelyn Huang, *Chinese Canadians*, *Voices from A Community*, Vancouver: Douglas & McIntyre, 1992, p. 73.

排斥入伍的遭遇。经过争取和斗争，有数百名黑人赴欧洲参战，为加拿大国家效命。然而在生活中，黑人仍然像他们在美国的同胞一样遭受着各种歧视和不平等待遇。1939 年，加拿大联邦最高法院裁决支持魁北克一家酒馆拒绝向黑人出售啤酒的公开歧视行为。黑人被禁止参加基督教青年会和童子军等社会组织，死后也不准埋在圣公会墓地，等等。在职业分布方面，黑人男性多在重体力劳动领域，而女性黑人多为家庭佣人。

“二战”结束后，一方面，经济上的巨大增长，极大地缓解了就业的压力。加拿大的白人社会不仅无须过分担心廉价的移民劳动力与他们争抢饭碗，而且还出现了巨大的劳动力缺口。① 另一方面，战争期间德国纳粹的暴行也唤起了国际社会对少数族裔群体命运的关注，唤醒了人们对公平正义社会制度的关注。值此历史契机，加拿大政府开始调整其移民政策。在各界的压力及华人不懈的斗争和努力下，1947 年加拿大政府取消了 1923 年的排华法案。② 当年有 2.2 万名华裔归化入籍成为加拿大公民，他们的配偶和 21 岁以下的儿女因此也有资格移民到加拿大。③

但是也要看到，尽管有了反思并补偿历史上少数族裔移民遭受的不公正待遇的意识，也尽管签署了一系列保障人权平等的国际人权法文件，但是为了维护所谓加拿大国家的“特性”④，“二战”后相当长的一个时期内，加拿大政府在移民准入方面仍然推行“优先”和“限制”的政策。一方面对法国等西欧国家和北欧国家优先引进，另一方面对印度、巴基斯坦等“有色”国家实行配额制。黑人则在大部分情况下遭到拒绝。“二战”后，出于人道主义和加拿大作为联合国成员所承担的义务，加拿大

---

① 而传统的移民优先选择国家如英国、法国、德国等在“二战”中遭受到巨大的人员损失，其国内的劳动力尚且处于恢复中，不可能再向加拿大提供富裕的劳工移民。

② 截至这一年，加拿大政府从华人身上榨取的人头税高达 2300 万加元，据估计这一数字大约相当于太平洋铁路的总造价。据称不列颠省的议会大厦就是用华人人头税建成的。Gurcharn S. Basran, Canadian Immigration Policy and Theories of Racism, Peter S. li, B. Singh Bolarla, Racial Minorities in Multicultural Canada, 1983, p. 5。

③ Shien-Woo Kung, "Chinese Immigration into North America," *Queen's Quarterly*, LXXVIII: 4 (WINTER, 1962), pp. 612, 616.

④ 1947 年，总理麦肯齐在一次讲话中指出：选择未来的（加拿大）公民完全是加拿大的权力，是加拿大的国内政策。移民加拿大不是一项基本人权，而是一个特权。加拿大人不希望大规模的移民改变这个国家人口的基本特性，大规模的东方移民将会改变这个国家的人口基本构成。House of Commons, Debates, vol. 3, 1947, Vic Satzewich, *Racism in Canada*, Don Mills, Oxford University Press, 2011, p. 39。换言之，麦肯齐仍然坚持加拿大是一个白人国家。

还接受了近 19 万欧洲难民。但是即使是对于这些难民，加拿大同样坚持了自己的准入条件。难民的准入或选择主要基于经济方面的考量（为此劳工部也加入了挑选难民的行列）。也兼顾种族标准（如犹太人通常被拒绝）和意识形态标准（左翼或共产主义的同情者被列入“不受欢迎的人”）。此外身体健康也是一个很重要的标准。

截至 1951 年，加拿大共有来自亚洲国家的移民 37145 人，其中来自中国的有 24166 人。黑人移民共计 18020 人，这个数字少于 1921 年、1931 年和 1941 年的数字。加拿大总人口中 97% 是欧洲白人。为鼓励更多的欧洲移民，1951 年加拿大还专为欧洲移民设立了路费无息贷款政策。

1952 年，加拿大出台了新的移民法，该法与之前的移民法相比没有实质性的变化，仍然保留了先前的大部分歧视性做法。第一，该法规定了优先移民的人群，包括英国臣民、法国和美国的公民以及那些希望和在加拿大的直系亲属团聚的亚洲移民。第二，该法赋予加拿大“公民身份与移民部”部长和官员在挑选、接受和驱逐移民方面的很大的裁量权，国籍、民族、来源地、风俗、习惯和生活方式、“不适合气候”“可能不容易被同化”等都可能成为遭拒的理由。此外，同性恋、吸毒贩毒者也在禁止移民之列。第三，法案还设立了由移民官员组成的移民上诉委员会，负责听审遭驱逐移民的申诉。

从以上内容可以看出，尽管移民法没有对不受欢迎的国家、民族或人群有明确的指向，但在实践中移民官员完全可能根据自己对种族和文化偏好做出选择。此外，移民法把移民事务的当事人——移民官员组成的申诉委员会作为遭驱逐移民的救济渠道，也明显有违公正原则。1954 年，加拿大律师协会小组委员会的一个报告批评移民官员“任意行使权力”，呼吁成立一个准司法的移民上诉委员会。1956 年，加拿大联邦最高法院在布伦特一案中裁决移民官员的裁量权超过了移民法所设置的界限。

1954 年，加拿大政府颁布行政令，对加拿大公民和合法居民资助亲戚（近亲）来加拿大做出禁止性规定；1959 年又对不受资助的近亲来加拿大做出限制。1959 年的行政令主要针对意大利裔的家庭团聚式的移民。该法令推出后引起意大利裔的强烈抗议，一个月后行政令宣布撤回。

1960 年在加拿大总理约翰・迪芬贝克的努力下，联邦议会通过了加拿大权利法案。该法案的诞生标志着加拿大的新移民权利保护进入一个新的历史时期。法案规定了加拿大人享有不分“种族、民族、肤色、宗教和性别”的基本人权和自由。这些基本人权和自由包括生命权、自由权、安全权、财产权、法律面前人人平等（权）、宗教自由、言论自由、集会结社自由、出版自由等。人权法案的出台进一步促进了移民权利的保障。①

截至 1961 年，加拿大的总人口已经达到 1800 多万，其中 15.6%（284.4 万）为出生于加拿大本土之外的移民。由于多种有利因素的共振，这些移民中归化入籍的比例达到历史最高点 63%。从移民的来源来看，欧洲白人的比例有所下降，从 1951 年的 97% 下降到 96.8%。总体上看，加拿大还是一个典型的白人国家。

1962 年加拿大公民身份与移民部出台新的移民规定，新规定几乎取消了移民政策中的种族歧视。按照新规定，移民不再因肤色、种族和民族而遭到拒绝，今后移民准入更多地强调“教育、技术、培训和其他具体资质”。当然，新规定仍然为欧洲移民保留了更多的资助亲戚来加拿大的权利。同年移民部部长理查德·贝尔提出，移民的数量应按加拿大总人口 1% 的规模执行。尽管国内失业率偏高，但移民的数量还有了增长。1966 年路费协助贷款计划从面向欧洲人扩展至加勒比海地区的移民。

1966 年加拿大政府发布“移民白皮书”，承认移民对加拿大人口和经济增长所做的重要贡献，为防止那些高度缺乏技能的移民到加拿大，“白皮书”建议将选择移民的偏好放在对加拿大劳动力市场弥足珍贵的“技能”方面。关于未来移民政策的定位上，“白皮书”建议应该采取一种“扩张的、非歧视性的和能够在照顾家庭团聚和加拿大经济利益之间实现平衡的”移民政策。“白皮书”还指出，加拿大人普遍认识到，目前的移民法已经不能很好地服务于加拿大的需要，但对于如何解决这一问题人们之间显然缺乏共识。

在移民立法上无法达至一个各方都认同的、能够体现加拿大权利法案中规定的各项基本人权和自由的情况下，实现移民公平对待的一个重要方案就是制定一个尽可能客观的移民准入标准。1967 年，移民部推出了一个前所未有的取消“种族、肤色和宗教”限制的“打分制”。“打分制”

① 早在联邦层面的权利法案推出之前，1944 年 3 月安大略议会就通过了《安大略（反）种族歧视法》，该法禁止出版和展示任何含有种族（民族）或宗教歧视内容的标示、符号和告示。1954 年 9 月，新斯科舍省制定法律将种族隔离非法化。联邦权利法案出台后，1962 年，安大略省又出台了《安大略人权法案》。这一系列法案的推出有力地促进了 20 世纪 60 年代以来的新移民少数族群的生存改善和权利保障。

的出台标志着加拿大的移民政策从种族主义开始向平等主义跃进。

在移民准入方面日益趋向公平对待的同时，已经取得公民身份的新移民少数族群在公民权的行使或践行方面也有了明显的进步。以华裔为例，1947 年排华法案废除后，华裔加拿大人获得了联邦选举中的投票权，开始有了选举和被选举的权利。华人参政的一个具有标志性的事件是 1957 年华裔郑天华（Dogluas Jung）作为进步保守党的代表成功当选为国会议员（代表温哥华中区选区），此事件不仅修改了华人参政的历史，而且也改变了联邦众议院从未有过可见性少数族裔的历史。华人参政方面，1966 年吴荣添（Peter Wing）当选为不列颠哥伦比亚省坎卢普斯市第一个华人市长，也是一个具有象征意义的事件。

在公民权的践行方面其他族群如黑人和犹太人也有了长足的进步。1949 年，黑人作曲家和社会活动家比尔·怀特（Bill White）在多伦多士巴丹拿选区作为平民合作联盟（党）的候选人，竞选联邦众议员，尽管没能入选，但象征意义很大。1963 年，黑人伦纳德·布莱斯·怀特（Leonard Braithwaite）成功入选安大略议会，他是安大略省的第一个黑人议员。1963 年，海地裔黑人佛明木内斯特（Firmin Monestime）成为第一个加拿大的黑人市长。“二战”后犹太裔加拿大人政治地位提升迅速。1945 年，犹太裔戴维·克罗尔（David Croll）当选为加拿大联邦众议员；1955 年，他又被任命为参议员（成为第一个拥有此职位的犹太人）。1962 年，犹太裔赫伯·格雷（Herb Gray）当选为联邦众议员。1955—1966 年期间有多名犹太裔加拿大人担任多伦多、哈利法克斯等市的市长。其他族裔方面，1958 年汽车商休伯特·巴达纳伊（Hubert Badanai）成为第一个意大利裔联邦众议员（并于 1962 年、1963 年、1965 年、1968 年连选连任），1963—1964 年期间，巴达纳伊任公共工程部部长议会秘书；1964—1965 年，任公民身份与移民部部长议会秘书。1963 年，德芙·舒皮赫（David Stupich）成为不列颠哥伦比亚省第一位克罗地亚裔议员（1966 年再次当选），等等。

1955 年，宗教上的少数族裔杜霍波尔派重获选举权，拥有了比较完整的公民权。最能体现“二战”后加拿大对新移民少数族裔包容和开放的历史事件莫过于德裔约翰·迪芬贝克当选为加拿大总理。1957 年，约翰·迪芬贝克带领他的进步保守党一举拿下众议院 265 个席位中的 109 席，进步保守党成为议会中的第一大党，而首次成为执政党，迪芬贝克成为联邦政府总理。这位 20 多年前还被加拿大政府列入“帝国侨民”的德裔总理的出现，充分反映了“二战”后加拿大保障新移民少数族裔权利的政治生态发生了巨大变化。

以上笔者对“二战”时期及其后20多年新移民群体的生存和权利保护状况做了简单介绍。“二战”期间新移民少数族群经历了与“一战”期间相似的遭遇。“二战”后加拿大在新移民少数群体的权利保障问题上取得了明显的进步（局部取得了巨大进步）。这些进步的取得与“二战”后平等及人权观点的传播有密切关系，也与加拿大国家自身的经济社会发展状况直接相关。总的来看，“二战”后加拿大的族际关系逐渐趋于缓和，不同族群之间有了更大的包容和宽容。相应的，加拿大政府在移民准入和少数移民族群的待遇方面也逐渐走向全面的自由主义式的“一律平等”对待阶段。

第二节 平等主义的移民及公民政策（1967—1971年）

一 移民准入方面的平等主义

1966年，联邦政府发布移民“白皮书”后，面对有分歧的加拿大社会现状，联邦政府率先在移民政策领域推行平等的准入标准。这一标准不再强调移民的族裔、种族、文化（宗教）身份及来源国家和地区，而是侧重于从（个体）移民自身的教育、知识和能力（技能）角度评估他们的移民资格。公民身份与移民部按照“教育与培训”“个人素质”“职业技能”“年龄”“就业安排”“官方语言”“亲属关系”“就业情况”八个指标采用百分制的办法将每一个移民申请者的个人条件加以量化，换算成完全可以比较的分数，规定只要得分超过50就可以移民加拿大。① 上述八项指标中，移民申请者的“教育与培训”权重最高（为20分），“个人素质”“亲属关系”和“就业情况”权重次之（均为15分），其余各项指标均为10分。从分数的权重分布可以看出，“打分制”评估体系最看重的是移民申请者的自身的知识、技能和素质，其次看重的是他们在加拿大的亲属关系和就业情况，而年龄和官方语言的掌握情况等退居为第三考量因素。这种计分安排一方面反映了加拿大政府在移民准入上越来越趋向于无种族（民族）差别的个体平等和正义，另一方面也说明加拿大政府

① 后来提高到70分。

在移民准入问题上越来越以“经济建设为中心”，因为打分制移民将使加拿大获得永不枯竭的有素质有技能的外来劳动力。特别值得一提的是，打分制将官方语言的权重降为微不足道的10分，反映了加拿大政府在移民政策的族裔和文化公正方面迈出了坚实的一步。

为了限制移民官员在驱逐移民方面长期存在的“任意的权力”，维护移民程序的公正，1967年联邦议会通过了《移民上诉委员会法案》（Immigration Appeal Board Act），法案创设了一个独立的审查机构，对所有遭驱逐的和家庭资助申请遭拒绝的官方（移民局）决定进行审查，保证移民准入过程中的正当程序原则。

在维护移民准入公正性的同时，加拿大还本着人道主义的立场和情怀接纳了一些病患移民和战争移民。1967年，加拿大的八省接纳了50名身体存在病患的移民（主要是肺结核病人）。1968年8月到1969年3月，慷慨地接纳了由于华约条约组织军队开进捷克斯洛伐克而出逃的10975名捷克斯洛伐克人；1968年，同意延长比夫拉人（Biafrans）在加拿大的期限；1969年6月，加拿大加入了1951年关于难民地位的公约及1967年的议定书；1969年，为成千上万的反对越战和逃避兵役的美国人提供庇护（尽管在皇家骑警和美国联邦调查局的合作下，许多庇护点遭到袭击）。截至1972年，加拿大庇护了3万—4万的反对越战和逃避兵役的美国人。

1970年4月，加拿大政府将之前只适用于欧洲人和加勒比人的路费贷款政策扩展至适用全世界所有国家的移民，贷款一律按年息6%收取。

由于实施了比较公平的移民政策和慷慨地接纳了一些第三世界的难民，到1970年加拿大移民中的亚裔和加勒比人数量大增，占到总移民数量的23%，而1966年前这两部分人的比例只占10%。1971年，华人移民数量达到118815人。

二　公民权利方面的平等主义

伴随着移民准入方面平等主义政策，加拿大在已入籍的移民少数族裔的政治参与等公民权实践方面继续取得进步。1968年，阿拉伯裔皮埃尔·德贝恩（Pierre De Bané）作为魁北克市玛特纳（Matane）选区的候选人成功入选加拿大联邦众议员（议员在位长达16年），从而成为加拿大历史上第一位阿拉伯裔众议员。同年，黑人林肯·亚历山大（Lincoln Alexander）作为进步保守党在汉密尔顿西区的候选人成功入围联邦众议院，成为加拿大的第一位黑人议员（连续四届在位直到1980年）。1971年，华裔何荣禧（George Ho Lem）代表社会信用党在卡尔加里麦考尔选区（Calgary McCall）成功当选阿尔伯特省议员，是为该省议会的华裔第一人。

犹太裔参政方面，1967年后犹太人继续深化参与加拿大的政治活动。他们在成为议员、市长的同时，在政党活动方面成绩卓著。1969—1971年期间，多名犹太裔加拿大人成为联邦和省层面的政党领袖。1969年，戴夫·巴雷特（Dave Barrett）成为不列颠省新民主党党首；1970年，斯蒂芬·路易斯（Stephen Lewis）成为安大略省新民主党党首；1970年，伊兹·阿斯佩尔（Izzy Asper）成为曼尼托巴自由党党首；1971年，大卫·路易斯（David Lewis）① 成为联邦新民主党党首；1971年，西德尼·斯皮瓦克（Sidney Spivak）成为曼尼托巴新民主党党首，等等。在新移民少数族裔群体中，白人少数族裔因他们在语言、宗教和肤色等种族特征与加拿大主流社会的两大民族比较接近，因而享有更多的平等参与的机会。犹太少数族裔在政治参与方面的深度和广度说明了这一点。

随着移民准入的平等和新移民少数族裔在政治参与等方面的逐渐改观，以特鲁多为首的联邦政府信心倍增，他们决心以“公正社会”（just society）的蓝图改造加拿大，实现各民族和族群的“一律”平等。特鲁多的公正社会是要造就这样一个社会：在这个社会里，少数人的权利将免于不宽容的多数人基于虚妄观点的侵害；在这个社会中，那些没有完全享受到国家富足的地区和群体将会有更好的机会；在公正社会中，印第安人和因纽特人将被鼓励成为享受全部权利的公民，他们将在未来更有意义的机会平等方面承担更大的责任；公正社会也将是一个团结的加拿大，之所以是团结的，因为每一个公民都将积极参与到国家的发展之中，因为这个国家确保机会平等，允许每一个人都能按照他认为最好的方式实现自己。

特鲁多的公正社会理论以自由主义的个体平等为核心，以英法双语双文化为框架，试图通过实现个人的“无差别的平等”来实现加拿大各民族（族群）的平等。这一自由主义范式的公正社会计划遭到新移民少数族裔群体尤其是可见性的移民少数族裔的竭力反对。在他们看来，新移民少数族裔群体与英法民族同为加拿大社会的参与者和建设者，应该享有平

① 大卫·路易斯为安大略省新民主党党首斯蒂芬·路易斯的父亲。

等的政治、经济、文化和语言的权利。但公正社会的方案只允许新移民少数族裔群体拥有“平等的”个体化的公民权利，而将他们的文化和语言权利置于不受保护的境地。

公正社会的方案或理想生发于处理英裔与法裔民族关系的需要，它的初衷在于通过将法语（及其文化）置于与英语（及其文化）同等重要的地位来缓和两个“建国民族”的矛盾。但是由于，第一，“二战”以来尤其是20世纪60年代以来，移民到加拿大的新移民在具有较好的知识和技能等个人素质的同时，也具有更强的族群意识或思乡情结，他们或是主动或是被动移民到加拿大，对自己的文化、宗教和语言有着很深的眷恋。第二，“二战”后人权观念的广泛传播和世界范围内的民族解放运动深深地影响着加拿大的每一个移民群体，在新的国家他们不仅希望在物质上得到公平的待遇或报酬，而且更希望在精神和文化方面得到承认和尊重。第三，一些移民在加拿大与英法裔等其他民族一同经历过两次世界大战，有的还直接参与了这两次世界大战，甚至为加拿大流过血。在他们的意识中，他们应该与英法裔民族享受同等的语言和文化权利。第四，也是最根本的一点，特鲁多提出以无差别的个人权利为特征的公正社会目标时，加拿大的新移民少数族裔尤其是那些可见性的少数族裔无论是在政治上、经济上，还是在社会融入上均处于普遍不利的境地。从政治上看，虽然“二战”后许多族裔包括华人都实现了政治参与的零突破，但是这些突破很大程度上只具有象征意义，而不具有实质性的起点性意义。以华人为例，从1951—1971年，华人移民人口增长了近一倍，但重要的政治参与职位却始终停留在个位数上。① 其他属于可见性移民少数族裔群体的情况与此相似。从加拿大国家、地区和城市的政治过程来看，新移民少数族裔的代表性几乎可以忽略不计。从经济上来看，一些新移民少数族群如黑人更是处境艰难，他们属于加拿大社会最底层，不仅收入、就业没有保障，而且一些社区的黑人连生存都成问题。在这种情形下，让他们与加拿大社会居于优势地位的族群进行“机会平等”的竞争，显然脱离实际而且极其不公正。从社会融入角度来看，华人、黑人及其他属于可见性移民少数族裔的群体，由于就业和居住等方面的原因，与英法裔民族截然分开分属

① 当选市长或省、联邦议员的只有4人。David Chuenyan Lai, *Chinatown: Towns Within Cities in Canada*, Vancouver: University of British Columbia Press, 1988 , Appendices 1。

于同一个社会的不同世界。

基于以上原因，当联邦政府试图用双语、双文化的公正社会来化解英法裔两个民族之间的矛盾与冲突并继而定义加拿大社会的未来目标时，新移民少数族群发出了强烈的反对声音。事实表明，在对待新移民少数族裔问题上，加拿大政府需要从其土著民族政策和法裔民族政策中吸取灵感，或者说需要借鉴其对土著和法裔两个少数民族的政治谋略，从而提出能够针对新移民少数族群的政治、经济、社会和文化处境的新政策。

第三节　多元文化公民(身份)权利的提出及其主要内容

1971 年，加拿大政府正式宣布实施多元文化主义政策。这一政策选择是对双语二元文化政策的重要修正：它保留了维系联邦基本统一的双语政策，但取消了对英法族裔以外其他民族或族群构成排斥的二元文化。从此，多元文化公民（身份）权利成为新移民少数族裔群体的重要权利诉求。从内容上来看，多元文化公民（身份）权利以文化（语言和宗教）权利为主，同时也包括一定的政治参与诉求。

一　多元文化公民（身份）权利的提出

多元文化公民身份及权利的提出是一个自下而上和自上而下双向互动和选择的产物。从自下而上的角度来看，随着加拿大新移民少数族裔规模的扩大和人口素质的提高，一些具有文化权利意识的移民精英开始考虑像法裔或土著民族那样去争取移民群体文化上的权利。他们通过论证加拿大（社会）实际上是一个“多元文化的”国家（社会）而为自己群体的文化存在和权利寻找政治上的合法性。这些人中最为出名、影响力最大的是乌克兰裔加拿大人保罗·郁之克（Paul Yuzyk），身为一个历史学家和联邦参议员，早在 1963 年，郁之克就以他特有的敏锐严厉批评皮尔逊政府罔顾加拿大多元文化社会的现实，在“皇家双语和二元文化委员会”中推崇和神化“二元文化主义”①。1965 年，郁之克正式在加拿大提出“多元文化主义”的政策建议。首先，郁之克敏锐地发现英法裔二元主义文化将危害加拿大国家的团结，因为他否认了加拿大多元文化主义的现状，

---

① Paul Yuzyk, “Remembered as Father of Multiculturalism,” *Ukrainian Weekly*, July 20, 1986.

否认了其他族群的存在，其后果只能导致加拿大各民族（族群）的不团结。郁之克指出，无论是在文化领域，还是在宪法意义上，新移民少数族裔群体与法裔少数民族对加拿大生活方式的贡献是相似的；他认为加拿大认同应该建立在能够包容各种有着族裔和文化差别的多元文化公民之上。除了强调社会团结以外，郁之克还论证了其“多元一体”（Unity in Diversity）以及“以多元促统一”（Unity with Variety）的思想并将后者确立为一项重要的治理原则。①

与多元文化主义的鼻祖霍勒斯·卡伦（Horace Meyer Kallen）相比，郁之克的多元文化主义更强调承认多元文化之于社会团结和政府治理的作用。而卡伦则是从反同化，鼓励多民族个性发展等角度论证其多元文化主义的主张。② 然而，从维护文化自尊和平等的角度来看，郁之克的多元文化主义主张中也深埋着反对英法裔强势文化同化新移民少数族群的目的。郁之克“多元文化主义”的政治建议对于自下而上奠定加拿大多元文化主义政策的根基起了重要作用，他也因此而被誉为加拿大的“多元文化主义之父”。2009 年，加拿大设立了“保罗·郁之克多元文化主义奖”以纪念故去的他，表彰“那些在多元文化主义和多样性方面做出杰出贡献的个人和群体”。

与此同时，1968 年年底以来，包括乌克兰裔在内的许多新移民少数族裔通过召开学术研讨会、举办讨论会等形式呼吁承认和实施多元文化政策而不是仅仅承认英法民族的二元文化政策。这些活动和呼吁引起了联邦和有关省政府的关注。

从自上而下的视角来看，“皇家双语和二元文化委员会”在为期两年的调查中逐渐发现，在加拿大除了英法裔文化以外，还存在着大量其他的族裔文化，这些族裔文化对丰富加拿大的社会生活起了“不可忽视”的作用，它们是加拿大国家文化宝库中“不可分割的组成部分”，因此对于这些族裔文化的承载者——新移民少数族裔群体，国家有责任保护他们的基本人权——语言和文化权利。政府各部门有义务对他们的合法期望作出

---

① Paul Yuzyk, Opening Address: Canada: A Multicultural Nation, see Miriam Verena Richter, *Creating the National Mosaic: Multiculturalism in Canadian Children's Literature from 1950 To 1994*, Amsterdam: Rodopi, 2011, pp. 36 - 37.

② 卡伦是最早提出多元文化主义的犹太裔学者，关于他的多元文化主义思想的详细评价请参见周少青《多元文化主义视阈下的少数民族权利问题》，《民族研究》2012 年第 1 期。

回应，为他们在加拿大提供充分发展的机会。①

1970 年至 1971 年加拿大联邦议会举行特别联席会议听证会，为解决多元文化问题寻求具体的途径。1971 年 7 月阿尔伯特省率先颁行多元文化主义政策，安大略省也在同年 9 月发出类似声明。② 1971 年 10 月 8 日，特鲁多总理在联邦议会发表声明，正式宣布加拿大实行多元文化主义政策。加拿大的自由主义的公民模式开始向多元文化公民模式过渡。

二　多元文化公民（身份）权利的主要内容

多元文化主义政策在加拿大的推行大概经历了三个大的历史阶段③，第一阶段始于 1971 年，这一阶段的政策重点在于对文化差异的承认和保护，“即承认不同族群文化的差异性并从法律上授予文化权利”，这一时期“更多地强调了政府的作用，也就是政府通过对各个不同民族、种族、文化集团提供必要的帮助，使其全面进入加拿大社会”。第二阶段始于 20 世纪 80 年代，这一时期随着加拿大多元文化主义政策的实施“以及在前一时期出现的种族偏见和实际中存在的歧视等，加拿大多元文化主义政策更加注重多元文化的平等”，1985 年后多元文化主义政策进一步完善，“这一时期多元文化政策的一个重要特点就是加强了对多元文化的管理和政策的兑现”。第三个阶段始于 20 世纪 90 年代（至今），这一时期“政策重点放在了建设性参与和社会建设上”④。

其中前两个阶段为多元文化公民（身份）权利建设的关键时期，这两个时期多元文化主义政策由四个内容发展到八项原则和举措。⑤ 第三个

---

① Royal Commission of Bilingualism and Biculturalism, *Book IV of the Bilingualism and Biculturalism Commission Report*, Cultural Contribution of the Ethnic Groups, Ottawa: 1967, p. 14.

② 王俊芳：《加拿大多元文化主义政策》，中国社会科学出版社 2013 年版，第 60 页。

③ 常士訚：《走出“虚假联合”：加拿大多元文化主义政策的现实困境及 21 世纪变革方向》，《西南民族大学学报》（人文社会科学版）2010 年第 9 期。

④ 同上。

⑤ 四项内容为：在资源许可的情况下，政府对新移民少数族裔进行帮助；政府帮助所有文化集团克服文化障碍；在维护国家团结的前提下，促进加拿大各文化集团之间的接触和交流；帮助移民学习加拿大一种官方语言以便全面进入加拿大社会。八项原则和举措为：多元文化对所有加拿大人有利；提高多元文化主义在双语范围内的作用；机会平等；保护和提高文化的多样性；消除种族歧视；制定有效措施；提高传统语言的地位；支持新移民少数群体的一体化。常士訚：《走出“虚假联合”：加拿大多元文化主义政策的现实困境及 21 世纪变革方向》，《西南民族大学学报》（人文社会科学版）2010 年第 9 期；陈云生：《宪法人类学》，北京大学出版社 2005 年版，第 468—471 页。

阶段为多元文化公民（身份）权利建设的深化时期。与此相适应，多元文化公民（身份）的权利构成也基本成形。按照威尔·金里卡的总结，这种多元文化公民（身份）的权利大概包括以下内容。①

（一）新移民少数族裔的多元文化公民身份在中央、地区和市级层面得到宪法的、立法的或议会的确认

政府相关机构在与新移民少数族裔协商的基础上，建立实施多元文化公民权利的机制。具体举措有：

第一，宪法承诺实施多元文化公民政策。加拿大权利和自由宪章第27条申明“本宪章的解释应与加拿大人的多元文化遗产的保护和增强相一致”；第二，1988年通过《加拿大多元文化主义法》，该法确认了联邦层面的官方多元文化主义公民政策，还规定设立项目和政策以支持其实施；第三，省层面安大略、不列颠哥伦比亚、阿尔伯塔、萨斯喀彻温、曼尼托巴及新斯科舍省制定有涉及多元文化主义公民权利的法令。

（二）学校课程设置中采纳多元文化主义

加拿大教育部部长理事会（2008年）认识到“将移民子女纳入各省和地区现有的教育系统，涉及制定体现多样性、平等和把多元文化教育作为日常课堂和学校环境一部分原则的政策，以及调整课程和提供师资，以解决学生的‘真正的需求’，特别是语言学习需求”。1993年安大略省的教育和培训部通过了有关在学校董事会贯彻反种族主义和族群文化平等的政策准则，其中有这样的条款：学校课程须反映种族和文化多元性的社会，并与反种族主义的政策目标相协同。

2002年，加拿大西部基础教育合作协议承认在其社会科学的共同课程框架中承认加拿大的文化多样性和在学校课程中包纳多元文化观点的重要性。这个协议包括了四个西部省份和两个地区。此外，2008年不列颠哥伦比亚省教育部在其学校的政策框架内承认了多元文化主义。

（三）在公众媒体或媒体许可授权方面的族裔代表性/敏感性（媒体代表权）

《广播电视法》第3条规定，加拿大广播公司的节目要“反映加拿大的多元文化和多种族的性质”；该法还规定，在加拿大广电系统，节目制作和人员聘任，总体上“要服务于加拿大男人、妇女和儿童的需求和利

① 威尔·金里卡等：《21国多元文化主义政策指标体系》（未刊稿）。

益，反映他们的情况和愿望，包括平等权利、语言二重性和加拿大社会的多元文化和多种族性质”。

加拿大广播电视和电信委员会（CRTC）管理加拿大的广播电视活动包括广播电视许可证的发放。加拿大广播电视和电信委员会（CRTC）必须遵守《广播电视法》规定的广电系统要反映加拿大人口多样性的规定。加拿大广播电视和电信委员会（CRTC）已经给6个（少数）民族电视台和5个（少数）民族特色服务模拟频道颁发了执照，批准了194个加拿大人民族特色服务付费频道（28个已经开通）和81个非加拿大人民族特色服务付费频道。加拿大广播电视和电信委员会（CRTC）还批准了25个（少数）民族电台。

（四）着装规范豁免权

新移民少数族裔的着装规范豁免权一般通过两个途径获得，一个是通过法令的直接授权，另一个是通过法院的裁决获得。1990年，联邦政府修改了加拿大皇家骑警的制服政策，允许锡克教警官戴头巾，以代替传统的头盔。联邦最高法院随后确认了锡克教警官的这项权利。2006年，加拿大联邦最高法院支持了魁北克高等法院的判决，认为应该允许魁北克学生佩带短剑去学校，条件是佩剑的男孩的父母与学校协商，将短剑佩带于衣服内层缝合的护套里。

在着装规范豁免权方面，各省存在差异，如曼尼托巴省与不列颠哥伦比亚省允许锡克教徒骑摩托车戴头巾（而不是戴头盔）；安大略省禁止锡克教徒骑摩托车不戴头盔，这项禁令随后得到了法院判决的支持。此外，关于穆斯林妇女戴头巾和面纱的问题。一般情况下加拿大没有法令和立法加以禁止。在体育比赛时，省级组织被允许做出自己的规定，运动类的“希贾布”一般得到批准。

（五）新移民少数族裔拥有双重国籍的权利

加拿大的“公民法”不禁止拥有多重国籍，因而从1977年开始，双重国籍得到允许。这意味着，一个加拿大公民即使取得了另一个国家的国籍，他仍然可以继续保留他的加拿大国籍，同样，一个外国公民如果取得了加拿大国籍，也不会被要求放弃以前的国籍。

（六）新移民少数族裔群体组织或活动受到资助

1971年制定的多元文化主义政策把文化（特性）的维持作为其重要目标之一，因而包含了明确的资助族群组织和活动的要求。1988年《多元文化主义法》通过后，重心由文化共同体转向“所有加拿大人”。这一点，加上1995年对多元文化主义项目的战略审视，资助的重心已由特定的族群活动转向了与包容和体制性变革相关的方面。

多元文化主义项目现设立在加拿大公民及移民部，它为支持在加拿大的民族、种族、宗教和语言上属于少数群体的整合和融入继续提供资金。

（七）新移民少数族裔母语教学的资助

加拿大《多元文化主义法》规定，保持和发展英语、法语以外的语言的使用，是加拿大政府的一项政策。但是因为在加拿大，教育包括语言教育是省政府的职责，所以新移民少数族裔的母语教学的实际落实情况因省而异。尽管如此，传统语言项目（Heritage Language Programs）在大多数大的移民社区都可以通过族群组织和私营机构获得。在许多省"国际语言"课程也包括在小学或中学的课程表中。但是，那些由政府提供的语言课程，通常是以技能培训而非文化保持的名目进行。

（八）维护新移民少数族裔弱势群体平等权和不受歧视的权利（"肯定性行动"）

《加拿大人权法》（1977年）和《权利和自由宪章》对于保障新移民少数族裔群体免受基于种族、民族、宗教和语言（包括其他理由）的歧视起了基础性的作用。"就业平等法"则致力于解决新移民少数族裔群体面临的就业障碍，以及纠正联邦监管下的雇主的不平等雇佣行为。在就业平等法的法律框架下，可见性少数族裔是四个受保护的群体之一。

反歧视和保障平等的法律同时也存在于省级层面。通过这些法律和政策的系统作用，新移民少数族裔在就业、住房和社会服务等多领域获得类似美国肯定性行动的待遇。

总体来看，新移民少数族裔的多元文化公民（身份）权利是一种以自由主义的个人主义为底色同时兼顾一定的群体权利尤其是群体文化权利的公民权利模式，这种模式在确保公民个体权利一律平等的同时，给予新移民少数族裔群体一定的保存和发展自身文化和传统的权利（表现为着装自由、学习来源国母语的权利和被允许保留双重国籍，等等）。从发展方向上来看，新移民少数族裔的多元文化公民（身份）权利并不导向一种新的群体权利形式，相反，它的目标将趋向一种更加公正的自由主义个体权利模式。正如金里卡反复强调的那样，新移民少数族裔追求的不是建立单独社会的权利，而是更公正地融入更大社会的权利。在这一点上，新移民少数族裔与土著民族和法裔民族有着明显的差别。

第八章　多元文化主义政策对三类少数民族（族群）的整合及意义

本书第五、六、七章中，笔者对土著民族、法裔民族和新移民族裔三类少数民族（族群）的权利诉求及权利分配作了较为详细的介绍。从中我们发现，加拿大政府对这三类少数民族实际上采取了差别化对待的政策：土著民族被赋予了加权公民的身份，法裔民族取得了独特社会的待遇，而新移民少数族裔则被赋予了多元文化的公民身份。然而也要看到，加拿大政府在对这三类少数民族区别对待的同时，也试图以“统一的”多元文化主义政策对他们进行整合。一般来说，土著民族对多元文化主义政策并不一概地加以拒绝，当这种统一的联邦政策能够给他们带来一定的合法性支持或带来一定的权利收益时，他们也乐于接受这种额外的馈赠，但是，当这种政策可能危及自己经过多年斗争而取得的特殊权益时，他们便坚决反对。对法裔民族来说，多元文化主义政策一开始就是英裔民族的一个“阴谋”。法裔民族认为，多元文化主义政策将法裔民族置于和新移民少数族裔一样的地位，忽视了他们作为建国民族的政治地位，忽略了法裔民族文化的独特性。因此，法裔民族从一开始就坚决抵制多元文化主义政策。三个少数民族（族群）中，新移民少数族裔是唯一认同并从多元文化主义政策中收益最大的群体。多元文化主义政策缓解了新移民少数族裔长期以来遭受的被同化的压力，为他们赢得文化（语言）权利和一定的经济、社会和政治参与空间。

当然，三类少数民族（族群）对多元文化主义政策的不同态度并不影响这一政策在实然层面上对他们的赋权式和限权式的整合及意义。

第一节　多元文化主义政策对土著民族的整合及意义

土著民族既有保存自己语言和文化传统的强烈愿望，又有超越新移民少数族裔甚至法裔民族的特殊权利要求。对于多元文化主义政策，土著少数民族一般的态度是“不热心”“不关心”。但是，如果多元文化主义（政策）能够为他们争取权利的斗争提供合法性，他们一般也不排斥。① 但是，如果所谓的多元文化主义政策试图将他们与新移民少数族裔（包括法裔民族）“一视同仁”，否认他们的历史权利或固有权利的话，他们就会转而抵制多元文化主义政策。可以说，土著民族对多元文化主义政策的态度是实用主义的。

土著少数民族对多元文化主义政策的这种态度和认知，并不影响统一的多元文化主义政策对他们的赋权和整合。实际上，正是统一的多元文化主义政策的实施，土著民族维护文化和传统的合法性才有了明确的政策依据。1973 年，即多元文化主义政策正式实施的两年后，联邦最高法院通过考尔德案确认了对维护土著民族文化权利至关重要的土地权利。从历史发展的时序来看，正是在多元文化主义政策普遍推行的大背景下，土著少数民族不仅逐步取得（恢复）了诸如土地权利、自治权利、条约权利、文化权利、习惯法的承认、在中央政府的代表和协商权、独特地位的宪法及议会确认以及在联邦监管的就业领域享受“照顾”等权利和自由，而且在此之前延续了长达一个多世纪的被“自愿”或强行“解放”了的印第安人也逐步恢复了其身份。② 以上我们可以看出，多元文化主义政策对土著民族的赋权作用是非常明显的。

当然，也应该看到，由于多种因素（如人权事业的进步、土著人的斗争等）参与了土著少数民族权利保护状况改善的历史性过程，技术上我们很难将民族多元文化主义政策所带来的赋权效应与土著民族长期不懈的斗争所争取到的“历史动能积累”所带来的赋权效应区分开。事实上，

① 实际上早在多元文化主义政策全面推出前，土著民族在其回应联邦政府的印第安人政策“白皮书”时，曾经将“多元文化的加拿大”作为一个抗辩理由。土著民族当时指出，加拿大是一个多元文化的国家，印第安文化是多元文化中不可或缺的组成部分。

② 据有关统计数据，从 1985—2005 年，加拿大的在册土著人口从 36 万多上升到近 75 万，增长了一倍多。

就连多元文化主义政策本身，都是土著人长期的历史性斗争的结果之一。① 从这个意义上来看，多元文化主义政策对土著民族的整合与意义具有更大范围的历史从属性与合法性派生性。

一 历史从属性

土著少数民族是加拿大最早的主人（居民），早在一万多年前，土著少数民族的祖先就已生活在现今加拿大的区域内，这种历史优先性（historical priority）使得土著民族常常以“第一民族”或“唯一真正的加拿大人”自称。在加拿大联邦成立之前，英国政府在其著名的1763年《皇室公告》中，明确将土著民族置于“国家”（nation）的地位，宣称对于土地和第一民族“国民”性（“national”character）的固有尊重原则构成英国—印第安关系的核心。

加拿大联邦建立不久，联邦政府背弃这些原则，开始了同化和消灭土著少数民族民族特性的历史进程。其中最具代表性的是1876年开始制定的《印第安人法》，该法案（及以后的修正法案）以强制同化印第安人为目标，成为白人主流社会压迫和同化印第安人的象征。但当1969年“印第安白皮书”试图取消这一法律时，却遭到了印第安人的一致反对。印第安人认为，这个法律文件恰好见证了他们与众不同的历史悠久性，也证明了联邦政府对土著人负有特殊义务，土著人享有独特的权利和自由。

在土著少数民族关于“加拿大人”的主体分类中，他们把除了自己以外的所有民族包括英法裔一律称为“移民”，这种“主人（原住民）—客人（移民）”的分类模式，清楚地表明了他们对自身权利来源的看法。在他们看来，以英法裔为主导的联邦政府提出的多元文化主义政策，不过是老移民为新移民制定的利于同化或融合的工具性政策而已，这些政策对于他们自身权利的意义，远没有其自身“久远的历史性”来得更大。

二 合法性派生性

基于“法律不能追溯的年代”（time immemorial）的在先性和正统性，

---

① 1969年加拿大联邦政府发布“印第安白皮书”，试图废除印第安人的条约特权和特殊地位，遭到印第安人的一致拒绝，此举加上同年“两种语言与二元文化主义皇家委员会”发布的“二元加拿大”的报告引起了英法族裔以外其他族裔的广泛关注和不满，加速了“多元文化主义政策”的出台。

土著少数民族提出了一系列具有合法性抗辩的历史事实，包括领土、人口和前主权等。在其合法性话语体系中，土著少数民族认为，在欧洲殖民者“发现”美洲时，他们已经拥有自己的政治和社会结构（氏族部落或部落联盟），拥有领土和主权治下的土著人民，他们反对将英裔和法裔人口称为“建国民族”。除了这种历史的先在性和原初性所支持的合法性以外，土著少数民族还对其在历史上所遭受的种族灭绝和强制同化、剥夺、压迫和歧视等，提出了另一种合法性抗辩：土著人的权利不仅来源于先在和固有，而且也来源于对历史上不公正遭遇的补偿和矫正。

在土著人享有特殊权利的问题上，多伦多大学法学院教授迈克莱姆（Patrick Macklem）的观点颇具代表性，他提出土著人之所以享有特殊的宪法性权利，源于四个复杂的社会事实即土著文化差异、土著人的先占、土著人的前主权以及土著人的条约权（包括参与以及继续参与政府的条约过程）。[①] 按照迈克莱姆教授的观点，土著少数民族享有的权利不仅是一种特殊的宪法权利，而且实质上也是一种前宪法性质的权利。在这种权利面前，多元文化主义政策只具有一种派生性的合法性。多数土著人认为，多元文化主义政策远不如其直接参与的斗争与协商来的效率更高（保护其权利），在多元文化主义政策可以为其带来正收益的时候，他们一般也不会拒绝它，但如果政府借口多元文化主义（政策）而将他们视为“无差别的”公民时，他们一般都会站出来反对。

总的来看，多元文化主义政策对土著民族的整合更多地体现为一种赋权性的整合即当多元文化主义政策赋权土著民族时，土著民族一般愿意接受联邦的多元文化主义政策，甚至愿意接受纯粹形式意义上的“多元文化主义公民身份”。

第二节　多元文化主义政策对法裔民族的整合及意义

由于种种原因，多元文化主义政策对法裔民族的整合及意义呈现出某种复杂的面相。一方面，作为少数民族，法裔人群和其他少数民族（族群）一样，有着保存自身文化语言和传统的愿望和要求——从这个意义

---

① See Patrick Macklem, *Indigenous Difference and the Constitution of Canada*, University of Toronto Press Incorporation 2001, Reprinted 2002, p. 4.

上来看，多元文化主义政策客观上是他们可以借助的一种合法性资源；另一方面作为所谓两大“建国民族”之一的“人民”，法裔民族又有着与其他少数民族（族群）不一样的需求——强烈的政治（领土）自治甚至主权要求——在这个意义上，他们又难以接受将他们与其他移民群体“一视同仁”的多元文化主义政策。总的来说，多元文化主义政策对法裔民族的整合既具有赋权的一面，也具有限权的一面。

历史地看，远在多元文化主义政策实施以前，法裔少数民族作为加拿大联邦同盟的四个发起省之一，已经享有很多权力（利），这些权力包括1867年《宪法法案》中的法语地位保障（以及1969年《第一官方语言法》承认两种语言是所有联邦机构的官方语言）、联邦众议院和参议院的代表席位保障以及超越一般省级政府的——教育、卫生、司法行政权等以外的权力（如征税、移民等）等，因此，从历史的维度看，魁北克法裔少数民族的政治和社会权利现状（格局）主要是英裔、法裔两大民族长期政治甚至军事角逐的产物。

但是也要看到，在以尊重差异、包容特性、平等地保护和发展各种族裔文化为特征的多元文化主义政策全面推行后，魁北克法裔人群作为历史少数民族，其自治权力（利）结构和内容得到了进一步的补充、加强和完善。1977年，魁北克制定了“法语宪章”，规定法语是魁北克省的（唯一）官方语言，适用于立法、司法、行政、类政府机构、劳动、商业等各个领域；1982年《宪法法案》进一步肯定了两种语言在加拿大政府所有机构使用时的“平等地位、权利和特权”；1985年的《最高法院法》明确规定，“最高法院的九名法官中必须至少有三名是来自魁北克省的法官或律师”；1991年的《广播电视法》规定，广播电视节目应为“英文和法文，反映每个官方语言群体的不同需求和情况”，并进一步规定，鉴于“互联网依旧是一个英语主宰的空间，文化管理部门应确保至少50%的通过‘加拿大文化在线战略’支持的项目，建成法语或双语的内容空间”。

这期间最引人注意的是1987年的《米奇湖协定》和1992年的《夏洛特城协定》，前者决定为魁北克省保护其法语语言和文化提供宪法保障，后者则呼吁对加拿大宪法进行修改，承认魁北克为加拿大联邦中的“独特社会”，虽然这两个协议由于被认为“给予了魁北克省过大的权力”和“忽略了其他少数族裔的权益”等原因，而没有获得批准和被全国性的“全民公决”所否定，但这两个事件，在一定程度上反映了加拿大社会在多元文化主义政策的大背景下，日益倾向于全面容忍或接受魁北克“独特地位”的现状。2006年，加拿大下议院以压倒性多数通过了总理斯蒂芬·哈珀提出的要求承认魁北克在一个统一的加拿大内形成了民族（nation）的动议，这一事件标志着在历史少数民族多元文化主义政策的框架下，加拿大社会已经接受魁北克独特地位的历史诉求。

当然，技术地看，我们很难将多元文化主义政策的赋权与历史上已经形成的法裔民族的独特政治、经济、社会和文化地位“惯性”作用所造成的累积性权利区分开来，但无论如何，法裔少数民族20世纪70年代以来从联邦政府取得的种种增益权力（利）和特权，不能不说与多元文化主义政策有着密切的联系。

从更大的历史背景来看，历史少数民族多元文化主义政策的提出，不仅是在为历史少数民族确权、增权，而且更重要的是也在抑制他们的权力（利）。多元文化主义政策出台的一个重要历史背景是20世纪60年代出现的魁北克运动。为了应对咄咄逼人的魁北克民族主义运动，缓解历史上长期紧张的英裔、法裔关系，联邦政府决定引入一种突破英法二元格局的各民族“一律平等”的民族政策——多元文化主义政策。在这个政策框架下，法裔少数民族和其他族裔群体的加拿大人（在形式上）享有同样的保存语言、文化和传统的权利，遵守同样的认同加拿大国家的义务。其政治效果一，是将法裔少数民族由所谓的“两个建国民族”之一，变成加拿大众多民族中的一个，打破了法裔民族长期坚持的“两个民族”的加拿大观；政治效果二，将法裔少数民族已经取得的过分膨胀的自治权利，置于多元文化主义的平等主义框架下加以淡化和抑制；政治效果三，是为建构各民族一律平等的加拿大多民族国家提供了一个策略性的政策、法律基础。

多元文化主义政策的这种对法裔少数民族的策略性，也可以从法裔少数民族对多元文化主义政策的态度看出，他们认为多元文化主义政策损害了他们的独特地位和利益，“降低了法裔加拿大人作为加拿大两大语言（文化）共同体的平等地位”，“伤害了法裔加拿大人对联邦政府保护他们的语言和文化能力的微弱信心”。①

① 高鉴国：《加拿大多元文化政策评析》，《世界民族》1999年第4期。

需要强调的是，多元文化主义政策作为解决“魁北克问题”的政治谋略性产物，其本身就具有整合法裔少数民族的强烈意图。多元文化主义政策对法裔少数民族的整合，既有授权、增权的一面，也有控权、抑权的一面。从授权、增权的一面来看，多元文化主义政策不仅显然有利于法裔少数民族的权益保障，而且在一定程度上为魁北克的现状提供了合法性支撑。从控权、抑权的一面来看，多元文化主义政策不仅从法理上削弱了法裔少数民族的进一步的权力（利）要求，而且也或多或少地减弱了魁北克独特社会的合法性诉求，无论是哪一种，我们都可以说多元文化主义政策对法裔少数民族或者魁北克产生了明显的政治和社会影响。①

第三节　多元文化主义政策对新移民少数族裔的整合及意义

一般来说，新移民少数族裔是多元文化主义政策的最明显受益者。多元文化主义政策对新移民少数族裔的整合更多地体现为一种赋权。在多元文化主义政策正式实施之前，新移民少数族裔在英裔、法裔两大民族集团的“两种语言”“两种文化”“两个民族”的强大压力下，其保存原有文化、语言、宗教及传统的选择，始终面临着来自主流社会的歧视和排斥。

多元文化主义政策在宪法和法律中公开宣称尊重和鼓励不同的文化和传统在加拿大的发展，认为多元文化是加拿大的宝贵财富，这一接纳不同文化和价值观的“法律宣言”，极大地缓解了外来移民的文化和精神压力，为他们逐步调适文化和价值观的冲突并继而提高文化适应性提供了重要的缓冲。这一立法上的保障，加上其他政策（和判例）如“学校课程设置中采纳多元文化主义”“在公众媒体管理或媒体许可方面体现族裔代

① 当然，这种影响归根到底是有限的。同时这种有限性也在提醒我们，解决魁北克法裔少数民族问题的根本途径，不在于改变甚至取消多元文化主义政策，而在于一种公正有效的宪政框架秩序的建立。加拿大国家已经在这方面取得了重要的成就。在维护魁北克省高度自治地位的前提下，1998 年 8 月联邦最高法院裁决“即使魁北克省多数人同意，魁北克省也无权在没有获得联邦和其他省份认可的情况下单方面宣布脱离加拿大而独立”，2000 年 3 月国会通过“清晰法案”，该法案授权下议院审核所有省级公决的议题，以判定它是否明确。法案还特别指出，如果公决的议题只要求选民授权省政府谈判主权独立而不让选民对他们“是否愿意脱离加拿大”直接表态，那么就是“不明确议题”。通过这两个重大的宪政措施，魁北克的分离势力得到了有效的遏制。

表性”“着装规范的豁免”“允许双重国籍”等①，为加拿大移民提供了大部分西方国家移民所不能拥有的基本的政治和社会环境。

金里卡在最近的研究中从“政治权利”“机会平等”和“社会团结”三个方面，对加拿大多元文化主义政策之于新移民少数族裔的赋权作用及其效果作了重要评价。②

关于政治权利，金里卡指出，与其他西方国家相比，多元文化主义政策使得加拿大的新移民少数族裔更有可能获得公民资格，这些取得公民身份的移民更有可能作为选民、党员甚至政治竞选（political office）的候选人真正参与政治过程。在加拿大，有更多的在外国出生的公民和在加拿大出生的少数族裔当选国会议员，不论是按绝对的数量，还是按人口的百分比。虽然在联邦议会，外国出生的公民当选的比例（13%）低于其占人口总数的比例（19.3%，2001 年人口普查），但是这个“人口平价”（demographic parity）水平，远高于美国（2% 的外国出生的公民当选为众议院议员，外国出生的公民占总人口的比例为 14.7%）和澳大利亚（这两个数字分别为 11% 和 23%）或任何欧洲国家（实际上在法国，绝大部分外国出生的国会议员都是法国外交官或殖民者的孩子，不是移民族裔血统的人）。与其他国家相比，加拿大的政党更有可能积极吸纳少数族裔的候选人，并让他们在有竞争力的选区参选（不是仅作为象征性的候选人），一旦获得提名，没有证据表明加拿大的选民会歧视（排斥）这些候选人。

关于机会平等，他提出，加拿大的新移民少数族裔在获得技术和将这些技术变成相应的工作这两个方面都具有比较优势。根据最近的一份经合组织（OECD）的研究报告，加拿大移民和少数民族的孩子比任何其他西方民主国家移民和少数民族的孩子能受到更好的教育。在西方国家中独一无二的是，加拿大的第二代移民确实比非移民的孩子做得更好。就获得工作而言，所有西方国家的移民在将他们的技能转化为工作的过程中，都遭受着“族裔的惩罚”（ethnic penalty）。当然，这种族裔的惩罚的大小，因国家的不同而不同。根据英国研究院（British Academy）的最近一份研究，这种族裔的惩罚在加拿大是最低的。

---

① Erin Tolley, “Multiculturalism Policy Index: Immigrant Minority Policies,” *School of Policy Studies*, Queen's University at Kingston, 2011, Canada.

② Will Kymlicka, “Testing the Liberal MulticulturalistHypothesis: Normative Theoriesand Social Science Evidence,” *Canadian Journal of Political Science*, Vol. 43/2, 2010, pp. 257 - 271.

关于社会团结，金里卡指出，加拿大人视移民和人口的多样性为自身加拿大身份的关键组成部分。与其他西方民主国家相比，加拿大人更有可能认为移民是有益的，而更少可能相信移民容易犯罪。移民少数族裔也投桃报李（return the compliment），他们对加拿大国家有着很强的自豪感，最自豪的是加拿大的自由、民主和它的多元文化主义。这种高水平的相互认同也反映在这样的一个事实中——即使族裔的多样性在其他国家被证明侵蚀社会资本或信任，但在这方面似乎总存在着一个“加拿大例外论”。

金里卡关于移民多元文化政策赋权效果的评价多少带有一些理想主义色彩及“报喜不报忧”的嫌疑。实际上，正如其批评者所指出的那样，多元文化主义政策在尊重文化差异、接纳不同价值观的同时，一开始就具有某种很强的政治策略性，这种政治策略性反映在对待新移民少数族裔方面，就是策略性地造就一种搁置矛盾、减轻压力、降低冲突的政治氛围，以消减制度化的种族主义和排外主义可能造成的紧张局面。多元文化主义政策对新移民少数族裔而言，其实质仅在于承认他们的文化“存在”，而并不在政治参与、经济分享和社会接纳等方面采取实质性的行动，它对于新移民少数族裔的意义，多限于象征性而缺乏实质性内容。一些加拿大学者指出，大部分新移民少数族裔“认为多元文化主义策略是失败的。他们认为政府只是口头承认种族和民族差异，庆祝民族节日和流行文化，不过是把少数族裔异域风情化”①。

值得注意的是，多元文化主义政策在实践中，已不可逆转地造成了这样一种现象，即为了反对来自主流社会的歧视，主张新移民少数族裔采取战略性退步，即“回归少数族群的原有文化和价值体系……追求独立机构和并联机构的发展”②，其结果是一系列以新移民少数族裔为中心的小企业、小商业、教堂（清真寺）、社区中心和特殊学校的出现。针对此，一位新移民少数族裔学者尖锐地指出，主流社会不能在其体制中接纳少数族裔是一种错误，但脱离主流社会建立单独的如黑人学校则是另一种错误。他还认为，建立黑人学校是主流社会的一个阴谋，也是（新移民）多元文化主义政策的动机之一，目的就是要把这类学校的“黑人小孩作

---

① ［加］安顿·L. 阿拉哈：《主流族群与少数族群的权利之辨：论加拿大黑人、社会团体与多元文化主义》，《深圳大学学报》（人文社会科学版）2011 年第 3 期。

② 同上。

为未来廉价劳动力的后备军，并教育黑人小孩从意识上接受将来他们所要面临的低薪工作”。

以上我们就金里卡及反对者关于新移民多元文化主义政策赋权效果作了简单分析。值得注意的是，当前关于移民多元文化主义政策的批评，已经不再简单、笼统地重复类似“多元文化主义政策影响国家统一、破坏社会团结”等宏大话语，而是侧重于沿着其发生作用的方式、轨迹、意义和关联性的方向，发现多元文化主义政策之于新移民少数族裔的实际社会及政治效果。

公允地说，新移民多元文化主义政策对新移民少数族裔的实际效果应该介于其拥赞者（金里卡）和批评者之间。笔者认为，总的说来，多元文化主义政策一方面使新移民不同程度地保全了自己的宗教和传统，赢得了文化上的承认和尊重；另一方面，也使他们与主流社会之间始终存在着一种价值观上的张力，而后者从长期来看，明显影响了新移民的融入和发展。一份由瑞尔森大学多元化研究所在多伦多大区做的可见性新移民少数族裔在各领域任领导职务的情况调查研究①缩略性地反映了这一点。在这个研究中，加拿大的可见性新移民少数族裔在“民选官员”等六大领域，担任领导职位的比例都远远低于其人口比例（见表 8 - 1，据加拿大统计局公布的数据推算，2009—2011 年可见性新移民少数族裔人口占整个多伦多大区人口的比例在 40%—49.5%）。

表 8 - 1　　2009—2011 年多伦多大区可见性新移民少数族裔担任领导职务情况　　(%)

	2009 年	2010 年	2011 年
民选官员	16.1	15.4	19.0
公共领域高管	8.1	9.4	8.8
企业董事会和高管	4.1	4.1	4.2
志愿部门董事会和高管	12.8	12.5	12.5
教育部门董事会和高管	19.8	19.9	20.0
政府机构任命的官员	18.6	22.3	22.0

① A Snapshot of Diverse Leadership in the GTA, Diverse City Counts 3, 2011. by Diversity Institute, Ryerson University.

续表

	2009 年	2010 年	2011 年
平均比例	13.4	14.0	14.5

在极具有说明意义，又富有象征意义的法律领域中，可见新移民少数族裔担任领导职务的比例更是低得惊人（见表 8－2）。

表 8－2　2011 年多伦多大区可见性新移民少数族裔在法律领域担任领导职务情况

	总人数（人）	调查人数（人）	调查百分比（%）	少数族裔人数（人）	少数族裔人数百分比（%）
法官	249	180	72.3	15	8.3
管理机构与法学院	38	38	100	4	10.5
律师事务所	2191	2178	99.4	144	6.6
政府法律服务人员	14	14	100	0	0
总计及平均数	2492	2410	96.7	163	6.8

文化上的承认或接纳可以在短时期内，在情感上赢得新移民少数族裔对加拿大国家的认同，尤其是对那些来自战乱国家的移民更是如此。① 但是从长远和理性的角度来看，新移民少数族裔的国家认同与其融入和发展程度密切相关。一般来说，新移民越是融入——积极有效的政治参与、体面的职业和收入以及较发达的社会交往空间（公民社会网络）和私人网络，就越有更强的国家认同，这一点在笔者所作的田野调查中表现得特别明显。②

根据权威性的加拿大民意调查公司安格斯瑞德（Angus Reid poll）近期作的一份调查，55% 的加拿大人认为多元文化主义政策“非常好”，与此同时又有 54% 的加拿大人认为，加拿大应该成为一个大熔炉（a melting pot），这两个貌似矛盾的调查结果，不仅间接地评价了多元文化主义政策

① 参见周少青《加拿大移民是怎样看待他们的国家认同的》，载《中国民族报》2012 年 10 月 12 日。

② 同上。

对新移民少数族裔的政治及社会效果，而且还指出了加拿大国家下一步努力的方向——让多元化的人口成为“Canadian”，让加拿大成为一个伟大的多民族国家。

总的来看，多元文化主义政策是加拿大国家为建构统一的多民族公民国家而做出的一次重大努力。在多元文化主义政策正式推出前，加拿大社会的四元结构（英裔人群、法裔人群、移民群体和土著人群体）的差异公民权利格局已然形成，为消弭这种重大差异的公民结构，1960年，加拿大政府批准了反对基于民族、种族、肤色、宗教或性别歧视的《加拿大权利法案》，1969 年即多元文化主义政策正式推出前夕发布《官方语言法》和《印第安人政策白皮书》，推出了《二元加拿大》的报告，决心以英裔、法裔二元结构建设统一的加拿大国家，在这种尝试遭到失败之后，转而推出了涵盖新移民和土著民族在内的多元文化主义政策。①

从这种历史脉络，我们可以清晰地看出，加拿大多元文化主义政策的推出，并不像许多论者所指出的那样，是为了鼓励和颂扬差异，而是为了通过最大限度地容纳、接纳已经成为事实的多元文化来整合三类差异很大的少数民族（族群）。特鲁多以“一视同仁”来解释多元文化主义政策，反映了加拿大政府试图以多元文化主义政策黏合四元结构、建构统一多民族国家的良好愿望。

时至今日，加拿大的多元文化主义政策已经实施了近半个世纪，其对三类少数民族（族群）的整合效果总的来说可以描述为形式意义大于实质意义。形式上，三类少数民族（族群）都是加拿大多元文化国家身份平等的公民，享有同等的公民权利。而实质上每一类少数民族（族群）都享受着明显的差异性权利：土著民族享有土地权利、自治权利和文化权利；法裔民族在享有高度的领土自治权利的同时，还享有整个联邦范围内

① 这一脉络在特鲁多总理在众议院的讲话中，表现得非常清晰。他说在过去很长一段时间内，政府的公共文化投入主要给了英语语言艺术和文化，由于皇家双语和二元文化委员会的建议，政府有意识地支持和鼓励法语机构和文化，并采取多种措施发展土著民族的文化教育事业，现在政府必须接受来自组成加拿大的其他族裔的意见和建议，支持所有给加拿大带来活力和特色的族裔文化。特鲁多明确指出，不能对英裔、法裔群体采取一种政策，对土著民族采取另一种政策，对其他族裔成员实行第三种政策，国家的统一和团结需要的政策只能是多元文化主义政策。See *Cultural Diversity and Canadian Education*: *Issues and Innovations*, edited by John R. Mallea & Jonathan C. Young, Ottawa : Carleton University Press, 1984 p. 518。

的官方语言权利。相形之下，新移民少数族裔享有的权利十分有限，他们实际上只享有一定的文化（语言）权利和程度非常有限的（族裔）政治代表权。也许在这个意义上，我们可以把多元文化主义政策下的加拿大称为一个“虚假平等的公民国家”。

第九章　加拿大多民族国家构建中的国家认同问题

由于多民族国家构建的特殊历史过程和民族（族群）成分的高度异质性，加拿大多民族国家的国家认同呈现出非常复杂的面相。理论上说，加拿大多民族国家各民族（族群）的国家认同发展经历了三个大的历史阶段。第一个历史阶段为加拿大自治领成立之前，这一时期的基本特点是，法、英殖民者以及土著民族三方，或各自为政，或大演“三国演义”，不存在加拿大意义上的国家认同。

第二个历史阶段为自治领建立至“二战”结束，这一时期加拿大实际上存在四种有冲突的民族（族群）认同而无真正意义上的国家认同。以盎格鲁—撒克逊人为代表的英裔民族在政治上高度认同英帝国而非加拿大自治领，这一阶段即便是出现了以他们为代表的所谓“加拿大第一”的运动，其本质上都是一场“英国化”的运动。这一阶段土著民族的认同相对简单，他们首先认同本部落或部族，但这种认同尚未上升到“民族认同”。在政治国家层面，他们很大程度上依赖和认同于英王。自我认定为“被征服民族”的法裔人从自治领建立时就牢牢树立了“永志难忘”的民族情结。他们高度留恋和守望法兰西文化，留恋它的语言、宗教、法律和生活方式。法裔人对英帝国的态度很大程度上不是认同的强弱问题，而是是否认同的问题。

新移民少数族裔由于内部的种族结构的差异，对英帝国的认同表现出明显不同的态度。一般来说，新移民少数族裔中的白人群体在依旧认同自己来源国的同时，对英帝国或者说加拿大自治领有一定程度的认同，而同时期的“可见性”移民少数族裔①则对英帝国或加拿大表现出明显的排斥态度，这种排斥态度既与种族、文化上的差异有关，更与他们在这个英法裔主导的国家遭受到的严重的权利剥夺状况密切相关。

总的来说，在自治领建立至“二战”结束这一长达近80年的时间内，由于各种历史和政治因素的交相作用，无论是英法裔民族之间，还是新移民少数族裔与英法裔民族之间都出现了深刻的矛盾和冲突。这些矛盾和冲突的表现之一便是严重缺乏共同的政治认同（国家认同）。

第三个历史阶段即“二战”后（1946年）至今，这一时期加拿大国家认同方面的一个重要变化是，英裔民族不再以英帝国和英国臣民为关键词来整合其他民族和族群——而是选择以“加拿大和加拿大公民”作为国家认同和整合的新目标和基准。从此，加拿大的各民族（族群）对加拿大多民族国家的认同逐步提上了历史和政治日程。在国家认同问题上，第一时期四个有冲突的民族（族群）认同转换为三个少数民族（族群）对加拿大国家的认同关系。在此过程中，英裔民族实现了与加拿大国家的重合。

在第三个历史阶段的早期，英裔民族主导的加拿大国家试图以“公民化”的手段将三个少数民族（族群）整合成“无差别的”加拿大公民，从而实现他们对加拿大国家的认同。这一企图首先遭到希望保存历史特权和文化的土著民族的坚决反对，也同样遭到希望保存自身文化权利的新移民少数族裔群体的抵制。法裔民族则因为始终对任何名目的试图消灭他们民族特殊性的做法保持着警惕和防范而坚决反对任何形式的同化政策。在公民主义的认同整合失败后，加拿大政府推出了多元文化主义政策。希望在维护或保护各个民族文化特性和身份同时，实现对他们加拿大国家的认同。多元文化主义政策的推行总体上促进了加拿大各民族（族群）的国家认同（其中新移民少数族裔的国家认同明显增强），但法裔民族和土著民族的国家认同问题已然困扰着加拿大政府。

---

① “可见性少数族裔”（visible minority）是加拿大（联邦统计局）所使用的一个与其平等就业政策相关的人口统计类别，指所谓除了土著人以外的所有非高加索人或非白人。“可见性少数族裔”与美国的“有色人种”（people of color）具有相似的区分功能，但有所不同的是，后者包含了土著人。在加拿大的语境下，“可见性”这一限定词具有非常重要的意义，因为从殖民地时期开始，加拿大的政治分野传统上一直是以语言（法语对英语）、宗教（天主教对新教）的“不可见性”特点区分的。

第一节　土著民族的国家认同问题

一　土著民族的早期认同

在欧洲殖民者到达美洲到七年战争结束以前，土著民族一直是游离于法国殖民者和英国殖民者间的一支相对独立的力量。他们散居于美洲大陆，有着各自的部落认同或部族认同，尚没有产生任何近代意义上的“民族认同”或“国家认同”。七年战争后，土著民族由法英殖民者的“合作伙伴”变成英国殖民者单独统治下的英国臣民。《皇室公告》的发布结束了印第安人长达数千年甚至万年以来的“自由自在”的生活，从此他们沦为英国殖民者家长制意识形态下的被监护者。

由于印第安人与英国殖民者在殖民早期贸易和生活上的互相依赖，加上1812年曾共同抵御美国入侵的共同历史经历，尤其是由于英国殖民者对加拿大的印第安人总体上采取了和平的、“监护式”的态度，加拿大的土著民族对英国殖民者不仅没有产生明显的对立情绪，而且在一定程度上依赖和认同于英国殖民者尤其是英国王室。自治领建立以后，英国殖民者通过种种途径巧取豪夺了土著民族的大量土地，但是由于采取了协商谈判的条约形式，并且支付了年金、农具、服装、车马、枪械等形式的“对价”，土著民族仍然不仅没有产生过分对立的情绪，相反，他们无论是在物质上还是精神上，都加重了对英国王室（殖民者）的依赖和认同。在印第安人的世界里，他们自愿奉英国女王为“女主”甚至称呼女王为“伟大母亲”（Great Mother）。[①] 1876年克里族印第安人在同英国代表签订条约后，激动地握住英方代表的手说“握你的手就像握住了我们的母亲——女王的手一样”[②]。土著民族的这种认同情绪在两次世界大战期间表现得最为明显。尽管早在1873年的三号条约的协商过程中，印第安人就得到了“永远不会让他们到外

① James Dempsey, Aboriginal Soldiers in the First World War, Library and Archives Canada, https: //www. collectionscanada. gc. ca/aboriginal-heritage/020016 - 4001 - e. html.

② Alexander Morris, *The Treaties of Canada with the Indians of Manitoba and the North-West Territories: Including the Negotiations on Which they were Based and Information Relating Thereto*, Toronto: Willing and Williamson, 1880, p. 225.

面去打仗”的承诺[①]，也尽管“一战”时期的印第安人依旧是联邦政府的受监护者，因而没有独立的公民义务和责任，但他们却表现出了积极的参战决心和态度。[②] 一名印第安人在参军时激动地表示“我参军是为了我的国王和国家”[③]。显然，印第安人的这种认识和意识表明他们是高度认同英裔民族所代表的加拿大联邦。

“二战”期间印第安人对乔治国王也表现出了相似的忠诚和认同。战争爆发后，一名印第安人族长宣布“每一个印第安人都将为乔治国王而战”[④]。尽管实际上参加两次世界大战的印第安人数量占加拿大总参战人数的比例很小、伤亡也不是很大。[⑤] 但土著民族在战争期间表现出的对英王和加拿大的认同和支持是令人印象深刻的。

当然正如许多中外学者都认为的那样，以印第安人为代表的土著民族积极参加两次世界大战并不能全然解释成出于他们对英国女王和加拿大联邦的忠诚。在他们积极参战的背后既有尚武精神的促动，也有改善贫困生活的动机。[⑥] 尽管如此，两次世界大战期间成千上万的印第安人愿意为英王和加拿大而战，仍然具有十分强烈的象征性意义。它表明“二战”前的土著民族对英裔民族有着很强的基于精神和物质的依赖和认同。这种依赖和认同，不仅使他们以微小的要价将大量的土地让予英王和联邦政府，也使他们自始至终将英王和联邦政府视为自己“信托人”——忘记了自身作

---

① Alexander Morris, *The Treaties of Canada with the Indians of Manitoba and the North-West Territories: Including the Negotiations on Which They were Based and Information Relating Thereto*, Toronto: Willing and Williamson, 1880, pp. 50, 69.

② James Dempsey, Aboriginal Soldiers in the First World War, Library and Archives Canada, https://www.collectionscanada.gc.ca/aboriginal-heritage/020016－4001－e.html.

③ Timothy C. Winegard, *For King and Kanata: Canadian Indians and the First World War*, Winnipeg: University of Manitoba Press, 2012, p. 3.

④ P. Whitney Lackenbauer, John Moses, R. Scott Sheffield, Maxime Gohier, “A Commemorative History of Aboriginal People in the Canadian Military,” *Cottawa*, On. National Defence, 2010, p. 137.

⑤ 如“二战”中土著民族士兵只占到加拿大部队的0.4%。两次世界大战中共有500多名印第安人士兵牺牲在海外战场。P. Whitney Lackenbauer, John Moses, R. Scott Sheffield, Maxime Gohier, “A Commemorative History of Aboriginal People in the Canadian Military,” *Cottawa*, On. National Defence, 2010, p. 119。

⑥ “二战”时期一名务农为生的印第安人在谈到参军的动机时指出“我算了一算，一天1.5元的津贴要比我现在干的强很多，此外还可以得到食物和衣服”。P. Whitney Lackenbauer, John Moses, R. Scott Sheffield, Maxime Gohier, “A Commemorative History of Aboriginal People in the Canadian Military,” *Cottawa*, On. National Defence, 2010, p. 136。

为一个民族的主体性和自主性。这种局面自“二战”后逐渐开始改变。

二　土著民族的国家认同问题

“二战”后，由于种种国内外因素的共振，土著民族的民族意识逐渐被唤醒。从国际因素来看，“二战”后亚非拉殖民地的民族解放和民族独立运动风起云涌。土著民族作为受压迫和被剥夺程度最深的被殖民民族之一，其平等意识和权利斗争意识逐渐苏醒。从加拿大国内情况来看，“二战”后新公民法的颁行、加拿大权利法案的实施以及各种反歧视政策和立法的推行，尤其是20世纪60年代法裔魁北克的主权主义运动或实践以及联邦政府的《印第安人政策白皮书》等，极大地唤醒和增强了土著民族的民族意识和自我认同观念。

其中1969年联邦政府推出的“印第安人政策白皮书”对土著民族的民族意识的觉醒并进而联合提出一系列权利诉求起了反向推动的作用。本来“白皮书”试图以统一的公民权利来取消印第安人的特殊权利（保留地、年金、免税等），但印第安人把联邦政府的意图理解成要消灭他们的文化权利和身份。为了捍卫自身的文化身份和特性，印第安人开始在全国范围内动员并陆续提出了一系列新的权利和诉求。20世纪70年代伴随着多元文化主义政策的实施和随后联邦最高法院对土著人土地权利的确认，土著民族的权利诉求范围逐步扩大，从文化权利、历史权利和条约权利延伸到具有明确内容和诉求的土地权利和自治权利。在进一步的权利实践中，土地权利和自治权利逐渐被土著民族发展为要求与联邦政府对等的“自决权”或“主权”。一些土著民族甚至宣布建立自己的“国家”或在自治领土上建立自己的“公民权利”体系。

“土著民族主权”的提出既受到历史上英国殖民者在官方文件如《皇室公告》中称土著民族为“民族”（Nation）及相关实践的重要影响，也受到现实中魁北克法裔民族“主权”理论和实践的影响。① 如果我们把主权简单分为“政治主权”“行政主权”“法律主权”和“文化（语言）主

① 至少自20世纪60年代以来，土著民族与加拿大政府关于“主权”的斗争一直受到魁北克的影响。事实上，魁北克每在“主权主义”实践或独特社会诉求方面提出新的主张或取得的新的进展，土著民族就会自觉或不自觉地加以比较和跟进。在土著民族看来，他们的主权身份至少不低于魁北克法裔民族。

权”的话，我们就会发现，土著民族几乎在有关主权的所有方面都与加拿大联邦项下的主权相冲突。

首先，在政治主权方面，大部分土著人以美洲大陆的主人自居，他们把“故土”视为自己民族认同的第一要素，认为他们的土地、水域、动植物、生态以及与神灵形成的关系是构成他们民族认同的全部基础。多数印第安人声称他们从来都没有把土地完全“出让给”欧洲白人，白人基于历史土地条约占有土地是一种有条件占有。从根本上来讲，白人不拥有对所占土地的所有权。从此出发，一些土著村落社和社区甚至不承认加拿大国家的主权，也不庆祝加拿大的国庆日。①

在土著民族的主权诉求上，加拿大政府面临着两难选择——因为土著民族提出的全面承认加拿大主权的条件是加拿大政府同时也承认他们的主权。② 在土著民族看来，两个主权是可以并存的。

其次，在行政主权方面，土著民族认为他们的自治政府（包括保留地村落社自治政府、区域和地区性的自治政府）应该在行政级别上高于或者至少与省级平级。这一认识与联邦政府对土著民族自治政府的定位——“相当于地方各市，从属于联邦和省政府”③ 的理想定位相差甚远。

再次，法律主权方面，土著民族主张全面控制其法律事务，尤其是在事关其传统的生活方式如捕鱼、狩猎、节日活动等方面，坚持不受联邦法律的约束。对于加拿大宪法包括权利和自由宪章，土著民族采取了一种实用主义的立场。当援引宪法可以保护自己的权利时，他们便尊重宪法并以

---

① 1997 年，在第一民族议会的一次选举大会上，6 位候选人被问及“是否认为自己是加拿大人”时，其中 3 位作了否定的回答，其他 3 位认为自己是第一民族和加拿大的双重公民。2003 年加拿大智库研究机构对 600 名土著人做了国家认同的调研，结果是保留地上的土著人对加拿大国家的认同率为 56%，在城市居住的土著人的认同率为 62%。这个比例与上述候选人 3∶3 的各占 50% 的比例相差不大。Andrew Nurse, Raymond Blake, *Beyond National Dreams: Essays on Canadian Citizenship and Nationalism*, Markham, On.: Fitzhenry & Whiteside, 2009, p. 257; Evelyn Peters, “First Nations and Métis People and Diversity in Canadian Cities,” *in Keith Banting*, Thomas Courchene and F. Leslie Seidle, *Belonging? Diversity, Recognition and Shared Citizenship in Canada*, Publisher: Institule for Research on Public Policy, 2007, p. 232。

② 一位拒绝在加拿大国旗面前作证的土著人明确表示：“我虽然生活在这个国家，但我并不承认你们所谓的国家，因为你们不承认我们的主权（sovereignty）。” Tom Flanagan, *First Nations? Second Thoughts*, McGill-Queen's University Press, 2008, p. 51。

③ 丁见民：《二战后加拿大的土著民族自治政策及存在问题》，《山东师范大学学报》（人文社会科学版）2007 年第 6 期。

宪法中所确认的土著权利来对抗联邦政府或其他当事人；当宪法可能对他们的权利产生制约作用时，他们又往往搬出他们“在先的主权”来对抗宪法。

最后，在文化（语言）主权方面，土著民族坚持他们独特的文化身份和特权，认为联邦的任何政策或立法都无权对土著民族的文化主权做出改变。为此他们反对将他们的文化降格为普通族群文化的多元文化主义政策。在语言权利方面，他们坚持土著民族的50多种语言应该与英语和法语享有一样的地位，为此反对加拿大联邦的双语官方语言政策。

第二节 魁北克法裔民族的国家认同问题

一 法裔民族的国家认同问题

法裔民族的“国家认同”问题是一个十分复杂的历史和现实问题。从历史的角度来看，法裔民族最先造就了“加拿大人”（Canadian），他们曾是加拿大领土上最骄傲、最富有认同感的加拿大人。七年战争使曾经骄傲的“加拿大人”① 变成了英国殖民者的“臣民”，从此“加拿大人”主体换位，法裔民族开始了对英裔民族主导的“加拿大国家”漫长的抵制。七年战争后，法裔民族将自己定位为“被征服的民族”或“被占领的民族”甚至是“被殖民的民族”，为了与英裔加拿大人区分开来，法裔民族开始自称为“法裔加拿大人” （French Canadian）或讲法语的人（Francophone）。平静革命后，伴随着经济自主性的提高和世俗化程度的提高法裔加拿大人又开始放弃“法裔加拿大人”的称呼，转而宣称自己为“魁北克人”，表现出了明显的独立意识。

总的来说，法裔民族的“国家认同”大致经历了三个阶段。第一个阶段为新法兰西时代，这一阶段法裔民族的国家认同全面体现于他们对自己创建和全面控制的新的政治实体——新法兰西的忠诚和热爱。新法兰西不仅包含着欧洲本土法国国家的要素，也包含着法兰西人在新的领土上独特创建的要素。法裔民族把这两种要素结合为“加拿大人”，他们对这种

① Peter Moogk, *La Nouvelle France: the Making of French Canada-a Cultural History*, Michigan State University Press, 2000, p. 144.

加拿大人充满着认同和骄傲。

第二阶段为七年战争结束后的近200年时间，这一阶段法裔民族失去了对“世居领土”——新法兰西的控制，沦为一个被控制和“占领”的从属民族或少数民族。在这近200年的时间里，法裔民族一方面通过艰辛的斗争维护自己作为一个世居民族的独特性，另一方面试图通过联邦范围内的政治和法律的重构来实现与英裔民族同为两个平等的“建国民族”的目标。与这两种努力和目标相适应，法裔民族一方面极其认同其作为一个独特的少数民族的身份，另一方面也准备有条件地认同加拿大联邦。这一期间由于受到英裔民族的不断打压（镇压）、控制和同化，法裔民族对加拿大联邦的认同持续受到削弱——其中的一些重大历史事件极大地激发了法裔民族的民族情绪和民族主义，使他们原本就脆弱的国家（联邦）认同受到进一步的损害。①

从纯粹的文化情感上来讲，法裔民族对自己的新法兰西祖先和文化根国——法国怀有一种深深的情感，这种情感一直影响着他们对英裔主导的加拿大的认同。法裔民族认为是他们的祖先发现、开垦和经营了加拿大这块土地，加拿大的一切，包括传统、风景、记忆和历史上的联系，使法裔人深深认识到这是一块生他养他和留给他们的土地。这块土地下掩埋的法裔人的尸骨是法裔后代的遗产和荣耀。法裔人对本民族过去的辉煌成就和记忆有着深深的留恋。② 对于即使是在新法兰西时期都没有过多的投入的文化根国法国，法裔民族同样也抱有深深的情感——不仅普通的法裔人如此，就连担任联邦总理职位的法裔人劳里埃也是如此。劳里埃在1897年

---

① 按照历史时序，这些重大事件主要有：帕皮诺领导的法裔民族民主起义、路易·里埃尔领导的两次反英暴动、第二次布尔战争、“一战”和“二战”等。1837年，帕皮诺为保护下加拿大法裔民族的民主权利而发动起义遭到镇压；里埃尔起义失败后，英裔以“叛国者”和“杀人犯”的罪名将其处死，而法裔则将其视为“爱国者”和“圣徒”。这里“爱国者”和“叛国者”的强烈反差充分反映了法裔和英裔在国家认同方面的裂痕。第二次布尔战争期间，英裔参战的决心坚定而又狂热，法裔则拒绝出兵去和他们有着血缘关系的布尔人作战。法裔和英裔的这种（认同）裂痕同样反映在“一战”和“二战”期间。“一战”期间，法裔认为战争是为英帝国服务的，他们在征兵问题与英裔发生了激烈的冲突，有的法裔人干脆将拒绝参战的理由说成是“因为讨厌英国国旗”。此外“一战”期间，法裔对英裔的一边督促他们“为国参战”，一边在一些地区如安大略省立法压制法语的行为也深恶痛绝。“二战”期间法裔与英裔在参战问题上经历了与“一战”（期间）相似的冲突。

② Louis Philippe Brodeu, “The Loyalty of French-Canadians to the Empire,” *The Empire Club of Canada Addresses* (Toronto, Canada), 3 Mar, 1904, pp. 95 - 103.

对法国的一次访问中深深地表达了那种精神上的依恋。他说："虽然与法国相分离，我们一直满含热情跟随着法国，分享她的荣光、胜利和喜悦，分担她大部分的哀伤。啊，我们不知道法国对我们有多亲切，直到有一天她遭遇不幸。如果有一天你们遭受什么，我们的痛苦不会比你们少。"①

英裔群体长期对法裔少数民族政治上的打压、文化上的排斥加上法裔对自身文化和传统的深深依恋形成了一推一拉两种力量的合力，正是这种合力造成了法裔民族近200年的疏离或离心倾向。

第三阶段为平静革命至今，这一阶段法裔民族在"国家认同"问题上发生了实质性的转变，即从泛法裔民族主义情绪和言论转向一种具有实质意义的分离活动。转向的契机是20世纪60年代的平静革命。平静革命使历史上长期遭受排斥、打压和同化压力的法裔民族第一次获得了经济方面的主导权和文化上的自信，这种经济上的主导权和文化上的自信加上民主体制下政治上的绝对优势，羽翼丰满的法裔民族开始谋求自决权意义上的独立或分离。这一时期法裔民族不再追求联邦框架内的与英裔民族平等的建国民族身份和地位，他们主动摈弃了历史上最先发展的身份认同——"（法裔）加拿大人"，开始以"魁北克人"（the Quebecois）为重心进行新的认同构建。②

历史地看，法裔民族的这种认同转向有着复杂的政治、文化和经济背景。既有法裔民族自身的问题，也与英裔民族长期以来采取的种种不恰当的整合政策密切相关。从法裔民族一方来看，长期固守民族特性和因此反复遭受排斥的历史经历和记忆使得他们对在联邦的范围内取得与英裔民族一样的平等地位这一目标不再抱有幻想。对他们来说，与其在广袤的加拿大谋取"建国民族"的平等地位，不如在法裔人口集中的魁北克省争取法裔人的独特地位。从英裔民族一方来看，在得到北美加拿大控制权长达近200年的历史时期内，没有能够超越对英帝国的依附和忠诚而建立一个在政治文化上中立的多民族国家，而是一味地强调认同和效忠法裔民族的征服者——英帝国，导致法裔人群在民族心理和情感上始终难以接受

① Philip Resnick, *the European Roots of Canadian Identity*, Peterborough: Broadview Press, 2005, pp. 26－27。转引自贺建涛博士论文。

② 他们这样构建自己的认同：在一个叫魁北克的地方，住着一群独特的人，他们有着光荣的历史，这种光荣而又独特的历史塑造了他们的认同，他们就是魁北克人。Rene Lévesque, *A Option for Quebec*, Toronto: McClelland and Stewart Inc., 1968, p. 14。

“英帝国的加拿大”这一政治共同体。“二战”后在进行迟来的加拿大公民身份建构不久，就着手对土著民族和新移民少数族裔进行公民主义的“划一”行动，在遭受抵制后匆忙宣布实施多元文化主义政策，而多元文化主义政策的宣布或者说二元文化主义政策的取消使得法裔民族在联邦内谋求二元建国民族地位的梦想终于破灭，由此间接加快了法裔魁北克独立的步伐。

从现实的角度来看，法裔民族不仅在加拿大联邦内属弱势的少数群体，而且处在北美大陆英语浩瀚世界的包围之中，这一“文化孤岛”的现实处境加上历史上长期遭受排斥的经历和记忆，使得法裔民族形成了一种特有的脆弱政治心态和文化心理。他们对英裔主导下的“国家认同”话语充满着警惕和不信任，对在加拿大联邦内保持自己的文化特性和政治主导权心存疑虑。

在上述历史和现实的种种因素交织下，法裔魁北克人与 1980 年和 1995 年先后掀起了两次分离主义运动。

二　法裔魁北克人的两次分离主义的实践

1976 年，魁人党赢得魁北克省大选，莱维斯克出任省总理。平静革命中崛起的法裔新中产阶级大批进入内阁，英裔民族则第一次被完全阻挡在内阁之外。[①] 魁人党的执政和法裔人全面控制内阁为法裔魁北克人全面启动魁北克的主权主义实践即主权——联系方案或分离运动提供了条件。分离运动的第一步是，通过魁北克的全民公决，决定是否授权省政府就主权——联系方案与联邦政府谈判。魁北克政府发布的全民公决通告称：“魁北克政府已经公布与加拿大的其他部分在民族（nation）在平等的原则下重新签订有关彼此关系的协议草案，这一草案将使魁北克在立法、征税和外交方面获得专属权——也就是主权。与此同时，魁北克将在共同的货币等方面与加拿大保持经济上的联系。由谈判所导致的（魁北克）政治地位的任何变化将只能在经过另一次的公投后方能实现。[②] 基于以上条款，你是否同意授权魁北克政府就草案的内容进行谈判？”1980 年 5 月 20

① Kenneth McRoberts, *Quebec: Social Changes and Political Crises*, Toronto: McClelland and Stewart Inc., 1988, p. 244.

② 也就是说，在第二次公投前魁北克在与加拿大的谈判中政治地位不变。

日，魁北克人纷纷走向投票点，就公告的内容进行全民表决。由于事关魁北克和个人今后的命运，魁北克有投票资格的人中有84.3%人参加了这次投票，投票的结果为赞成票为147.8万张，占比40.5%，反对票为217.2万张，占比59.5%①，赞成魁北克留在联邦内的比例高出整整19个百分点。

1980年公投出现这一有利于联邦的结果与多种因素有关，其中1980年重新上台执掌联邦总理的特鲁多发挥了重要的作用。这位富有人格魅力、出身法裔的联邦总理极大地影响了法裔选民。1980年5月14日即全民公决前六天的夜晚，特鲁多发表了“强大的、充满激情而富有逻辑的”演说，他承诺将努力以新的方式把魁北克留在联邦，号召人们在投票中说“不”。特鲁多的演说彻底撕碎了分离主义分子的分离哲学，成为1980年公投民意发生转变的一个重要的转折点。②

力挽狂澜的特鲁多则强调，通过宪法修改途径解决魁北克问题是一个更有效的途径，他认为实现政治变革的重要途径是使加拿大拥有一部能够更好满足所有加拿大人的需要和期望的新型的现代的起作用的联邦宪法。③ 反魁独成功后，特鲁多及他的后任者继续在“收回宪法”和通过修改宪法使魁北克留在联邦问题上投入极大精力。但是遗憾的是由于这些努力包括收回宪法谈判、米奇湖及夏洛特城修宪谈判等均遭到失败，魁独势力不久就利用法裔民众的极大不满再次挑起分离运动。

1994年魁人党利用《夏洛特顿协议》流产后法裔民众的普遍不满再次赢得魁北克省选举，成为执政党。当年12月，魁人党向魁北克议会提出《魁北克主权法案》（Act Respecting the Future of Quebec）草案，该草案在其序言部分呼吁魁北克人民牢记历史、行使决定自己命运的权利。为了从情感深处赢得魁北克人对独立的支持，序言使用了大量的诗词如

---

① 1980 Referendum on Sovereignty-Association, Canada History, http://www.canadahistory.com/sections/eras/trudeau/1980_referendum.htm.

② 之前由于魁北克省反对党——自由党领袖克劳德·瑞恩在反魁独方面表现平平，导致民调认为魁独势力可能赢得投票。特鲁多的演讲使形势发生逆转。See 1980 Referendum on Sovereignty-Association, Canada History, http://www.canadahistory.com/sections/eras/trudeau/1980_referendum.htm。

③ Kenneth McRoberts, *Quebec: Social Changes and Political Crises*, Toronto: McClell and and Stewart Inc., 1988, p. 326.

"我们懂得存在于我们灵魂深处的冬天，我们懂得它的寒冷的岁月，它的孤独，它的虚幻的永恒和明显的死亡"，序言最后宣布："我们，魁北克人，通过我们的国民大会，宣布魁北克是一个主权国家。在涉及主权的实质性内容方面，草案提议授予魁北克国民议会在立法、税收和对外签订条约方面的专属权及宣布魁北克主权的权力。"

为了使草案的内容深入人心，魁北克政府不辞辛苦地将草案送至每家每户。1995 年 9 月魁北克议会通过《魁北克未来法案》，宣布成立魁北克"制宪委员会"（Constituent Commission），将通过制定新宪法宣布魁北克为一个独立的"法语国家"。1995 年 10 月 30 日全民公决正式举行，投票的主题是：你是否同意魁北克在与加拿大建立一种新的经济和政治伙伴关系后成为一个主权国家？①

由于魁北克政府的广泛动员和魁北克民主行动党以及联邦层面魁人党团的加入以及各种反对独立力量的空前介入，参加这次公决投票的人创下了魁北克历史之最——占到了有投票资格的 508.7 万人的 93.52%。投票结果显示，赞成独立的比例达到了空前的 49.42%。据统计，有 60% 的法裔人投下了赞成票，英裔民族和其他少数族群中有高达 95% 的人投了反对票。② 赞成魁北克继续留在联邦内的力量以微弱的优势取得了的胜利。

1995 年魁独公决中一个特别值得关注的现象是，为了留住"去意"颇为坚决的法裔魁北克人，加拿大各界包括其他省区的法裔人表现出空前团结，他们用真挚的情感和恳切的目光"挽留魁北克"。历史记录了公投那几日发生在魁北克和全加的动人情景：

> 连日来，为了"留住魁北克"，在全加各地都能看到许多动人的场面。克雷蒂安总理在电视上发表讲话，诚恳呼吁魁北克人留在加拿大；在安大略省，妇女们眼含热泪表示"统一的加拿大是我们的选择"；在温哥华，连儿童也在标语中写出了他们的心声，"魁北克，

---

① 英文原文为：Do you agree that Quebec should become sovereign after having made a formal offer to Canada for a new economic and political partnership within the scope of the bill respecting the future of Quebecand of the agreement signed on June 12, 1995?

② Mario Cardinal, *Breaking Point: Quebec, Canada, The 1995 Referendum*, Montreal: Bayard Canada Books, 2005, p. 405.

我们爱你”。

最让人感动的场面是在蒙特利尔市，15 万来自全加各地的男男女女，10 月 28 日顶风冒雪赶到市中心广场，以他们的深情呼唤和拥抱，让魁北克人看到，没有人愿意这个省脱离加拿大。从整个的“挽留运动”中不难看到，维护国家团结和统一的热诚，已远远超过了政治上的“离合与利害之争”。①

更让人们为之动容的是法裔人口占比比较高的新不伦瑞克省，那里的法裔人群为了能够继续在加拿大多民族社会中和平安宁地生活，发出了“不要丢下我们”的乞求和呼声。

法裔魁北克走向公投是法裔少数民族国家认同状况（观点）的逻辑产物。据一些机构的调查，从平静革命到 1995 年前后，法裔魁北克人对加拿大的认同一直呈下降状态。1969 年自认为是“加拿大人”的比例占 30% 多，之后一直到 1995 年都保持在 20% 以下。在同一时期，自认为是“魁北克人”的比例却从 20% 一直上升到 60% 以上。② 因此，防范法裔魁北克再次走向公投的根本途径在于影响或改变他们的国家认同观念。这对于联邦政府来说是一个巨大的挑战。

第三节　新移民族群的国家认同问题

一　新移民族群的族裔认同与国家认同

在三个少数民族（族群）中，新移民少数族裔群体在国家认同问题上最富有可塑性。如前所述，新移民少数族裔移民加拿大的目的不外乎两种情况，要么是为了追求更好的生活和工作机会，要么是为了逃离（更糟糕的）迫害、战乱和贫困。不管是前者还是后者，他们的到来都是基于利益最大化或祸害最小化的选择，而不是一种命运。移民不远万里来到加拿大，不是为了建立一个与母国或来源国相同或相似的小社会，他们更大的动机在于融入加拿大主流社会，成为加拿大

---

① “历史上的今天（10 月 30 日）”，人民网。

② Pierre Martin and Richard Nadeau, “Understanding Opinion Formation on Quebec Sovereignty,” see Joanna Everitt and Brenda O’Neill, *Citizen Politics: Research and Theory in Canadian Political Behaviour*, Oxford University Press, 2001, p. 147.

国家平等的一员。因此，新移民少数族裔对加拿大国家的认同很大程度上取决于加拿大国家或主流社会对他们的接纳度，即加拿大国家或主流社会对他们的接纳度越高或排斥度越小，他们对加拿大国家的认同度就越高。这一点，可以从加拿大自治领建立以来的整个历史得到印证。

1946 年以前，加拿大政府基于白人种族主义标准对不同类别的新移民采取了不同的移民政策和公民准入标准。从移民政策来看，加拿大政府在移民来源上采取了“优先引入”和“非优先引入”的区别对待政策，其结果是 1946 年前加拿大的移民 95% 以上都是来自英国、法国①、北欧、西欧、中南欧及东欧的白人。从公民准入政策上来看，1946 年以前归化为“不列颠臣民”或加拿大国民的绝大部分都是白人移民。这些非英裔法裔的白人移民因为种族、文化和宗教上与英裔和法裔民族相近或相类似较容易取得“不列颠臣民”或加拿大国民的身份。而被列为“非优先引入”甚至是“不受欢迎的”的可见性新移民少数族裔如黑人、拉美裔和亚裔人群则处于非常不利的处境。② 由于非常严苛的移民政策，他们在整个加拿大人口中数量很少、占比很低。在公民准入方面，他们是最受排斥的人群，归化率或入籍率非常低。

与所受的待遇和处境相适应，1946 年前的新移民少数族裔在国家认同问题上呈现出不同的格局。一般来说，新移民少数族裔中的白人对加拿大国家有较多的认同，他们中的大部分人至少保持对本族群和加拿大国家的双重认同。两次世界大战期间，一些白人移民群体如德裔、意大利裔、乌克兰裔等作为“敌国侨民”遭受了严重的歧视、排斥甚至是迫害，他们对加拿大国家的认同因此而受到严重损害，但是即便是如此，由于加拿大政府对白人移民总体上一直采取了接纳和宽容的态度，他们对加拿大国家的认同也没有受到不可弥补的损害。事实上即使是在两次世界大战期间，他们作为不列颠臣民或加拿大国民（公民）在遭受排斥和迫害的同

---

① 来自英国、法国的移民很快消失在英裔和法裔加拿大社会中，他们在国家认同问题上也分别站在了英裔民族和法裔民族的立场上。按照前面的分类，这两个群体不适于本书所谓的新移民少数族裔。

② 这一时期，犹太人和其他宗教上的白人移民少数族裔与可见性新移民少数族裔的处境有一定的相似性，但总体上还是优越于后者。

时，仍然对加拿大国家表现出了一定的忠诚。①

相形之下，作为不受欢迎和始终受到严重排斥甚至迫害的可见性新移民少数族裔，他们对加拿大国家的认同就大打折扣。以受排斥和迫害最深的华裔来说，由于他们一直生活在严重受排斥和剥夺环境下，他们对加拿大国家远远谈不上认同。在他们眼里，加拿大是一个白人国家，是一个客居的勉强为生的陌生的国度。“二战”期间，具有可见性少数族裔和敌国侨民双重身份的日裔移民，在遭受了严重排斥、迫害和剥夺之后，对加拿大国家的认同降到了冰点。②

“二战”后至1971年期间，加拿大政府在移民和公民准入方面逐步采取了平等主义政策，这期间可见性新移民少数族裔的数量有所增长，被限制和被剥夺的公民权逐渐恢复。表现在国家认同方面，一些新移民少数族裔群体如华裔开始发生变化，从长期以来的完全不认同逐步转向双重认同即既认同本族群，也认同加拿大国家。其他可见性新移民少数族裔群体也经历了类似的变化。这期间新移民少数族裔中的白人群体在继续坚持双重认同的同时，开始关注有可能对他们的族裔文化造成损害的二元文化主义政策。他们公开反对将加拿大文化英法二元化，认为加拿大应该保护各种（族裔）文化。在主张多族裔（元）文化认同的合法性方面，乌克兰裔加拿大人比较活跃，他们举办会议，发表声明，坚决反对英法二元文化认同，主张多元文化认同。可见性新移民少数族裔虽然也有维护本族群文化权利的诉求，但其总体上还沉浸在被剥夺的（公民）权利终于得以恢

---

① “一战”期间，英国对奥匈宣战后，原本处于敌对国家的乌克兰裔表现出了对加拿大的忠诚和认同，他们踊跃报名参军参战，誓言“在不列颠的旗帜下”“牺牲财产和鲜血”。“一战”中人口只有17万多的乌克兰裔参加加拿大远征军的人数达到了1万多人。对此，时任总理的博登曾经评价道，乌克兰裔的忠诚“值得每一个人赞扬”。“二战”时，参加加拿大军队的乌克兰人更是达到了前所未有的3.5万人。除了直接参加战争以外，乌克兰裔还通过踊跃购买战争债券来表达他们对加拿大国家的忠诚。虽然乌克兰裔的积极参战和购买战争债券有着多种复杂的动机，但与他们长期享受“不列颠臣民”或加拿大国民身份的平等待遇等密切相关。参见 John Herd Thompson, *Ethnic Minorities during Two World Wars*, Ottawa: Canadian Historical Association, 1991, p. 6; John Herd Thompson, “the Enemy Alien and the Canadian General Election of 1917,” in Frances Swyripa and John Herd Thompson (eds.), *Loyalties in Conflict, Ukrainians in Canada During the Great War*, Edmonton: Canadian Institute of Ukrainian Studies, University of Albert, 1983, p. 27。

② 1945年由加拿大皇家骑警对日裔所做的一项调查显示，有1万多人愿意放弃加拿大国籍返回日本，这一数字超过已入籍日裔的一半。Tatsuo Kage: Chronicling Japanese Canadians in Exile, National Association of Japanese Canadians; John Herd Thompson, *Ethnic Minorities during Two World Wars*, Ottawa: Canadian Historical Association, 1991, pp. 15 - 16。

复的满足感中。总的来说，“二战”后至1971年多元文化主义政策全面实施，新移民少数族裔中的可见性族裔群体由于处境和地位有所改善，开始认同加拿大国家，而其中的白人少数族裔则开始更多地要求本族群的文化权利和认同。

1971年后，随着多元文化主义政策的全面实施，新移民少数族裔的文化权利和认同得到了加拿大国家的承认和保护。相应地，在认同方面，移民少数族裔群体更多地表现出了双重认同的倾向。据一些学者做的抽样调查，1973年新移民少数族裔群体既认同自身族裔文化，又认同加拿大国家的比例达到46%，只认同本族群文化的占18%，只认同加拿大国家的占36%。①

20世纪90年代以来，加拿大社会出现了对多元文化主义政策批评的声音，主要观点是，认为多元文化主义因过分强调了各个移民族群的族裔文化，而影响了他们对加拿大国家的认同，加拿大因此而日益成为一个碎片化的国家。一时间，许多学者、政治家甚至文学家都加入批判和反省多元文化主义政策的行列，似乎多元文化主义政策是影响移民社会融入和国家认同的实质性因素。

根据2005年的一个调查数据，新移民少数族裔中的白人群体中新近移民、稍早移民和二代移民对本族群的认同分别为47.9%、60.9%和57.3%，同一时期，可见性移民少数族裔的对应数据分别为60.7%、61.8%和44.1%。在对加拿大国家的认同方面，白人群体中新近移民、稍早移民和二代移民的认同率分别为21.9%、53.8%和78.2%，而同一时期，可见性移民少数族裔的对应数据分别为21.4%、34.4%和56.6%。② 以上几组数据中，新近移民的白人少数族裔对本民族和加拿大国家的认同分别为47.9%和21.9%，而新近移民的可见性移民少数族裔的这一数字分别为60.7%和21.4%，可以看出两个群体中新近的移民对本族群的认同率相差不到13个百分点，而对加拿大国家的认同则几乎没有差别。但是值得注意的是，到了稍早移民尤其是二代移民的时候，白人少数族裔和可见性移民少数族裔在对加拿大国家的认同方面的差别就非常

① Leo Driedger, Charlene Thacker, Raymond Currie, "Ethnic Identification: Variations in Regional and National Preferences," *Canadian Ethnic Studies* 14, 1982.

② Jeffrey G. Reitz, Rupa Banerjee, "Diversity, Inequality, and the Cohesion of Canadian Society Research Findings and Policy Implications," University of Toronto, May, 2006.

明显了。白人少数族裔的认同率分别为 53.8% 和 78.2%，而可见性移民少数族裔的认同率分别为 34.4% 和 56.6%。也就是说，在生活一个时期后或者到二代移民时，白人移民的国家认同率提高明显，高出可见性移民 20 个左右的百分点。这说明：第一，在多元文化主义政策下，两类群体的国家认同都是逐渐增强的；第二，在同样的多元文化主义政策下，白人少数族裔的国家认同增强更快。这说明除了多元文化主义政策以外，还有其他因素影响国家认同。

新移民少数族裔的国家认同问题是一个涉及多种因素的课题。长期以来，加拿大国内外的一些舆论和评论将新移民少数族裔在国家认同方面存在的问题归咎于鼓励多元认同的多元文化主义政策，没有看到加拿大国家或主流社会在导致这一问题中所应承担的责任。种种迹象表明，“二战”后加拿大国家虽然采取了各民族（族群）一律平等的多元文化主义政策，但是在现实中，各种对新移民少数族裔尤其是可见性少数族裔群体的歧视现象层出不穷。一些调查表明，大部分加拿大人认为偏见和歧视是重要的现实问题。66% 的加拿大人认为，歧视非白人仍是加拿大的重要社会问题；56% 的人认为非白人获得成功要比白人困难得多。① 一些移民到加拿大试图只做一般意义上“加拿大人”的可见性移民少数族裔总是自觉或不自觉地被人冠之以“连字符的加拿大人”（如“华裔加拿大人”“乌克兰裔加拿大人”“非洲裔加拿大人”等）。甚至连一些 18 世纪就已经移民到加拿大的可见性少数族裔的后代仍然被认为是“外来人”。② 新移民少数族裔尤其是可见性少数族裔群体想完全融入主流社会的愿望受阻，原因很大程度上不在于他们自身的双重认同，而在于加拿大国家和主流社会本身的接纳度不足。

从社会心理的角度来看，一方面国家鼓励新移民少数族裔不计族裔地整合进英裔民族或法裔民族，另一方面英裔民族或法裔民族却在族裔归属问题上做着激烈的斗争，这两个民族在加拿大的框架下也因此被分别称为“英裔加拿大人”和“法裔加拿大人”，而不是一般意义上的加拿大人。英裔民族和法裔民族这种示范性的斗争极大地影响着新移民少数族裔的国

① 阮西湖：《加拿大民族志》，民族出版社 2004 年版，第 253 页。

② Carl E. James and Adrienne Shadd, *Talking about Difference: Encounters in Culture, Language and Identity*, Toronto: Between The Lines, 1994, pp. 10 - 11.

家认同心理。因此，尽管出于融入东道国的某种义务，新移民少数族裔可能接受以国家目的出现的某种制度性的整合，但他们在心理上未必相信存在着真正超越族裔认同的国家认同。他们“可以把参与英裔民族和法裔民族作为一种必然性加以接受，但对忠诚于这些制度和迎合一种新的认同来说，他们可能会感到没有什么意义”①，甚至觉得虚伪而难以接受。

尽管存在以上问题，但是总的来说，在国家认同方面，加拿大的三个少数民族（族群）中，新移民少数族裔是最有可能率先成为一般意义上的加拿大人的。新移民少数族裔自身分散而又多元性，他们的族裔认同相对法裔民族和土著民族来说在强度或烈度上要低得多，在现实中他们面临的融入压力也比法裔民族和土著民族要大得多，这些情况再加上他们一般都是通过自愿选择而来到加拿大这一重要因素，新移民少数族裔在国家认同问题上是最不需要担忧的一类人群。事实上，从相关调查和统计数字来看，新移民少数族裔的国家认同随着他们在加拿大生活时间的延长而日益增强，尤其是二代移民，无论是可见性少数族裔还是白人少数族裔，他们对加拿大国家的认同已经达到了很高的水平，前者为78.2%，后者为56.6%，这一比例远远高于法裔民族的国家认同，也高于土著民族的国家认同水平。

二　现实中的新移民少数族裔国家认同问题调查：一个案例

以上，笔者对新移民少数族裔的国家认同情况作了简要的论述和评价。然而，对于鲜活的实践来说，上述观点很大程度上都只能是一种理论上的假说。现实中，新移民少数族裔究竟怎样看待自己的国家认同，往往是微妙的、复杂的、生动的、感性的、模糊的，有时甚至是难以概括的。以下是笔者2013年在加拿大本土所做的一个有关新移民少数族裔国家认同田野调查②，它有利于克服我们在理论上形成的“刻板印象”。

（一）从“欧洲杯”看葡萄牙裔、意大利裔加拿大人的国家认同

访学加拿大期间，正逢欧洲杯决赛，在加方同行的建议下，笔者特意前往被称为“小葡萄牙”和“小意大利”的街区去做葡萄牙裔加拿大人

---

①　常士訚：《多元文化与民族共治》，［加］迪克·加尔诺：《印第安人：加拿大第一民族的历史、现状与自治之路》，李鹏飞、杜发春译，民族出版社2008年版，第440—441页。

②　周少青：《加拿大移民是怎样看待自己的国家认同的》，《中国民族报》2012年10月12日。

和意大利裔加拿大人的“田野”调查工作。

我们选择葡萄牙裔加拿大人开设的酒吧作为观察地点。在西班牙和葡萄牙队半决赛的那天，酒吧里可谓一座难求，许多葡萄牙球迷身穿葡萄牙球队的球衣，挤站在酒吧中，他们一手拿着硕大的啤酒杯，一手挥舞着葡萄牙国旗，嘴里不停大声狂喊“埔头青”（葡萄牙语的葡萄牙国家发音）。进入点球决胜阶段，这种疯狂突然变得十分安静——一种几乎令人窒息的安静。人们全神贯注，甚至一动不动地站在或坐在那里，眼睛盯着屏幕，手脚几乎定格在某种姿势上——拿着酒杯的忘了喝酒，拿着香烟的（门处）忘了吸烟，一切似乎凝固了。当葡萄牙队在对手西班牙队先射失一个点球的有利条件下，输掉这场比赛的时候，人群爆发出一阵阵惋惜、痛惜乃至责骂的声音。

笔者有意选择了五个情绪和年龄比较有代表性的人（事后知道他们都是拥有加拿大国籍多年甚至二十多年的人），做了随机采访。笔者准备的问题非常简单，第一个是“你是哪个国家的人？”第二个是“你更认同加拿大，还是你的来源国？”第三个问题是“如果在世界杯上，葡萄牙队和加拿大队相遇，你会给哪个队加油？”

第一个接受采访的人是一个年近六旬的男子，当笔者问他第一个问题的时候，他不假思索地回答“我是葡萄牙人”，那气势使笔者再没有勇气问下去；第二个受采访者是一位五十岁上下的中年人，他对笔者第一个问题的答复是“我是加拿大人，但我来自葡萄牙”，对第二个问题的回答是“很难说清”，第三个问题的答案是“我不知道”；第三个受访者是一位二十岁上下的年轻人，他的第一个问题的答案是“我是加拿大人，但我的父母是葡萄牙人”，对第二个问题的答复是“我倾向于加拿大”，第三个问题的回答是“这不可能吧（意指加拿大足球很弱）?！如果相遇，我支持加拿大队”；第四位受访者是一位三十岁左右的女子，她对三个问题的答案分别是“我是葡萄牙裔的加拿大人”“我喜欢加拿大”“我会为两个队加油的，一只手一个旗”（比划着边笑边说）；第五位受访者是一名中年男子，他的答案没有超出其他四位受访人。

“欧洲杯”让笔者印象最为深刻的是意大利裔加拿大人，在意大利队对阵德国队的半决赛中，意大利队以 2:1 胜出，比赛还没有完全结束，大批的意大利裔加拿大人开始从酒吧等四面八方拥向街头，兴奋而狂热的意大利队球迷们，瞬间占据了 college 街头，球赛很快就演变成一场颇有声势的游行，人们高举足球名将“巴神”的画像，一浪高过一浪地高呼“伊塔亚”“伊塔亚”（意大利语的意大利国家发音）……那份对意大利的情感和认同，令旁观者为之动容。

笔者随机采访了近10位参加游行的人，出乎笔者意料的是，他们中的大部分人，都认为自己首先是加拿大人，然后才是意大利人，并表示他们很热爱这个可以自由表达情感和价值观的国家。只有两位受访者对笔者提出的问题给出了不同的答案，其中一位青年男子激动地对笔者说“此时此刻，我也不知道我是哪个国家的人了！但我知道我爱意大利，我为它骄傲”；另一位五十岁左右的男子明确地对笔者表示，他虽然是加拿大公民，但他并不认同这个国家，因为这个国家不公正，排斥外来移民，他举例说自己是一个拥有博士学位的人，但却始终找不到一份体面的工作。他还说他恨这个国家的犹太人，因为他们垄断了一切，垄断了好工作和财富，住在地段非常好的地方（事后笔者向一位加拿大教授求证此观点，她说在加拿大不存在犹太人控制财富和舆论问题，但是加拿大社会的确出现了明显的贫富分化问题，她说从城市空间的布局来看，多伦多市已经形成了富人、中产阶级和下层人士集中居住的三元格局，犹太人属于富人区）。游行结束后，笔者采访了一个独自行走、穿着意大利队球衣的十岁男孩，他自称是“意大利人”，而不是加拿大人，当我问他为什么出生在加拿大而不是加拿大人的时候，他的回答出奇的简单：“因为加拿大的足球很差！”

总的来说，非法裔和非英裔的欧洲移民，在加拿大社会大致处于“中间层”，作为整体，他们的命运不像历史上的华裔那样，富有起伏性。他们中的大部分人在对加拿大国家保持着不同程度认同的同时，对自己的来源国始终有一种精神上的依恋。这种依恋一方面是由于文化和血缘，另一方面是因为加拿大作为一个温和的移民国家，始终未出现过足以凝聚某种民族性和表达人类激进情感的单一民族主义精神。

（二）“加拿大日”——访谈华裔的“国家认同”

7月1日是加拿大一年一度的国庆节，笔者一大早就赶到了即将举行国庆仪式的女王公园，与想象中的白人应占相当大比例的情形不同，前来参加庆祝仪式的人，大部分都是亚洲面孔的人，其中不少是华人或华裔加拿大人。笔者注意到，当加拿大国歌《噢！加拿大！》奏响的时候，一旁正坐着享受绿地的一位华裔女士急忙拉起她的两个孩子，一家三口庄严肃穆地站立，向加拿大国歌、国旗行注目礼。

后来得知，这名华裔妇女已入籍加拿大十余年，两个孩子都是在这里出生的。当笔者问“是不是只有你们这些后加入加拿大国籍的移民，才会特别重视和表现你们对加拿大国家的认同”，她回答说“也不全是”，主要还是因为他们真心热爱这个国家，因为这里文明富足、政治清廉、环境优美、人际关系简单、竞争有规则、人的素养较高，她还特意提到了食品安全、孩子的教育等，她说“实际上就一句话，感觉生活在这里很安全、很踏实”。谈到安全，笔者故意提起最近发生在加拿大的一些凶杀案，没想到她的反应非常淡定：“那是因为加拿大新闻独立，芝麻大的事情也瞒不住，实际上多伦多是世界上最安全的城市之一。”

当问到她对中国的感情和认同时，她回答道“怎么说呢？对于中国，我最割舍不下的还是语言和文化”，她提到，来加十几年了，语言始终是一个难以逾越的障碍。由于语言交流方面的问题，绝大部分时间里，她只能待在华人社区，与主流社会有些隔绝，“实际上也很受罪”。谈到孩子将来的归属和认同问题，她果断地说：“我不想孩子将来再和我们一样这样受罪，我不会让他们双语的，因为双语实际上也面临着融入困难的问题，我选择孩子同化在这里——只讲一口流利的英语，完全和本地人一样。”当笔者问及她有没有想过，将来总有一天，由于语言问题，与孩子无法完全沟通的时候，她苦涩地叹了口气，说：“到时候再说吧！”

在国庆典礼的场合，笔者还采访了一群小个子的菲律宾裔加拿大女子，她们同样表达对这个国家的认同和热爱，称“在这里只要肯辛苦，就会过上好日子”，表示“不想再回菲律宾”，“但很思念那里的亲人和街坊”。她们和华裔加拿大人一样，在享受加拿大富足文明的同时，同样有割不断的乡愁。

一般说来，在国家认同方面，华裔加拿大人的态度大致可分为三种，第一种是政治上全面认同加拿大国家，仅视中国为某种文化上的来源国，这类人群往往是加拿大本土出生的二代、三代往后的移民，他们一般受过很好的教育、语言无障碍、文化无隔阂，拥有体面的职业和收入；第二种是政治上更认同加拿大国家，文化上则更认同中国，这个群体一般拥有良好的教育背景，语言无障碍，但文化上有隔离感，拥有较好的职业和收入；第三种是在政治上和文化上均不太认同加拿大国家，许多人甚至在入籍多年后，仍坚称自己是“中国人”，这类群体多没有较好的教育背景或者虽有一定的学历，但由于语言和文化上的严重障碍（不排除种族歧视的原因），无法在加拿大找到体面的工作，拥有体面的收入。他们多在工厂、餐馆或旅游行业打工，也有不少人自谋出路、自主择业，这个群体从多种意义上说，都属加拿大社会的边缘群体。

（三）探访“热麦丹”——穆斯林社区中的“国家认同”

“热麦丹”即中国人所熟知的斋月是穆斯林的重大宗教活动月，在这个月绝大多数穆斯林会最大限度地放下俗世的种种事务，在家或更多地在清真寺与众人一起完成他们重要的宗教功课之一——封斋，斋月是穆斯林社区集体生活最频繁的时期。

加拿大的穆斯林来自世界各国至少五十个以上的民族或族群，虽然其族性、文化和传统有明显差异，但在伊斯兰教的基本教义下，他们在加拿大形成了一个个以清真寺为核心的穆斯林社区。斋月的清真寺成为调研加拿大穆斯林社区国家认同的天然理想场所。在今年的穆斯林斋月里，笔者连续走访了十几个清真寺，探访那些生活在“多元文化”里的加拿大穆斯林。

笔者大约调研了五十多位来自不同国家的加拿大穆斯林，印象最为深刻的是那些来自内乱或战争比较严重的国家或地区的穆斯林。当问及是否认同加拿大多于来源国的时候，他们大多不愿意正面回答，而是选择正面陈述自己的感受。一名中年伊拉克裔加拿大男子的观点颇具代表性，他在礼拜大殿门口，对笔者说“指真主发誓，我更愿意生活在加拿大，加拿大社会宽容、开放、自由，我敢说全世界没有一个国家如加拿大这样有真正的宗教信仰自由”，当笔者问及什么是“真正的宗教信仰自由”的时候，他举了北欧、西欧的一些国家甚至美国阻建清真寺的例子，说其实在那些国家，所谓宗教信仰自由是指信仰基督教的自由。他还谈到，他刚刚从巴格达回来，说那里的情况“糟糕极了”，“一天只有五个小时的供电”，“人们生活在恐惧不安中”。笔者注意到，庆幸自己是“加拿大人”从而更多地认同加拿大国家的人，大多是来自伊拉克、索马里、黎巴嫩、埃塞俄比亚等国的移民。

除了来自上述这类国家的移民，其他国家来的移民则在国家认同方面显得比较客观、中肯。他们一般都会认为，加拿大和他们的母国或来源国，各有优点，无法断定哪个“更优”。当笔者进一步追问他们更认同哪个国家时，他们都显得有些为难。倒是一个长相很“智慧”的老者，替他们做了概括性的间接回答，他说：“人们一般总是喜欢带给他们欢乐的人、事物或地方，他们（指那些不愿直接回答认同问题的人）之所以离开母国，来到加拿大，乃是因为加拿大能够给他们带来快乐，因此你不必逼问他们更认同哪个国家，他们的行为已经给出了最好的答案!”事实似乎也验证了这一点，在笔者所采访的五十多位穆斯林中，虽然移民背景各有差异，但他们共同的一个特点是都宣称自己“喜欢这个国家”。

从外部观察，经过数十年的发展和融合，加拿大的穆斯林已呈现出某种明显的“特质”，这种特质既表现在教内的种种活动中，也表现在教外的更大社会的层面。从前者来看，加拿大穆斯林内部的多元化和宽容气氛已相当突出，不仅不同教派的人在同一个清真寺进行宗教活动，没有任何冲突，而且，其他宗教的人甚至无神论者也被欢迎去清真寺一同用餐或交流。正如一位巴基斯坦裔加拿大人说的那样“我们信仰伊斯兰教，但我们不排斥任何其他宗教，相反，我们愿意和他们一起讨论接近上帝（真主）的种种途径”，他认为“宗教都是接近神的手段”。显然，加拿大穆斯林社区已具有某种“自由主义”气质。

从日常生活来看，加拿大穆斯林女孩子的打扮也很多元，有的打扮得非常传统——戴头巾、盖头或“希贾布”甚至只露出两只眼睛，有的则穿得相当时尚得体、五彩缤纷，很多女孩子染发染指甲穿戴流行的服饰，表现出现代大都市女性的风采。值得注意的是，妇女在加拿大穆斯林社区的地位日益突出，在包括清真寺活动在内的各类活动中，妇女受到格外的尊重与保护，“女士优先”已内化为社区内的一种习惯。

从后者来看，加拿大穆斯林社区的触角已广泛伸向社会，向更大的社会开放，日益融入更大的社会。表现在：对愿意参观清真寺的人，不作任何限制（衣着、宗教信仰、民族、种族等）；专门在网站、市中心等人流密集的地方设立宣传点，向人们宣传和介绍穆斯林社区、介绍加拿大的风土人情；积极举办各种研讨会、文化讲座甚至宣传大集会，以促进不同文化和宗教背景的人相互理解，增强共识；成立各种各样的民间社团（包括慈善组织和人权组织），帮助、救助有困难的穆斯林和非穆斯林人士。值得注意的是，这类社团组织同样也延伸到各个高校（多伦多大学和约克大学都有这样的组织，穆斯林学生社团的活动非常活跃）；加拿大穆斯林的商业网点遍布于多伦多、蒙特利尔、温哥华、渥太华等大城市，等等。

由于加拿大穆斯林在主流社会的影响和贡献日益扩大，从2004年起，加拿大各类媒体开始大量报道穆斯林社区的生活和社会活动，加拿大的穆斯林已成为加拿大社会不可或缺的多元文化身份的公民。

正当英国、德国、法国等国抱怨他们的穆斯林社区拒绝学习语言、“拒绝融入”的时候，在加拿大的街头、校园、政府、社区乃至清真寺的讲台上，不时地传来穆斯林的流利、纯正的英语（在笔者所采访的五十多位穆斯林中，百分之百的情况是：他们的孩子要么是只说英语或法语，要么是第一语言或者讲得最好的语言是英语或法语，其母语已悄悄转化为家庭或社区内语言）。穆斯林社区的情况表明，加拿大国家宽容的多元文化主义政策，正在换取穆斯林社区更大的认同和宽容，多元文化主义政策似乎在加拿大的穆斯林社区得到了积极的回应。

第四节　“有限认同”问题

“国家认同”在加拿大是一个聚讼纷纭的话题。一个多世纪以来，加拿大各民族（族群）的学者、政要及其他类社会精英都对这一话题发表了看法。面对并不尽如人意的国家认同状况，持历史主义兼一定现实主义观点的人与那些具有国家民族主义情怀的人表现出了不一样的情绪，表达了不一样的观点。前者认为加拿大看似不甚理想的国家认同状况恰恰真实地反映了加拿大的历史和现实状况，后者则批评前者在国家认同问题上消极无所作为，甚至有意“扼杀了加拿大的历史”、助长了现实中认同碎片化的倾向。双方的对话或论战最初围绕所谓的“有限认同”理论展开。

一　“有限认同”理论的提出

1967年即加拿大自治领建立一百周年之际，加拿大历史学家拉姆塞库克（Ramsay Cook）在《加拿大历史评论》发表了一篇题为《加拿大的百年庆典》的评论文章。在这篇评论中，库克批评了一些历史学学者抱怨加拿大缺乏统一的民族认同的观点，认为“或许代替我们不断的探讨我们所缺乏认同的，应该是试图理解和解释我们所具有的地区、种族和阶级认同，也许正是在这些有限的认同（limited identity）中，‘加拿大主义’会被发现；而且除了我们那些过于热心的民族主义知识分子以外，加拿大人对这种情况是满足的"①。两年后，另一位知名历史学家詹姆斯·凯尔利斯（J. M. S. Careless）在同一本杂志上发表《加拿大"有限认同"》，在这篇文章中，凯尔利斯肯定了库克提出的"有限的认同"的意义，认为加拿大的认同就是有限的。

凯尔利斯从历史和加拿大国家结构的角度分析了有限认同产生的原因。他认为"二战"后经济的快速发展和工业化、城市化的迅速扩展导致了地区力量的增长和地方主义及民族主义的崛起，魁北克是这方面的典型。魁北克的民族主义不仅是文化的，更是政治的。从国家结构来看，加拿大与美国不同，联邦之间的关系更像国家与国家之间的关系。各地区包括英裔、法裔和西部的人们更多地关注地区和省而不是联邦的事务。凯尔利斯甚至因此认为"20 世纪加拿大历史的真正主题不是国家的建设，而是地区建设"，但是他又指出"全体大于部分的总和，通过各部分的相互联系，某种共同的加拿大主义就产生了"，这种加拿大主义的一个要点是"在大部分加拿大人的经历中，产生了某种横贯大陆的特殊的存在物，这就是多元主义、克制和妥协"，因此他认为"在这个国家中要寻求和成就的不是真正的统一和团结，而是地区之间的连接"。凯尔利斯在文章的结尾部分指出"不管怎么说，为了寻求某种社会—文化的需要，可以期待去揭示由库克教授所命名的有限认同理论中令人满意的内容，而库克的这一理论已经为加拿大人增添了一些积极的促使心理平衡的因素"②。

在后来的《加拿大经历中的都市与认同》等文章中，凯尔利斯有总结性地阐述以下论点：加拿大是世界上认同危机最大的国家，加拿大的每一种认同都是有限的，一种认同受另一种认同的限制。英裔的认同受法裔的限制，对联邦的认同受地区认同的限制，也受种族认同的限制。总之加拿大的认同是一种多元的、相互交织、相互限制的认同文化。③

二　"有限认同"理论的评价

从某种意义上来看，"有限认同"理论是对加拿大自治领建立以来百

① Ramsay Cook, "Canadian Centennial Celebration," International Journal, Vol. 22, No. 4, 1967。姜芃：《有限认同与加拿大的民族主义》，［加］迪克·加尔诺：《印第安人：加拿大第一民族的历史、现状与自治之路》，李鹏飞、杜发春译，民族出版社 2008 年版，第 445 页。

② 转引自姜芃《有限认同与加拿大的民族主义》，［加］迪克·加尔诺：《印第安人：加拿大第一民族的历史、现状与自治之路》，李鹏飞、杜发春译，民族出版社 2008 年版，第 446 页。

③ 同上。

年历史过程中各种群体对加拿大国家认同状况的一个总结或写照。这一概念由历史学家而不是政治家提出本身就意味深长。查尔斯·泰勒在谈到现代认同时指出，只有增加对历史的深度透视，才能发掘出隐含的但却仍在当代生活中起作用的东西，他认为认同的现代肖像是通过历史来组合的。①

研究加拿大的认同问题必须首先弄清加拿大的历史。历史上加拿大从来都不是一个有着某种单一认同的政治共同体，更没有形成过类似近代欧洲国家的那种国家认同（national identification）。不管是法裔民族主导加拿大的新法兰西时期，还是英裔民族建立自治领以后的近百年时间里，两个“建国民族”都没有能够建立起以加拿大本土为依托的国家认同，甚至从来没有产生过类似的念头。在英裔民族主导北美加拿大的近200年的时间里，政治整合方面的主题一直是效忠于英国和成为大英帝国的臣民，直到“二战”结束后，英裔民族才开始有“加拿大国家”的观念，并试图以英裔文化打造加拿大的国家认同，然而，此时的加拿大，认同分裂的现状已然形成：土著民族被隔离在保留地上，成为名副其实的另一个民族；法裔民族在经历了长期的打压和同化之后，其民族意识依然强烈；新移民少数族群在经历了长期的排斥甚至迫害后，族群平等意识开始勃然兴发。在地区方面，自治领成立以来的西部开发政策所造成的西部地方主义在继续生长。到20世纪60年代，以法裔魁北克人为代表的分离主义势力正式抬头，与此同时，西部的地方主义诉求和大西洋（四省）地区的地方主义意识均有了一定的发展。正是在这种历史条件下，以库克和凯尔利斯为代表的历史学家开始提出并论证加拿大认同问题。他们提出并论证有限认同理论与其说是鼓动“特殊主义”、制造族裔和地方不和的裂痕，不如说是为了通过真实地描述加拿大认同的现状而增强加拿大联邦接纳诸种特殊主义的能力，提高联邦容纳各种主义尤其是民族主义的弹性，淡化对加拿大认同威胁最大的英裔和法裔的民族矛盾。关于这一点，同样是历史学家的巴克纳教授（P. A. Buckner）有很好的论述。巴克纳指出，20世纪60年代后期，加拿大民族主义（Canadian Nationalism）面临着快速崛起的魁北克分离主义的严重挑战，一些历史学家如库克和凯尔利斯敏锐地意识

---

①　转引自姜芃《有限认同与加拿大的民族主义》，［加］迪克·加尔诺：《印第安人：加拿大第一民族的历史、现状与自治之路》，李鹏飞、杜发春译，民族出版社2008年版，第447页。

到，魁北克分离主义运动可能危及加拿大民族国家（the Canadian nation-state）的生存，作为特鲁多的追随者，他们和特鲁多一样坚持反对各种形式的民族主义包括魁北克的民族主义和加拿大国家的民族主义。在他们看来，无论是魁北克的民族主义，还是加拿大国家的民族主义，都会对这个具有二元文化的国家造成致命的威胁。从这一认识出发，库克和凯尔利斯提出和论证了有限认同，并将其作为了解加拿大历史的一个基本原则（organizing principle）。巴克纳同意库克教授的判断即"加拿大远不是一个同质化的国家，而加拿大的民族主义者却经常忘记这一点"。他们都认为，民族主义有强烈趋向于中央集权制和均质化的天然倾向，但加拿大本质上却是联邦主义的、地方的（sectional）和多元的。① 巴克纳指出，有限认同理论可以使魁北克的自负（assertiveness）被积极地理解为一种与加拿大其他地方相似的"有限认同"的表达，而不是一种挑战加拿大生存（权）的民族主义。②

从以上分析可以看出，"有限认同"的提出是加拿大国家面对种种分离主义的挑战而产生的一种政治智慧和生存之道。它将尖锐的英法裔民族矛盾淡化为地区和中央、部分与整体的常态性矛盾，甚至将加拿大认同破解为四个等值的组成部分，通过将四个有限的认同加在一起，就可以得到一个合成的国家认同。③ 这当然不是真实意义存在的加拿大认同。但是这种处理国家认同危机的手法，一方面缓解了国家层面民族主义的排斥性，减少了它在面对魁北克民族主义时的冲击力，从而避免将矛盾引向激化和不可收拾；另一方面有限认同理论也使得法裔魁北克民族主义具有更多的弹性和想象空间，在一定程度上避免其将公投和独立作为唯一的选择。

值得注意的是，随着形势的进一步发展尤其是魁北克两次公投的出现以及加拿大共和主义倾向增强，许多人对有限认同理论提出了尖锐的批评。认为有限认同理论不仅使加拿大近20年的历史写作被割裂、碎片化——更多地关注地区、种族、阶级、家庭、性别的历史，削弱了加拿大

---

① P. A. Buckner, " 'Limited Identities' Revisited: Regionalism and Nationalism in Canadian History," *Acadiensis*, Vol. XXX, No. 1 Autumn 2000.

② Ibid..

③ 其中25%的加拿大认同建立在区域认同的基础上，另有25%的加拿大认同建立在族群认同的基础上，还有25%的加拿大认同建立在阶级认同的基础上，最后一个25%加拿大认同建立在性别认同的基础上。P. A. Buckner, " 'Limited Identities' Revisited: Regionalism and Nationalism in Canadian History," *Acadiensis*, Vol. XXX, No. 1 Autumn 2000。

通史的写作，而且作为一种价值观念助长了地区分离主义。这种争论后来在“谁扼杀了加拿大的历史”的主题下继续。事实上，就连有限认同的最初倡导者库克和凯尔利斯也对此做了反省和自我批评。库克在《认同不是帽子》一文中，承认“有限认同”这一理论不能滥用。他建议为了妥当起见，可以考虑用“无限制的认同”（Unlimited Identities）或“同等有效的认同”（Equally Valid Identities）来代替“有限认同”。而凯尔利斯也辩解说他的初衷是“求雨抗旱”，没想到引发了洪水。①

然而，历史不能假设。历史也无法假设。我们至今都无法肯定“有限认同”理论究竟是促发了魁北克的两次公投，还是正好相反，它的提出通过缓解两种民族主义尤其是加拿大国家民族主义而最终使魁北克的两次公投流产？关于这一点，我们可以从两次公投前的两种民族主义情绪尤其是加拿大国家的民族主义情绪以及两次公投的支持率的差别得出某种启示。第一次公投前的加拿大联邦总体上处于民族主义情绪相对舒缓的状态，这种状态既是有限认同理论提出的前提，也是有限认同理论所影响的结果（当然还有其他因素），因此，即使民族情绪相对亢奋的法裔魁北克人裹挟着平静革命以来的民族主义余威，发动了第一次公投运动，其支持率也仅达到40.5%。然而，随着第一次公投的发生，有限认同理论遭到了主流社会精英群体的围攻，加拿大的国家民族主义日益变得强硬——其重要的表现是在收回宪法的谈判中以及后来的米奇湖和夏洛特顿修宪会议中数次拒绝包容魁北克的独特社会的诉求，其最终结果导致魁北克民族主义的烈度空前加剧，公投中魁独诉求的支持率几乎攀升到近50%的水平。从某种程度上可以说，两次公投结果的差别折射出有限认同理论的重要现实作用。

总之，笔者认为，有限认同理论的提出是加拿大多民族国家发展过程中的一个重要历史事件。它既是加拿大现实的真实写照，也是加拿大国家认同的一种宿命，同时它也是维系加拿大国家继续存在的一种政治智慧。有限认同理论所构筑的富有包容力和弹性的框架，不仅容纳了土著民族和

---

① Michael Bliss, “Revitalizing the Mind: the Sundering of Canadian History, the Sundering of Canada,” *in Journal of Canadian Studies*. Vol. 26, No. 4 (1991 – 1992 winter). Ramsay Cook, “Identities are not like Hats,” *Canadian Historical Review*, 81, 2, June 2000. 姜芃：《有限认同与加拿大的民族主义》，[加] 迪克·加尔诺：《印第安人：加拿大第一民族的历史、现状与自治之路》，李鹏飞、杜发春译，民族出版社 2008 年版，第 447—448 页。

新移民少数族裔的差异性诉求，为这两类少数民族（族裔）的持续的社会融入提供了时间和空间框架，而且更重要的是，有限认同理论有利于化解加拿大的“双头”民族主义即英裔和法裔民族主义，为它们之间的和谐共处提供了重要的包容性框架和平台。在可以预见的未来，加拿大多民族国家中的国家认同和民族（族群）矛盾将主要体现在以英裔民族为主导的加拿大国家和法裔魁北克之间。在这两种民族主义之间，任何刚性过强的认同标准都可能导致矛盾的激化，从而危及联邦共同体的存在。也许正是在这种意义上，当有限认同理论遭到批评时，其提出者库克教授转而提出“无限制的认同”或“同等有效的认同”等概念加以代替，而不是寻求一种更为绝对的认同概念。

第十章　处理民族问题的基本原则、理念及其具体运用

加拿大是一个有着特殊历史经历和精神历程的多民族移民国家。对它来说，民族问题不是一个短期的政治和社会问题，也不是一个额外的或附加的政治和社会问题，而是一个贯穿于整个历史过程和渗透于政治、经济、文化、社会和法律等各个领域的恒久性和综合性问题。因此，加拿大处理民族问题的一个基本特点是，将其置于整个联邦和整体政治、法律的构架内。以联邦主义接纳和统摄民族主义，以民主政治、宪政主义原则保护和制约少数民族（族群）的差异性权利诉求。与此同时，激发于英国宪政民主保护少数的传统和国际人权法上的尊重与保护少数人（民族）的国家义务，加上加拿大政治过程中的少数制约少数的传统和现实，加拿大在处理民族问题上还形成了集理念与工具为一体的保护少数原则。

在贯彻联邦主义原则、民主政治原则、宪政主义原则和保护少数原则的过程中，加拿大在处理民族问题上还受到英国古老政治文化的深刻影响，这种影响结合加拿大多民族比肩生活的实际，逐渐形成了一种寓承认、和解、妥协、包容于一体的理念。这些原则和理念在处理加拿大的土著民族、法裔民族和新移民少数族裔问题上发挥了重要作用。

第一节　基本原则

一　联邦主义原则

在处理民族问题上，联邦主义原则既是一种授权或赋权，同时也是一种限权或约束。从授权或赋权的角度来看，联邦主义原则给予地方（州或省）极大的自主权，州或省以宪法的分权规定为准，不受联邦政府干

预地在自己的权能范围内活动。从限权或约束的角度来看，联邦主义原则本身也是一种限制和约束，即无论根据宪法州或省的权力有多大，都不得脱离联邦或破坏联邦的统一性和完整性。联邦主义原则是加拿大自治领建立以来处理民族和地方差异问题的一条基本原则。它的最大功能在于通过调节中央与地方（民族）或者联邦与省政府之间的权能边界而使加拿大联邦国家与省（魁北克）处于一种权力均衡状态。加拿大联邦（自治领）成立之初，为了应对殖民地所面临的种种复杂的政治、经济和国防问题（同时吸取美国州权过大危机联邦的教训），1867 年的《不列颠北美法案》（即 1867 年宪法法案）赋予联邦政府一种近似于中央集权式的权力。随着联邦的扩展，其内部的多样性和差异性进一步增强，与此同时，各省经济、社会的发展也导致省权有进一步扩大的需求。在这种情况下，英国枢密院司法委员会通过一系列裁决（司法解释）对联邦业已取得的权力进行限制，对省已有的权力进行扩张性的解释。这种趋势一直持续到 20 世纪上半叶。1949 年加拿大联邦最高法院代替英国枢密院司法委员会成为最高司法机构后，面对地区主义和民族主义的离心势头，联邦最高法院的司法解释开始倾向于提高联邦的权力。①

总之，联邦主义作为一种处理中央与地方、联邦与省权力的一种原则或制度标准，有效地平衡了加拿大的国家民族主义与地方民族主义之间的关系。当联邦权力过大时，英国枢密院司法委员会通过司法裁决发挥宪法解释的功能对其加以抑制；当省权力过大尤其是像魁北克地方民族主义离心倾向明显的时候，加拿大联邦最高法院在其司法裁决或相关解释中，开

① 总的来说，在自治领建立以来的半个多世纪，英国枢密院司法委员会作为加拿大的最高上诉法院，通过一系列判例如 1881 年的“帕森斯案”（Parsons Case）、1883 年的“霍奇诉妇案”（Hodge v the Queen）、1896 年的“地方禁酒案”（Local Prohibition Case）、1916 年的“保险案”（Insurance Reference）以及 20 世纪 20 年代的三个宪法案件，对联邦立法权进行限制性解释，相应的对省（立法）权进行扩张性解释。1949 年尤其是 1960 年以后，虽然获得最高上诉权的加拿大联邦最高法院试图对过大的省权尤其是魁北克的省权适当限制，但是，由于枢密院司法委员会创制的先例和传统，加上各省施加的政治压力始终没有取得理想的效果。加拿大分权式的联邦制和非对称性联邦制（主要是对魁北克省）的格局一直未能改变。参见 Peter H. Russell，*Leading Constitutional Decisions*，Carleton University Press，1987，pp. 33，54；Garth Stevenson，*Unfulfilled Union*，*Canadian Federalism and National Unity*，McGill-Queen's University Press，2004，pp. 48 – 49；Richard J. Van loon，Richard S. Whittington，*the Canadian Political System*：*Environment*，*Structure and Process*，McGraw-Hill Ryerson Ltd.，1987，pp. 249 – 251；储建国：《当代各国政治体制：加拿大》，兰州大学出版社 1998 年版，第 69 页。

始提升联邦权力。宪法（司法）解释的底线在于不打破联邦和省的权力平衡格局。过大的联邦权力容易侵害那些地区性或差异性较大的省的自主权力，情况严重的话，可能使它们脱离联邦而各行其是。而过小的联邦权力，也会使那些族裔、文化差异性较大的省最终脱离联邦而自谋发展。联邦主义原则在加拿大既是包括魁北克在内的各省的保护伞，也是约束它们的紧箍咒。它从两个方向上防范着联邦共同体的破裂。

自建立联邦主义政治国家以来，为适应这样一个领土广袤且地区（族裔）多样性显著的国家的实际情况，加拿大的联邦主义及其实践依次经历了准联邦制、标准联邦制和非对称性联邦制①三个大的阶段。其中“非对称性联邦制”是加拿大联邦政府为了能够将异质性较大的魁北克留在联邦内，而单独对该省所做的让权让利所致。也就是说，为了维护联邦的完整性，加拿大联邦政府及其他省区都接受或默认了魁北克省的特殊地位。可见，法裔魁北克在加拿大联邦制形成和发展中的重要作用。②

今天，联邦主义原则已成为（民族）地方如魁北克和加拿大联邦政府处理相互关系的一条生命线。对魁北克来说，联邦主义原则是保护省权不受侵犯的强有力的保障和依托；对加拿大联邦来说，联邦主义原则不仅是划分省邦之间权责的一个极其重要的宪法性依据，而且作为一种观念和精神价值，联邦主义原则也是联邦政府抵御各种民族主义和地方主义的坚强的堤坝。在处理各类少数民族（族群）的权利诉求——不论是土著民族的自治权甚至是“主权”诉求，还是法裔魁北克的“主权—联系”诉

① 关于加拿大联邦制发展和演进阶段问题，加拿大学者有很多论述，如政治学学者兰德迪克将这一过程划分为九个阶段。马克迈森和迈尔斯则将其比较简洁地划分为“准联邦制”“标准联邦制”“紧急状态联邦制”和“合作联邦制”四个阶段。这些划分办法显然是关照到了联邦和所有省的权力关系过程。但是就联邦和魁北克省的权力博弈过程而言，准联邦制、标准联邦制和非对称性联邦制的划分显然更具有解释力。参见 Rand Dyck, *Canadian Politics: Critical Approaches*, ON.: Nelson Canada 1996, p. 84; Patrick Malcolmson, Richard Myers, *the Canadianregime: An Introduction to Parliamentary Government in Canada*, Broadview Press, 1996, pp. 79 - 81。

② 从更为深远历史来看，甚至加拿大自治领的建立在相当大的程度上是为了解决英裔和法裔的民族矛盾所造成的政治危机。由于联邦制既能维护已有的联合，又能“将英裔和法裔置于各自的政府管理之下”，单一制的英国不得不选择其“背叛者”美利坚的做法采取联邦制。加拿大的“联邦之父们”认为，“联邦制把文化教育和民法的管辖权划归省政府，再规定联邦和魁省的议会和法院使用英法两种语言，和强调教会学校教育权利不可被剥夺，就能为魁省的法裔提供可靠的保护”，体现这种广泛共识的 1867 年《不列颠北美法案》中的语言、宗教、教育和民事管辖权等有关规定早在 1935 年就被列为一致同意才能修改的宪法事项，1982 年被直接写入宪法法案。参见李巍《从加拿大收回宪法看联邦制的效能》，《文史哲》2012 年第 1 期。

求——方面，联邦政府坚守联邦的完整性和联邦国家的统一性底线，所有的妥协和让步都以不损害这一底线为底线。从这个意义上来看，联邦主义原则在加拿大实际上已成为一种特殊性质的国家民族主义。

二 民主政治原则

在以联邦主义解决民族问题的同时，加拿大还特别重视民主政治在解决民族问题中的价值。民主政治是西方国家近代政治文明的重要标志。“普选制”和“议会制”作为现代民主政治的双翼在解决加拿大的民族问题方面起到重要作用。民主政治有利于将民族或族群之间的博弈透明化、规则化或规范化，避免了民族利益或民族情绪被一个民族或族群中的一小部分人所代表或控制。同时，民主政治也可以通过选区的划分或行政管理单位的设定使某一区域的人口比较集中的少数民族或族群有成为相对多数的机会，防止一个国家的少数民族或族群成为多数民族寡头统治下的永远的少数——19 世纪中期以前的英属加拿大时期就是如此。经过殖民地人民英裔和法裔的共同斗争，19 世纪中期包括加拿大省在内各省如新斯科舍、爱德华王子岛、新不伦瑞克、纽芬兰先后建立以议会选举为基础的责任内阁制政府。民主政治的广泛实行，为英裔和法裔民族长期的博弈提供了公约数：两个民族虽然在文化、语言、宗教和民法制度方面存在较大差异，但在彼此民族利益的理解、表达和实现方面一直有着某种程度的共识甚至默契。从民主政治的价值原则出发，英裔主导的联邦政府从自治领建立以来，从未否认或破坏法裔民族聚居的魁北克或下加拿大省的民主政治制度、机制或原则。即使是对法裔魁北克人 20 世纪 60 年代以来的具有分离倾向的种种活动包括两次全民公决（全面、直接的民主）联邦政府也表现出了最大限度的容忍。虽然从联邦存亡的利害角度来看，魁北克的全民公决具有严重的危害性，但联邦政府从来没有直接否定过这两次全民公决的合法性（legitimacy）。这种对民主政治的共识在放任甚至促成魁北克分离主义的同时，也减少了其在相反的制度选择情形下（如专制或寡头制）的不透明和不可预知的风险或危险性。事实上，正是因为民主政治过程的透明和群体理性，加拿大联邦政府才可能通过各种手段（包括利益许诺、利害相告和情感留人等）对魁北克全民公决的民主过程施加影响，从而改变其最终结果。

民主政治的存在，使加拿大长期争斗的两个所谓建国民族始终保持着某种程度的共识，这种共识既是它们长期得以联合的制度和观念基础，也是共同体一直没有公然破裂，或法裔民族一直未能脱离联邦这一共同体的重要原因。可以说，没有民主政治及其共识，就没有英裔和法裔两大民族两个多世纪的联合并存，也就没有今天加拿大的英法裔政治文化格局。20世纪90年代后期以来，为防范简单的地方民主政治给加拿大联邦的统一造成损害，加拿大政府着手对魁北克的全民公决（民主政治）进行司法和立法的改造。内容主要包括两个方面，一是在肯定魁北克人的民主权利的基础上，指出51%的投票通过率不足以构成清晰的多数；二是指出魁北克独立地位的取得，不能仅仅由魁北克的多数决定，还应考虑到与之共同构成联邦的其他加拿大省区以及联邦政府本身，只有经过协商谈判，取得联邦政府和三分之二以上其他省区的同意且通过修改宪法，魁北克才能最终谋取独立地位。

魁北克民主政治（全民公决）规则和程序的改造，一方面尊重了民主政治本身的基本价值，另一方面也抑制了民主政治中“专横”的一面。经过改造的魁北克民主政治（全民公决）在满足魁北克人的民主权利诉求的同时，也兼顾到全体加拿大人的民主权利和联邦共同体利益。如此，民主政治在处理民族问题方面的优势更为明显，所可能带来的风险亦越来越可控。也许是因为此，加拿大联邦在将新移民少数族裔纳入民主政治框架以后，也试图将土著民族包容进来。在加拿大，民主政治越来越成为团结、统合与联合各类少数民族（族群）与主流社会的不可缺少的制度和理念。

三　宪政主义原则

宪政主义原则①是加拿大国家处理民族问题的一个系统性原则。它把民族问题像民主问题一样纳入宪政民主的框架，用宪法主义的基本原则去规范中央与地方、联邦与省、主体民族与少数民族（族群）的关系。加拿大处理民族问题的一个明显特点是，坚持在宪政的框架下解决族际关系意义上的分歧和冲突。即使是面对异质性较强、分离主义倾向特别严重的魁北克也依然不会动摇宪政主义的核心价值取向，不使用意识形态或政治

---

①　“宪政主义”（constitutionalism）是加拿大联邦最高法院在总结加拿大立国原则时所使用的用语，本书使用该术语并不意味着作者赞同该术语所包含的特定政治价值意蕴。

正确的强力。在长期的实践中，加拿大形成了一套以宪法为中心，以权力的分立与制衡为支柱的宪政主义制度和原则。这一制度和原则为民族问题的正当、安全和有效的解决提供了保障。

1867 年《不列颠北美法案》首先从宪法高度规定了联邦与省的分权，之后英国枢密院司法委员会通过不断地对这种宪政分权模式进行调整而保持二者权力关系的平衡。宪法确立的省邦分权模式在保障和约束一般省份的同时，也对法裔少数民族聚居的魁北克省产生了同样的效力。在土著民族方面，为了保障土著民族的权利，同时抑制其可能对联邦统一造成损害的“土著主权”（Aboriginal Sovereignty），加拿大将土著民族的权利诉求和保障纳入 1982 年宪法法案，使土著民族既受到宪法的保护，又受到宪法的约束。

与此同时，为建构宪政主义原则下的公民身份制度，加拿大还将在历史经历和权利诉求方面与法裔魁北克人及土著民族差别明显的新移民少数族裔也纳入了“加拿大权利与自由宪章”的平等保护之下，从而使宪法成为包括三类少数民族（族群）在内的所有加拿大人的共同权利宪章。宪法对三类少数民族（族群）的接纳为加拿大国家以宪政主义原则解决民族问题提供了坚实的宪政基础。①

以宪政主义原则解决民族问题，意味着在加拿大国家不存在任何一种独大的力量来决定少数民族（族群）的权利和地位。无论是立法机构制定的具有普遍约束力的有关少数民族权利和地位的立法（民族立法），还是联邦或地方政府制定的民族政策或具体行政行为，抑或是联邦最高法院做出的具有最终法律效力的裁决，都不能不受挑战地或一劳永逸决定少数民族（族群）的权利和地位。实践中，政府的民族政策或具体行政行为，不断受到司法力量的挑战。包括联邦最高法院在内的各级法院，在少数民族（族群）权利保护问题上，不断发挥平衡和矫正作用。它们要么支持政府的诉求，要么支持少数民族（族群）的诉求，要么在作出某种裁决的同时，鼓励或督促双方通过谈判和协商解决问题。特别是联邦最高法院，在裁决各类有关少数民族（族群）的案件中，不仅针对个案做出裁

---

① 1982 年收回宪法后，为了改变魁北克缺席宪法大家庭的局面，联邦政府与其他省区一道努力，数次试图通过一定的妥协和让步使魁北克批准和接受 1982 年宪法法案，但是都没有成功。魁北克长期拒绝批准联邦宪法，不利于宪政主义原则全面、正当地发挥作用。

决，而且还做出具有普遍约束力的司法解释，甚至直接创制或重新承认某种少数民族（族群）权利。宪政主义主导下的司法力量，对于遏制政府无所不在的行政权力和立法机关借用多数民意控制的立法权，以及大财团和工业集团的无所不能的渗透性权力起到不可替代的作用。当然，在少数民族（族群）权利保护方面，司法权力也受到行政权力和立法权的限制和制约。

四　保护少数原则

保护少数原则是加拿大联邦处理民族问题的又一重要原则。这一原则的确立与英美法律传统中保护少数、“防范多数的暴政”理念密切相关，也与“二战”后人权理念的广泛传播密切相关。① 同时保护少数原则的确立，还与加拿大的特殊民族国情有关系——通过践行保护少数原则可以抑制魁北克分离主义势力。总体上看，加拿大联邦框架下和民主政治生活中的保护少数原则既具有价值理念方面的意义，也具有某种工具性的意义。而后一方面的意义在加拿大表现得特别明显。特鲁多 1978 年提出修宪建议时，曾认为修宪或宪法改革主要是为了回应法裔魁北克的诉求，与土著民族没有直接的关系，他也因此认为土著民族对整个修宪过程起不到什么实质性的作用。② 但是特鲁多忽略了：1969 年的“印第安人政策白皮书”公布又取消的权利斗争经历，使土著民族深深意识到要想使自己的权利有更大的保障，就必须参与到修宪的斗争行列之中，因为宪法是约束和监督政府的利器。土著民族参与修宪的行为对法裔魁北克人的民族主义诉求构成严重制约。

在陆续的修宪活动中，土著民族提出将他们在实践中已经部分取得的自治权写入宪法，但是土著民族的这一要求长期得不到各方的积极回应。因此，当土著民族得知加拿大政府与魁北克政府达成《米奇湖协议》，准备承认魁北克高度自治的独特社会地位时，他们表现出了坚决不予接受的态度。在他们看来，作为历史资格更为久远的土著民族，他们关于土著民族自治权的宪法谈判进行了多年都没有取得实质性进展，而后来的魁北克

① “二战”后，加拿大签署了一系列承认、尊重和保护族裔、宗教和文化上的少数人权利的国际人权公约和宣言，承担了保护少数民族的国际义务。

② See Douglas E. Sanders, “The Indian Lobby,” And No One Cheered; Kieth Banting and Richard Simeon Eds. *Federalism*, *Democracy and the Constitution Act*, Toronto: Methuen, 1983, p. 302.

却在极短的时间内就实现了自己的目标。实际上，正是在土著民族和一些省的反对下，承认法裔魁北克独特社会地位的《米奇湖协议》遭到了失败。

土著和法裔两个少数民族在各自权利诉求方面产生的冲突，不仅表现在联邦政府对它们的厚此薄彼的待遇方面，也表现在它们彼此之间。在“独特社会”的诉求方面，法裔提出魁北克是独特社会，而土著人提出他们的社会也是独特社会，并且由于土著民族本身包含着许多民族，这样一来，魁北克就有许多独特社会。土著民族坚称“他们的独特社会必须得到承认，因为这些特性来源于他们的土地，来源于他们从事的活动以及他们关心和使用的事物中”①。1995 年，面对法裔魁北克再次以独立为目的的公投，魁北克境内的土著民族表示了极大的关注。他们担心魁北克独立后他们的权益保障问题，如他们的文化是否会保留，已经取得的权利是否会继续有效。土著民族认为，与其将未来的命运押在一个具有很大不确定性的民族国家身上，不如牢牢抓住对他们有着信托义务的加拿大联邦政府，因此，绝大多数土著人对魁北克的分离运动持反对态度。他们甚至提出，如果魁北克有权利从加拿大分离出去，那么土著民族也至少具有同样的权利从魁北克分离出去。

除了土著民族以外，魁北克分离主义运动还需要面对其境内的新移民少数族裔群体。这些人来自世界各国，他们移民加拿大的一个重要目的是成为更大社会的“加拿大人”，而不是一个区域社会的“魁北克人”。新移民少数族裔中，反对魁北克独立的人超过 90%。此外，作为魁北克法裔社会中的英裔少数民族，他们无论是出于对未来作为少数民族的地位和权利状况的担心，还是出于对整个加拿大英裔文化语言的热爱和留恋，都坚决反对魁北克独立。

以上可以看出，在加拿大，保护少数的原则不仅符合自由主义一贯的法理和哲学基础，不仅与加拿大的人权法、公民权利与自由宪章的内容和精神高度一致，而且也高度契合维护加拿大联邦的统一与完整的要求。魁北克的土著少数民族和新移民少数族裔为了维护自身的权益和安全，坚决反对法裔少数民族将魁北克从加拿大分离出去。这种少数民族（族群）权利之间的相互制约性，反映了多民族国家保护少数民族（族群）权利

① 阮西湖：《加拿大与加拿大人》（三），中国工人出版社 1994 年版，第 188 页。

问题的复杂性。也说明所谓少数民族（族群）权利并不总是一种一致性很强的、可以相互叠加的力量。在一些情况下，少数民族（族群）权利可能是一种相互制约、制衡的力量。在这种情况下，国家可以通过在不同的少数民族（族群）权利之间实现某种平衡来促进国家安全与统一利益。

由于保护少数原则在自由主义的法理、加拿大的人权法、公民法以及维护国家安全统一方面呈现出高度竞合的特点，加拿大极其重视保护少数原则并将其作为一个重要的立国原则。1995 年魁北克第二次公投后，联邦政府更加重视保护少数原则在维护加拿大多民族国家政治生态中的作用，更加注重利用土著少数民族和新移民少数族裔去制衡魁北克法裔民族。联邦政府、议会及联邦最高法院在多种场合表达了对魁北克的其他少数民族（族裔）权益的关注，要求魁北克在追求其民族利益的同时，必须尊重其境内其他少数民族（族群）包括英裔的权益诉求。可以说，保护少数原则已成为横在魁北克法裔分离主义运动道路上的一个绕不过去的“坎儿”。

第二节　基本理念

如果说上述四个原则是加拿大处理民族问题时必须坚守的原则因而具有较强的刚性的话，那么下述几个基本理念即“承认”（Recognition）、“和解”（Reconciliation）、“妥协—包容”则是在坚持刚性原则的前提下，在具体面对和处理民族问题时所采取的具有一定灵活性的态度、认知和胸怀。

一　承认

加拿大是一个名副其实的差异之乡。在民族、族裔和文化方面，至少存在着三类具有很大差别的群体，第一类是土著人与非土著人，第二类是英裔民族与法裔民族，第三类是殖民群体和其他类移民群体及他们的后代。从民族或族群在整个联邦国家的主导或从属地位来看，加拿大的差别又可以体现为一个主体民族与三类少数民族或族群。差别群体的结构性存在，使承认差别成为加拿大政治中的一件大事。

从历史的维度来看，最早体现“承认”理念的政治事件是英国殖民者对土著民族的民族（nation）身份的认可。在《皇室公告》中，土著民族几乎被作为一个对等的政治共同体而加以承认。土著民族的这种被承认的历史地位最终使他们在加拿大成为所有其他民族和族群所共认的“第一民族”。

第二个较早获得承认的是法裔民族。七年战争后，在经历了短暂的同化努力失败后，英国殖民者为了安抚法裔民族的情绪，承认了他们的民族特性，承认他们有保持本民族特性的权利。作为第一个在北美建立政治共同体的欧洲民族，法裔民族还被承认为与英裔并列的“建国民族”。三类少数民族（族裔）群体中，最晚获得承认的群体是新移民少数族裔，他们保存本族群特性的权利一直到1971年才被正式承认。

“承认”是加拿大面对和处理少数民族（族群）问题的首要基本理念，它表明，加拿大是一个由多民族和族群构成的国家。这一点与一些实际上的多民族国家有所不同。在这些国家，承认某些群体的民族身份会被认为不利于国家安全。加拿大联邦从一开始就承认了土著民族的民族“nation”地位，后来又逐渐接受了法裔民族在一个统一的加拿大联邦内的民族“nation”地位。相形之下，加拿大对其少数族群（ethnic group）的承认反而是来得最晚的。

承认不同民族或族群的存在，不能仅仅停留在文化识别层面上。加拿大对其少数民族或族群的承认体现在它的整个政治、法律构架中。对土著民族的承认，体现在保留地、免税、年金、土地权利、文化权利、自治权利等一系列特殊的政治和法律安排中；对法裔民族的承认体现在联邦范围内的双语官方语言政策以及魁北克区域社会的高度自治方面；而对新移民少数族裔群体的承认则体现在平等地保护各个族群的文化、语言、宗教和传统的多元文化主义政策中。“承认”是加拿大联邦处理族际关系的基本理念，是加拿大族际政治的一个重要特点。正是由于“承认”的理念的存在，加拿大比较平和地因而也是比较成功地解决了至今仍困扰很多多民族国家的棘手的民族问题。

二 和解

毋庸讳言，历史上加拿大在对其少数民族如土著民族和法裔民族进行“承认”的同时，并没有停止对他们的歧视、排斥、剥夺和同化，其中对土著民族的剥夺、同化和伤害构成了“加拿大历史上最黑暗的篇章”。从19世纪40年代开始，加拿大的几大教会如天主教、英国圣公会等开始

"志愿"筹办寄宿学校，将土著民族的5—16岁的孩童强行从父母身边夺走，对他们实施系统的"教化（同化）"活动。40年后，这一"民间"的同化活动得到了加拿大政府的正式承认和授权。1920年，加拿大议会继而将这一做法在《印第安人法》中合法化。这类"将印第安人扼杀于儿童时期"的寄宿学校一直沿办到20世纪60年代（最后一所寄宿学校直到1996年才关闭）。在长达120多年的时间里，有多达7代15万人以上的土著民族孩童成为严厉同化政策的受害者，其中6000多名儿童死于精神和肉体的虐待以及疾病。相形之下，法裔民族所受到的排斥、迫害和同化程度远不能与土著民族相提并论。事实上，在英属加拿大历史的大部分时间里，英裔民族对法裔民族更多采取的是怀柔政策。① 新移民少数族裔群体中，亚裔尤其是其中的华人和日裔遭受的迫害与剥夺尤为严厉，他们曾被限制入境、入籍，征收人头税、没收财产甚至遭到驱逐。

"二战"尤其是20世纪60年代以来，加拿大在整个联邦的范围内对各民族（族群）普遍实行平等主义的公民保护政策，但这一政策并没有能够有效弥补历史上对一些少数民族和族群尤其是土著民族和华裔、日裔加拿大人受到的伤害。多年以来，在这些遭受伤害的民族（族群）以及加拿大主流社会正义力量的推动下，加拿大政府逐步认识到，要真正建立起一个凝聚各民族人心的多民族国家，就必须实现与历史上遭受迫害的少数民族（族群）的和解。而要做到这一点，就必须正视过去的错误甚至罪恶，并对之进行深刻的反思、忏悔、自责和道歉并做出相应的补偿。1998年时任总理让·克雷蒂安就寄宿学校问题发表和解声明，但是土著民族并不接受，他们要求加拿大政府道歉。2008年6月，时任总理哈珀在加拿大议会众议院正式向寄宿学校的受害者道歉，他说："加拿大政府真诚道歉，我们对土著居民造成了严重伤害，请求他们的原谅，对不起!"从道德层面看，政府的道歉具有不容否定的正面价值，对安抚受害群体，实现民族和解有重要意义。② 加拿大第一民族议会领袖菲尔·方丹酋长在哈珀道歉后对众议员们说："这一剥夺我们身份的政策深深伤害了我们，也深深伤害了所有加拿大人，败坏了加拿大的品质"，"寄宿学校的记忆有时仍像利刃一样切割我们的灵魂。但今天（的道歉）将帮助我

---

① 因此，在有关"民族和解"的主题下，法裔少数民族几乎不受关注。

② 王英：《民族和解与多元共建》，《民族论坛》2013年第1期。

们把痛苦放在身后”。①

2015 年 6 月，加拿大“真相与和解委员会”举行公众大会，公布了一份耗时近 7 年采访了 7000 多名寄宿学校幸存者的调查报告。报告写道，由国家主导的文化灭绝意在摧毁土著民族的政治与社会机理；剥夺他们的土地；他们的语言、文化与精神生活被禁止；家庭离散，骨肉分离，文化价值传统的传承被打断。哈珀说“这一政策（寄宿学校的强制同化）对土著文化、传统与语言具有长远的破坏性影响”。这段不光彩的历史公布以后，加拿大举国震惊，主流舆论称之“加拿大历史上最黑暗的篇章”。联邦最高法院首席大法官麦克拉克伦和调查委员会主席辛克莱法官则称之为“文化灭绝”。调查报告出台后，联邦政府土著事务部部长瓦尔考特再次对政府在其间的作用致歉，他表示：“民族和解是一个需要几代人承诺的目标，政府了解做出转变——如何同土著居民一道工作，以转变加拿大人的态度与感受的重要性。”天主教、圣公会等宗教团体也发表了一份联合声明，承认对土著民族与家庭造成了巨大伤害，表示将致力于和解进程。②

调查报告使加拿大人民真切地了解到土著问题的历史真相，有利于他们督促联邦政府采取切实可行的政治和立法措施告别过去的不公正，推动真正的民族和解，为此报告提出了 94 项建议，主要包括在公立学校将土著遭遇纳入历史课程；提议联邦议会通过土著语言法，以恢复并保护土著语言得以延续；呼吁教皇就加拿大天主教教会对土著儿童的精神与肉体摧残进行道歉，等等。报告敦促联邦政府全面落实“联合国土著人民权利宣言”③。

在新移民少数族裔方面，2006 年 6 月，时任加拿大总理哈珀在众议院就“人头税”问题向全加华人做出正式道歉，初步表现出与华人社群和解的愿望。2014 年 5 月，历史上华人受歧视和迫害最为严重的不列颠哥伦比亚省省长简蕙芝代表省政府和议会正式向华裔加拿大人道歉，她说：“我代表不列颠哥伦比亚省，代表整个议会，诚挚地就省政府过去的

---

① 新华网，“加拿大政府向土著道歉”。http：//news. xinhuanet. com/newscenter/2008 - 06/13/content_ 8355699. htm。

② 李学江：《揭示历史真相，走向民族和解，加拿大土著儿童遭遇令人震惊》，人民网渥太华 6 月 3 日电。

③ 同上。

历史错误道歉。我们对以前的省政府通过的歧视性法律和种族歧视政策深表遗憾，并确保以后不会再发生类似事件。”省长简蕙芝在宣布道歉声明后对媒体宣布，省政府将拨款100万加元成立“历史遗产基金会”，资助道歉后的教育工作，面向华人社区推出一系列计划，包括修改教科书，把华人贡献及省政府过往针对华人的错误政策写入教科书，确保下一代了解历史真相，以及保存具有历史价值的华人文物和遗址，让公众亲身去了解和认识。[①] 2015年6月，加拿大政府重提向华人道歉事件，哈珀在渥太华向媒体发表声明说，当年针对华人的“人头税”政策是“极大的历史错误”和“极大的不公正”。哈珀在声明中表示，“人头税”是不同时代的产物，但那是一个极大的历史错误，是导致一些家庭陷入极度困顿的原因之一，“诚如我九年前所说，这是一个极大的不公，我们有道义上的责任去承认它”[②]。对其他族裔，如日裔加拿大人，加拿大政府也采取了类似的和解行动。[③]

总之，面对历史上的不公正和压迫性的民族政策，在种种因素的影响下，加拿大政府（包括一些地方政府）对遭受不公正待遇的少数民族（族群）进行道歉并采取一定的物质补偿（赔偿）措施，这种民族和解的理念和政策一方面反映了加拿大政府敢于直面过去的错误，勇于承担加害者的历史责任，另一方面也预示着加拿大政府将继续在实践中采取某种倾向性的或补偿性的民族政策来弥补过去的错误、提升各民族在事实层面的平等性。民族和解作为加拿大处理民族问题的一个重要理念，对于恢复和加强加拿大各民族的凝聚力和向心力起到重要作用。当然，也要看到，民族和解是一个持续性的过程，它不是一两个政治或社会表态所能完成的，其最大的意义和目的在于吸取过去的教训并在此基础上建立一个更加公正的多民族的国家。在这个意义上，真正彻底的民族和解将是一个比较漫长的历史过程。

三 妥协—包容

除了“承认”与“和解”两大理念外，加拿大在处理民族问题上还

---

① 江亚平：《加拿大“华人心中的伤口终于愈合”》，参考消息网。

② 《加拿大总理为何重提向华人道歉》，新华网北京2015年6月24日电。

③ 1988年加拿大联邦政府向日裔加拿大人就“二战”期间的不公正待遇道歉；在受害最深的不列颠哥伦比亚省这一直到2012年5月才道歉。

坚持妥协与包容的重要理念。“妥协与包容”理念的形成既与加拿大立国的英美自由主义传统密切相关，也与加拿大国家复杂的民族国情密不可分。从前者来说，作为一个深受英国政治文化传统影响和塑造的自由主义国家，加拿大国家的哲学以经验主义和保守主义为特征，即对于政治和社会的发展来说，英国人不相信抽象的原则和暴力革命会带来政治和社会的进步，他们崇尚温和、渐进的改良式道路。而贯穿这一道路始终的便是妥协——阿克顿勋爵认为“妥协是政治的灵魂——如果说不是其全部的话”①。被称为“现代保守主义之父”的柏克也指出“所有的政府、人类所有的利益与福乐、所有的美德以及所有的谨慎行为都必须建立在妥协互让的基础上”②。妥协在独立革命后的美国也有着深厚的文化根基。事实上，美国宪法本身就被认为是“一捆妥协案”。在制宪者们看来，真正的共和政体不是要求和追求社会意见与意志的同一性，而是允许多种意见、意志和利益在一种有秩序的体制下妥协共存。③“在美国政界和社会，人们普遍非常珍视妥协。”④ 从包容的向度来看，包容构成自由主义的本质特征。此外，自由主义的妥协也必然导致包容。

从后者来看，加拿大一开始就面临着多元民族共同竞争、生存和发展的问题。自欧洲人到来（European contact）——无论是法国殖民者，还是后来的英国殖民者，抑或是土著民族，面对的都不再是一个任何意义上的单一民族区域或社会或政治共同体。为了在殖民地艰苦的环境中生存下来，或者为了避免在激烈的生存斗争或竞争中过分地消耗自己甚至造成毁灭性的结果，相关各方都采取了“让自己活也让别人活”的妥协策略，法国殖民者与土著民族之间如此，英国殖民者与土著民族之间如此，英法殖民者之间也是如此。

英国全面控制加拿大后，其妥协—包容之理念的发挥更是明显。首先是对法裔民族的妥协和包容。面对法裔民族要求保持自己语言、宗教、文化和民法制度的权利诉求，英裔主导下的政府当局给予了最大限度的妥协和包容。此后虽出现过试图同化法裔民族的努力，但其主旋律一直是妥协和包容——即使是面对法裔民族后来提出的“主权主义”和“独特社会”

① ［英］阿克顿：《自由史论》，译林出版社 2001 年版，第 181 页。
② ［英］埃德蒙·柏克：《自由与传统》，商务印书馆 2001 年版，第 303 页。
③ 龙太江：《西方民主政治中的妥协精神》，《文史哲》2005 年第 2 期。
④ ［美］罗伯特·达尔：《多元主义民主的困境》，求实出版社 1989 年版，第 76 页。

的诉求，加拿大政府依然坚持了最大限度的妥协和包容。其次是对土著民族的妥协和包容。英国殖民者对土著民族的最大的妥协和包容无疑体现在其对条约谈判的重视——它没有利用自己的绝对优势地位而单纯用武力夺取土著民族的土地和资源，而是通过系统的谈判和协商（即使是这种谈判和协商带有浓厚的不平等色彩）以条约的形式取得。20 世纪 60 年代以后，英裔民族主导下的加拿大政府先后在一系列重大问题如“土著权利”的承认、土著“第一民族”自我称谓的接受、土著自治权的承认上与土著民族妥协。

妥协—包容既是英美传统政治文化的内在精神气质，也是加拿大本土族际政治实践的重要理念。在保护少数民族（族群）权利方面，妥协—包容的理念尤为重要。“以政治妥协来解决政治争端，意味着多数一方并未凭借力量上的优势对少数简单地予以压制、强迫，而是由双方协商、谈判解决分歧。”① 对于维护少数民族（族群）的权利来说，妥协—包容有着天然的意义和内在的契合性。不仅如此，妥协—包容理念也是民主政治的必要条件，没有妥协—包容就没有民主政治本身。在民主政治的所有条件中，乐于并且善于以妥协解决分歧是最重要的条件。② 雷蒙·阿隆认为民主政治的维持仅靠孟德斯鸠的“法的精神”是远远不够的，它更需要对妥协的尊重和认同③；罗伯特·达尔干脆指出民主依赖于妥协，他认为这是人们公认的常识。④ 总之，妥协—包容不仅是保护少数（民族、族群）的重要理念，也是民主政治得以存在和正常运行的必要条件。在保护少数和民主政体运行的条件方面，妥协—包容成了一种竞合性的理念。

受英美自由主义政治文化传统和加拿大多民族国情的深刻影响，加拿大在处理民族问题上深谙妥协—包容的价值，深得妥协—包容的精髓。妥协—包容的理念不仅使加拿大在纷繁复杂的多民族国家，有效地维护了各民族的平等权利，有力地维持了各民族的团结，而且更重要的是，通过妥协—包容理念的广泛运用，使加拿大政府以较小的代价维护了加拿大联邦的统一与完整。

---

① 龙太江：《西方民主政治中的妥协精神》，《文史哲》2005 年第 2 期。

② ［美］卡尔·科恩：《论民主》，商务印书馆 1988 年版，第 183 页。

③ Raymond Aron, *Democracy and Totalitarianism: A Theory of Political System*, The University of Michigan Press, 1990, pp. 45 – 46.

④ ［美］罗伯特·达尔：《民主理论的前言》，三联书店 1999 年版，第 1 页。

以上笔者简要论述了加拿大处理民族问题的四个原则和三个理念。这些原则和理念的运用，使加拿大在少数民族（族群）的权利保护和国家安全与统一方面均取得了引人注目的成就。由于权利保护问题在前几章已经得到了比较充分的讨论，以下三节主要围绕这些原则和理念讨论在维护加拿大国家的安全与统一方面的重要作用。

第三节　应对土著民族的主权诉求

一　土著民族的主权诉求

土著民族的主权（Sovereignty）问题既是一个历史遗留的政治问题，也是现实中的一个权利诉求问题。从历史的角度来看，18 世纪初以来，英国殖民者包括后来的加拿大政府与土著民族共签订过近 500 个条约。其中从 1700—1850 年签订的条约被认为是民族（nation）与民族（nation）之间的“和平与友谊”条约，这些条约以及后来的许多条约都被土著民族视为基于主权身份的“政府—政府”的条约。尽管几个世纪以来土著民族都作为被监护者受制于英国殖民者（加拿大政府），但他们始终认为他们的主权身份自欧洲殖民者到来时就已经确立并得到承认。从现实的权利诉求的角度来看，至少从 20 世纪 60 年代以来，土著民族就已经开始争取被他们视为主权标志的自治权或自主权。为了实现这一权利，土著民族积极参与到收回宪法的斗争中。1980 年后期到 1982 年早期，印第安第一民族和其他土著民族群体的代表远赴英国欧洲其他地区游说英国议会，他们是为了使历史上得到承认和确认的土著权利和条约权利在英国国会就宪法收回问题做出决议前得到确认和保护。尽管英国议会没有让土著民族遂愿（一些议员在辩论中支持土著民族的诉求），但加拿大政府最终还是答应在宪法中做出一些让步和语言上的改变。土著民族坚持“新”宪法必须包括承认并对土著权利和条约权利做出永久保护的条款，他们中的绝大多数人对 1982 年宪法做出的“承认土著民族现存的土著权利和条约权利”表示不满意。①

1982 年修宪之后，土著民族继续致力于宪法的进一步修改，以期所追求的自治权能够明确无误地写进宪法文本。1987 年米奇湖修宪会议拒

① Harry S. LaForme, *Indian Sovereignty: What Does It Mean?* (Unpublished).

绝将土著民族的自治权写进宪法，这一事件进一步激发了土著民族的权利斗争。1990 年 8 月，在围绕魁北克奥卡（Oka）周边土地的斗争中，莫霍克族印第安人正式提出了他们的“主权”诉求，在与联邦政府和魁北克省政府的交涉中，莫霍克人声称他们代表一个“主权国家”（sovereign-nation），认为“外来的政府”（alien governments）无权将他们的法律强加在莫霍克领土上的莫霍克人民。莫霍克人民的所作所为“仅仅是在捍卫他们的主权”①。

安大略的土著民族如阿尼什纳比克人、穆舒科高戈克人、恩科威胡维人、勒纳普人认为“作为独特的和独立的民族（nations），我们固有的民族自决权（inherent rights to self-determination），这些权利不是任何国家所赋予的，而是我们与生俱来的集体权利，它们来源于与造物主和我们的土地的联系，具有不可剥夺性。自决权意味着我们可以不受外界干预，自由、独立地决定和实践我们的政治、法律、经济、社会和文化制度。换句话说，我们对我们生活的所有方面都有管辖权”。安大略的土著民族还认为，历史上的条约确认了国家间的共存关系。“这些条约今天依旧有效，它们继续确认着我们与加拿大的主权关系。我们是而且永远都是原初的国家（Original Nations），从来没有放弃过我们的所有权、权利、语言、文化和治理的权利”。②

长期以来，在一般加拿大人的心目中，“主权”一词往往与魁北克省相联系，没有人关心或想到土著民族有一天也会公开提出自己的主权诉求。土著主权诉求的提出，一方面反映了在现代以民族国家为主要单元的国际社会里，主权仍旧是具有强烈合法性意味和强大生命力及权利保障功能的政治法律范畴；另一方面，也说明土著民族在加拿大国家长期未能将其自治权的诉求纳入宪法的情况下，不惜以主权来强化和保护自身的权利诉求。不仅如此，主流社会未能在宪法中接纳土著民族的自治诉求，最终还导致许多土著人反过来也不接受加拿大国家主权的合法性。许多土著人甚至认为加拿大国家的权力是非法的、压迫性的，因为它攫取了土著人的权力后转而否认土著民族权力（利）的合法存在。在多数土著人看来，虽然他们被迫使用殖民者强加给他们的制度和法律，但这绝不意味着他们

① Harry S. LaForme, *Indian Sovereignty: What Does It Mean?* (Unpublished).

② “理解我们的主权”，参见“安大略酋长”网站，http://www.chiefs-of-ontario.org/faq。

放弃了自己的固有权利。

土著民族的主权诉求与其说是要在加拿大建立无数个“国中之国”，不如说是为了实现他们对有关自身事务的控制权。他们斗争的目标不是为了另立一个宪法，而是在现行的宪法中清楚地写上保护他们自治权的条款。对他们而言，土著自治权入宪意味着他们的权利不再受反复无常的非土著政府的操控。在这个意义上，土著民族的所谓主权要求实际上恰是以承认加拿大联邦和宪法为前提的。也许是因为认识到土著主权的这种实质，在加拿大不少来自主流社会的政治和知识精英支持土著民族的主权诉求，他们认为土著民族主张主权有着很强的历史和道德基础，认为承认土著主权也是对过去的压迫性的土著民族政策的一种救赎（redress）。

当然也要看到，尽管“土著主权”（Aboriginal Sovereignty）远非近代欧洲民族国家意义上的那种“至高无上的、排他性的政治权力”，也尽管大多数土著人将“主权”与“自治权”视为同义语，土著主权实质上仅是加拿大主权范畴下的亚概念，而且从土著民族的实际情况来看，他们呈高度分散状态，不可能形成什么统一的“土著民族国家”，因而在实践层面土著主权诉求造成的影响几乎可以忽略不计，但是，在理论或法理上土著主权仍然是一个威胁加拿大联邦统一与完整性的一个重要问题。因此，以联邦主义或宪政主义原则将土著民族的主权诉求完全纳入统一的加拿大联邦和多民族国家仍然是一件有政治和法律意义的大事。

二　应对土著民族主权诉求的主要措施

（一）将土著民族的主权诉求置于联邦宪法的框架内

由于历史的原因，土著民族长期游离于加拿大主流社会之外。直到20世纪60年代，他们才取得了全面参加加拿大社会的权利。从宪法层面来看，虽然1867年《不列颠北美法案》就“印第安人及印第安人的保留地”的管辖权做出了规定，但这并不能理解为自治领或联邦政府将土著民族纳入了宪法框架内，恰恰相反，在这部宪法颁行不久，联邦政府就推出了将印第安人（土著民族）隔离出宪法秩序的《印第安人法》。20世纪60年代，随着对印第安人全面推行公民化措施的失败，包括印第安人在内的土著民族掀起了要求加权公民身份的运动。在此过程中，联邦政府逐渐接受了土著民族加权公民的事实并在1982年收回宪法的谈判中将土著民族的相关权利写入了宪法。

土著权利的入宪，是加拿大历史上的一件大事。它一方面结束了数个世纪以来土著民族“另类身份”的窘况，另一方面也表明，联邦政府通过对土著民族的权利保障而将他们成功地纳入加拿大宪法，使宪法在保障土著民族权利的同时，也对他们可能进一步的权利诉求起到一定的约束作用。20 世纪 80 年代以来，土著民族将其权利诉求逐渐集中在自治权方面，但是由于宪法未能明确规定土著民族的自治权，导致土著民族围绕自治权问题与联邦政府发生了冲突。冲突中土著民族重提土著主权问题并把它作为解决自治权的最终合法性依据。土著民族提出自治权作为土著主权的重要体现，具有超越任何非土著社会宪法和法律的效力。为了将土著民族的自治权诉求纳入宪政主义和联邦主义的法律框架，加拿大政府在宪法并无明文规定土著自治权的情况下，用政策性的声明把土著民族的自治权解释成一种宪法承认或许可的固有权利，从而在法理上结束了土著自治权究竟是一种高于或先于宪法的固有权利，还是其本身就是加拿大宪法规定或赋予的一个宪法权利之争。加拿大政府的这种政治策略或智慧，在解决土著自治权诉求的同时，也维护了加拿大联邦宪法的统一性和权威性。①

值得注意的是，联邦政府在坚持土著自治权的宪法权利属性的同时，也把土著民族坚持的固有权利属性纳入了宪法，这种宪法“通吃”的智慧充分展示了联邦政府善用“承认”“妥协—包容”等理念的智慧。用宪法主动去接纳包括自治权在内的土著民族的固有权利，反映了加拿大政府高超的实用主义政治智慧：它不仅通过宪法的政策解释化解了土著自治权在宪法权利和固有权利属性之间的两难定位，而且巧妙地将土著民族的不受非土著法律约束的、超然的固有自治权纳入加拿大联邦宪法，使其受到

---

① 在自治权的权利属性的讨论或争论中，土著民族坚持自治权的固有权利属性，认为自治权起源于远古（Immemorial）以来，土著民族对他们的土地的占有。他们提出的具体理由有：第一，在欧洲殖民者到来之前，土著民族作为自我治理的社会就已经存在；第二，土著民族社会在历史上被英国政府承认为独立国家，具有签订条约的能力；第三，土著民族在历史条约中从来没有放弃过他们的自治权；第四，即使土著民族的自治权曾被立法或英国政府的行为限制，但这种权利从来没有被消灭。土著民族领导人还认为“‘固有的’没有从加拿大分裂的意思。如果说它是国际的，仅仅因为这是国际人权法的表述，被用于联合国人权公约序言中。它的含义是这种权利可以被承认，但不能被授予，它可能受到非法侵犯，但绝不可能被消灭”。而加拿大政府则认为土著自治权是一项或然性权利，需要通过土著民族和加拿大政府之间通过谈判来确定，并由联邦和省级立法机构根据新的宪法修正程序批准。郭跃：《加拿大政府的土著民族自治政策述评》，《大连大学学报》2010 年第 4 期；Olive Patricia Dickason，William Newbigging，*A Concise History of Canada's First Nations*，Oxford University Press，2006，p. 305。

加拿大主权的有效制约，而不是与之冲突或对立的一级。①

从土著民族这一端来看，土著主权或自治权的宪法化也有着现实的权利认知基础。虽然土著民族将其所享有的主权或自治权说成是“与生俱来的”甚至是“不证自明的”，但现实中他们依旧不知疲倦地致力于使自己的这种权利得到非土著的或主流社会的宪法、判例法和法院决定的承认。在他们意识或潜意识中，联邦政府的承认尤其是国家宪法的承认，仍旧是他们努力的重要方向。这一点，也为联邦政府将他们的主权或自治权诉求宪法化提供了现实条件。此外，土著民族还诉诸“联合国土著人权利宣言”，认为这份国际宣言为土著人的生存、尊严和福祉以及他们的权利提供了保障。② 这从另一个向度上说明，土著民族的主权或自治权并不是自洽的，它需要得到包括宪法在内的其他现实法律的支撑。

20 世纪 90 年代以来，随着土著民族自治活动的进一步开展，加拿大政府发布了《加拿大政府实现固有权利和土著自治权协商实施指南》对土著民族的固有权利尤其是自治权进行规范。该指南明确承认土著民族有自治的权利，并且认为该权利受宪法 35 条保护。但同时强调土著民族的自治权必须在加拿大宪法框架内进行，土著民族的法律必须与加拿大联邦、省和地区的法律保持一致。同时强调土著民族自治政府应该遵循《加拿大权利与自由宪章》，等等。

（二）通过一系列司法判决限制土著民族（主权）权利要求的广度和深度

在一定程度上承认土著主权和将土著民族权利保护纳入宪法框架的同时，本着宪政主义的价值原则，加拿大的司法系统通过一系列判例对土著民族的主权和其他权利诉求进行限制。在 1986 年的一个裁决中，联邦最高法院指出，土著民族与加拿大政府之间的条约是“独特的”——它既不由国际法规则创设，也不会由国际法规则消灭。③ 从而明确了土著民族与加拿大政府的关系并不是国际法意义上的国与国或政府与政府之间的关系，而是加拿大国内主权框架下的一种内部关系。在 1990 年的判例中，联邦最高法院在重申这一观点的基础上，指出条约是为了创设一种对加拿

① 当然，土著民族的主权或自治权诉求的最终宪法化还有待于加拿大联邦通过正式的修宪程序去实现。

② “理解我们的主权”，参见“安大略酋长”网站，http：//www. chiefs-of-ontario. org/faq。

③ Simon v. The Queen［1986］, 1 C. N. L. R. 153.

大政府和土著民族双方具有约束力的义务，之所以采取条约的形式，是为了显示约束力的庄严性。①

在对土著主权进行限制的同时，加拿大的司法系统还对宪法中业已承认的土著权利和条约权利进行限制性解释。如，在如何理解宪法中的"现存的"土著和条约权利时，安大略上诉法院将"现存的"解释为土著权利被"冻结"在截至 1982 年的相关立法中②，从而限制了土著民族可能对此规定做出扩张性的解释。虽然，在 1990 年的 Sparrow 案中，联邦最高法院否决了这一狭隘的、限制性的解释，但它强调解释的灵活性，更注重随着时间和情势的变化，允许土著民族的权利发展变化。这实际上更有利于联邦政府包括省政府根据国家和省社会发展的需要来更加灵活地处理土著民族的权利诉求。此外，在 Sparrow 案中，联邦最高法院还对土著主权做出了近乎全面否定的判断。认为从殖民开始，土著民族先前的任何主权都被英国王权（The Crown）所吸收进去。最高法院指出"值得回顾的是，虽然英国对土著民族的政策建立在对他们的对传统土地占有的权利的尊重上，但 1763 年的《皇室公告》毫无疑问地见证：从殖民一开始，主权和立法权以及争议中的土地权利都属于英国王室"。关于自治权，联邦最高法院指出，即使是宪法第 35 条第 1 款可以推演出土地自治权是一种固有的权利，但这种权利也可以因为联邦立法而受到干涉甚至归于消灭，只要这种干涉或归于消灭符合一定的标准和条件。③

除了在主权和自治权等层面限制土著民族的权利以外，加拿大的司法机构尤其是联邦最高法院还通过个案的裁决进一步限制土著民族的土地权利，如 1997 年联邦最高法院在一个裁决中指出，如果加拿大政府基于善意的目的，提出了充分和正当的理由，且尽到了与土著民族协商和咨询的义务，就可以变更或取消土著民族的土地权。④ 关于土著民族土地权的取得和转让，裁决指出土著民族只能通过法院裁决或条约谈判的形式取得土地权；土地转让的对象只能是联邦政府。此外，在一些具体的权利诉讼中法院也倾向于限制土著民族的权利范围，如关于捕鱼的权利，法院一般只保护用于自身生活消费的捕鱼权，对于土著民族的商业性捕鱼权诉求则规

---

① R. v. Sioui（［1990］3C. N. L. R. 127）.

② R. v. Hare and Debassige,（［1985］3 C. N. L. R. 139）.

③ Harry S. LaForme, *Indian Sovereignty: What Does It Mean?*（Unpublished）.

④ Delgamuukw v. British Columbia, 3 SCR（1997）, 1010, 1081 DLR.

定严格的举证责任。

（三）明确规定加拿大主权不属于开放协商的范围

为防范土著民族的自治权可能溢出联邦主权的范围，前述《加拿大政府实现固有权利和土著自治权协商实施指南》对土著民族自治权可能的或可谈判的范围作了明确规定。① 对于不属于或不完全属于土著民族内部或土著文化范围的事项如离婚、劳动关系和培训、司法管理、监禁与假释、环境保护与测评、污染防治、渔业和迁移鸟类的合作管理、博彩业、灾害应对等，联邦政府认为应该优先让联邦或省政府立法，土著民族自治政府可进行补充性或变通性立法。两种立法发生冲突时，联邦或省立法优先。在对上述两类立法权做出规定的同时，联邦政府划出了不能进行协商的立法领域，这些领域包括两类，一类是与加拿大的主权、国防和外交相关的权力，另一类是涉及其他国家利益方面的权力，如国家经济的管理与调控、国家法律秩序的维护、广播和电信事业、航空航天、海事运输、全国交通体系、邮政服务、普查统计等联邦事业。②

加拿大政府通过划分土著自治权与联邦、省管辖权的范围，一方面维护了土著民族的自治权，另一方面也为这一自治权划定了不能逾越的界限，从而有效地将土著自治权或所谓的土著主权置于加拿大联邦主权的控制之下。

---

① 《加拿大政府实现固有权利和土著自治权协商实施指南》提出的可以与联邦政府谈判的自治领域或事项包括自治政府的组成及选举；部族成员身份的认定；婚姻、收养和儿童福利；土著语言、文化和宗教事务；教育、卫生和社会服务；管理和实施土著法律，包括建立土著法庭和裁判机构，实施治安处罚，行使警察权；制定财产法、继承法；土地管理，包括土地规划、土地费、土地出租、利用和开发；自然资源管理，狩猎、捕鱼；农业；部族成员的直接税和财产税的征收；集体资金和财产的交易与管理；公共工程和基础设施的管理；住房；本地交通；自治区域内商业的经营、许可及管理，等等。See The Government of Canada's Approach to Implementation of the Inherent Right and the Negotiation of Aboriginal Self-Government, Aboriginal Affairs and Northern Development Canada. http://www.aadnc-aandc.gc.ca/eng/1100100031843/1100100031844. 2015 年 9 月 16 日浏览。郭跃：《加拿大政府的土著民族自治政策述评》，《大连大学学报》2010 年第4 期。

② See The Government of Canada's Approach to Implementation of the Inherent Right and the Negotiation of Aboriginal Self-Government, Aboriginal Affairs and Northern Development Canada, http://www.aadnc-aandc.gc.ca/eng/1100100031843/1100100031844。2015 年 9 月 16 日浏览。郭跃：《加拿大政府的土著民族自治政策述评》，《大连大学学报》2010 年第 4 期。

第四节 应对魁北克分离主义

在加拿大，真正能够对联邦主权的统一与完整构成威胁的是魁北克分离主义运动。1980 年、1995 年的两次全民公决表明，法裔主导的魁北克不仅可能走向独立，而且事实上差一点实现独立。1995 年魁北克独立公投失败后，为了从宪法和法理上约束或防范魁北克独立，加拿大联邦政府在联邦主义、宪政主义、民主政治以及保护少数等原则所允许的范围内，开始主动出击。在联邦政府的主导下，从 1996 年开始，加拿大联邦先后采取一系列措施如邀请法学家释法、请求联邦最高法院释法、联邦议会立法等来应对魁北克的分离主义诉求。

一 邀请法学家释法

1995 年魁北克公投以微弱的劣势失败后，加拿大联邦政府邀请并资助一批著名的国内外法学家对魁北克分离主义的合法性或正当性做出评议。受邀的法学家中有加拿大著名法学家帕特里克·莫纳汉（Patrick J. Monahan）和米歇尔·布莱恩特（Micheal J. Bryant）等人，他们在对相关国际法、国内法及政治法律惯例进行了广泛分析和研究后提出了以下若干意见：分离行为一般情况下是被禁止的；单方面的分离行为是一概被禁止的：在分离问题上的公决行为必须由当事国政府和要求分离的一方通过讨论加以确认；关于哪些民众有权利在有关分离问题的公决中投票没有一个统一的模式；有关分离问题的公决一般由当事国政府或国际组织来监督实行；有关主权分离问题公决成功所需要的多数百分比没有普遍接受的限定；对公决结果的最后认定取决于当事国现行宪政法律体系；分离地区的边界在分离后不能保证没有变化；英联邦全民公决的经验一般仅具有提供咨询的性质而没有法律上的约束力，等等。① 这些解释性意见为加拿大联邦政府及联邦议会通过政治的和立法的手段控制魁北克分离运动提供了重要的可操作空间。

鉴于宪法在一个主权国家中的重要地位，法学家们还就各国宪法中有

① 朱毓朝：《魁北克分离主义的挑战与近年来加拿大联邦政府在法律和政策上的应对》，《世界民族》2007 年第 4 期。

关分离主义的规定作了系统的梳理。在研究了世界上 89 个国家的宪法后，莫纳汉等人指出，世界上绝大多数国家的宪法都不容许国家内部的族群、团体或地区分离出去。89 部宪法中只有 7 个国家宪法规定有关分离的条款，22 个国家强调主权与领土不可分割，有的国家如科特迪瓦和喀麦隆的宪法则完全禁止涉及领土变动的修宪。①

为了从民族自决权的角度封堵魁北克的分离主义者，加拿大司法部还邀请剑桥大学著名法学家詹姆斯·克劳福德（James Crawford）对魁北克的情形是否适用国际法上的民族自决权问题进行解答。克劳福德提出，在民族自决权与分离主义的关系问题上表示，联合国先后出台过两个非常重要的决议，一个是 1960 年的“非殖民化决议”（即 1514 号决议），另一个是 1970 年的“友好国际关系决议”（即 2625 号决议），这两个决议的一个共同点是只承认三种情形下的民族自决权，即只有在殖民主义统治、外国占领和强权政治及种族主义政权的情况下，有关族群、团体和地区才有可能主张自决权。而魁北克显然不属于这三种情形中的任何一种。从政治参与的角度来看，魁北克无论是在省层面还是联邦层面都享有充分的、完全的政治参与：它不仅享有省层面高度自治的权力（利）和地位，而且在整个联邦范围内都拥有极其重要的政治代表地位或参与权。就后一种情况来看，最具有说服力的或许是，在迄今为止的加拿大 22 位联邦总理中，法裔人就占据了 7 个，而且这些法裔总理普遍在位时间较长，对联邦的影响力很大。此外，为了保障法裔民族在整个联邦的政治代表权问题，相关法律和政治惯例均保障他们在联邦议会的一定比例的席位。

总之，无论是从相关国家的国内立法，还是从国际法的角度，抑或是从加拿大的国内族际政治状况出发，魁北克都不具有从加拿大联邦分离的合法性或正当性理由。

二　请求联邦最高法院释法

法学家的释法只是原则性地解决了有关魁北克分离主义的种种法律或法理问题，它不能在实际层面直接影响到法裔魁北克与加拿大政府的关

---

① Patrick J. Monahan & Michael J. Bryant, Nancy C. Côté, “Coming to Terms with Plan B: Ten Principles Governing Secession,” CD Howe Institute Commentary 83 (June 1996)。朱毓朝：《魁北克分离主义的挑战与近年来加拿大联邦政府在法律和政策上的应对》，《世界民族》2007 年第 4 期。

系。为了解决加拿大宪法或宪法实践中缺少应对类似魁北克分离诉求的有关规定或先例等问题，法学家释法后，本着宪政主义原则中尊重最高司法裁决的基本精神，加拿大联邦政府正式向联邦最高法院提出了法律解释的要求。围绕魁北克分离主义诉求问题，联邦政府提出了三个问题：第一，依据加拿大宪法，魁北克政府或议会有没有单方面宣布脱离联邦的权利？第二，按照国际法，魁北克政府或议会有没有单方面决定从联邦分离出去的权利？国际法上的民族自决权是否适用于魁北克？第三，如果在魁北克的单方面分离权问题上，加拿大的国内法与国际法冲突，应该优先适用哪种法律？1998 年 8 月联邦最高法院正式做出“魁北克分离咨询意见书”。该意见书首先阐明了解释法律所需要尊重或遵守的四大原则即联邦主义原则、民主政治原则、宪政主义原则和保护少数原则。关于第一个问题，联邦最高法院重点围绕民主政治原则、联邦主义原则和保护少数原则对魁北克的分离权作了解答。联邦最高法院认为：魁北克在法律上不能仅用民主权利的原则片面地、单方面地宣布从加拿大联邦分离出去，因为这样做会侵犯到加拿大其他省份相同的民主权利，而所有省份都是加拿大联邦的组成部分。同时魁北克也不能用享有的民主权利来否定其在加拿大联邦中所承担的维护国家统一的责任，但加拿大联邦政府和其他省政府在宪法原则下，也不能拒绝魁北克民众运用民主权利、通过合法的民主程序来表达有关魁北克前途的意见。① 联邦最高法院的回答实际上否定了魁北克单方面从联邦分离的权利。

对于第二个问题，联邦最高法院作了与上述法学家释法相似的回答，即认为魁北克不符合行使民族自决权的任何条件。值得注意的是，联邦最高法院也不无客观地指出，国际法在实践中无法真正限制不符合宪法的、单方面的分离行为，但是分离的结果必须要得到国际社会尤其是当事国政府的承认。联邦最高法院强调，即使单方面的分离行为最终得到承认，其原初分离行为的合法性也不能得到宪法和国际法的追认。联邦最高法院这一表态，反映了在约束包括魁独在内的分离主义问题上，国际法的作用是十分有限的。联邦最高法院对第三个问题的回答是，在魁北克的单方面分

① 朱毓朝：《魁北克分离主义的挑战与近年来加拿大联邦政府在法律和政策上的应对》，《世界民族》2007 年第 4 期。

离权问题上，加拿大国内法与国际法并不存在矛盾。①

三 联邦议会制定《清晰法案》

需要指出的是，虽然前述法学家释法和联邦最高法院的法律解释都从法理或法律上否定了魁北克的单方面分离权，但它们都没有能够从根本上否定魁北克的分离权本身，所有的法理（法律）解释都认为魁北克实现分离必须满足一系列法律和政治条件。为了能够清楚地呈现这些法律和政治条件，加拿大联邦议会在法学家释法和联邦最高法院法律解释的基础上，制定和通过了《清晰法案》。《清晰法案》肯定和接受了加拿大联邦最高法院提出的四项基本原则，明确规定欲分离的省份（魁北克）只有在实体和程序上满足联邦主义、民主政治、宪政主义和尊重少数四大原则的情况下，其分离诉求才可以进入与联邦政府及其他省份的协商谈判程序。具体而言，《清晰法案》规定了两大程序和实体方面的内容。第一，在（魁北克）独立公投举行之前，联邦议会下议院有权对公投的议题是否清晰、明确作出判断；第二，独立公投举行之后，联邦议会下议院有权判断赞成独立的投票是否构成了一个“清晰的多数”（a clear majority）。法案虽然没有具体规定“清晰的多数”的百分比，但暗示应该是“绝对的多数”（supermajority）而绝不是50% +1 票。此外，法案还允许联邦议会下议院推翻独立公投的决定，前提是如果它认为独立公投违反了上述四个原则中的任何一个。

除了授予联邦议会下议院以上权力以外，法案还强调加拿大的所有其他省以及第一民族都应参与到有关魁北克分离的协商谈判中，协商谈判达成一致同意的，还需要修改宪法等。总之《清晰法案》对魁北克分离主义设置了种种法律的和政治的关卡，以至于一些评论者认为，如果按照《清晰法案》，魁北克的分离主义梦想恐怕永远只能停留在“梦想”中。时任法裔联邦总理克雷蒂安常说，《清晰法案》是他联邦政治生涯中最为骄傲的成就之一。

---

① 这样的解答一方面反映了在魁北克没有加入联邦宪法之前，加拿大的国内法难以对魁北克产生契约意义上的约束，另一方面也说明，加拿大国家所秉持的联邦主义、宪政主义、民主政治以及保护少数等原则在实质上与贯穿国际法精神的自由主义价值相一致。

四 援引保护魁北克境内其他少数族裔权利的原则牵制魁独势力

除了用联邦主义、民主政治和宪政主义原则来限制魁北克独立以外，联邦政府、联邦最高法院以及联邦议会等还公开援引保护少数原则来制衡法裔魁北克人。联邦政府作为土著民族权利保护的“受托人”或义务者，一再警告魁北克分离主义者必须认真考虑和妥善处理居住在魁北克北部的土著民族的诉求。因为联邦政府不仅有义务保护作为少数人的法裔魁北克人，同样也有义务保护土著少数民族。联邦最高法院在回答联邦政府的第一个问题时指出：联邦尊重魁北克法裔少数民族权利的同时，也要求法裔魁北克尊重和保障其领土范围内的其他少数族裔的权益。联邦议会在《清晰法案》中不仅确认保护魁北克法裔少数民族的合法分离权，同时也保护魁北克境内土著民族和其他少数族裔群体的分离权。如此，在分离问题上，魁北克法裔人面临着进退两难的选择。按照保护少数的原则，法裔人作为联邦的少数民族有权利选择自己的身份和政治地位，甚至有权利选择退出联邦；同样作为（联邦）魁北克境内的少数民族和族群，土著民族和其他少数族裔群体也有权利选择从魁北克分离或继续留在联邦内。因此，当魁北克法裔人片面强调魁北克领土“不可分割”的时候，魁北克北部的克里族大酋长针锋相对地提出“没有我们的同意，我们的民族及我们的土地是不会并入独立的魁北克国家中的”①。在魁北克第二次公投前夕，魁北克的印第安克里族人和因纽特人都分别举行了自己的公投，结果显示两个民族主张留在联邦或反对魁北克独立的人均超过了95%。② 在参加魁北克公投的11万土著人中，反对独立的人数也占到62%以上。③ 除了土著民族以外，魁北克境内还有61万占比8.7%的英裔少数民族和人口占比达9.5%的新移民少数族裔群体，他们也由于种种原因反对魁北克独立或坚持继续留在加拿大联邦内。事实上，正是因为这些少数民族（族群）的踊跃参与，才使得联邦以微弱的优势取得守护联邦的胜利。公投失败后，魁北克总理亚克斯·帕里佐（Jacques Parizeau）不无伤感地说

---

① The Globe and Mail, March 30, 1995.

② The Gazette (Montreal), October 28, 1995.

③ John Saywell, *Canada: Pathways to the Present*, revised edition, Toronto: Stoddart, 1999, p. 108.

"我们是失败了，但那是败给了金钱和一些其他族裔的投票(ethnic vote)"①。这里的"其他族裔"指的就是土著民族、新移民少数族裔群体和英裔民族。

加拿大少数民族（族群）众多的、权利诉求各异的历史和现实状况，使得联邦政府在维护联邦统一和应对少数民族（族群）的权利诉求方面，有了纵横捭阖、权利平衡、权力制衡甚至"以夷制夷"的强大合法性工具。保护少数原则在赋权魁北克的同时，也将其权力（利）限制在一定范围内。作为少数民族，法裔魁北克人当然有自治甚至自决的权利，但是作为魁省境内的主体民族，法裔魁北克人又承担着保护其境内少数民族（族群）的义务。面对同一种原则和法理，魁北克法裔人无法采取双重标准，即魁北克法裔人不能一方面坚持自己作为少数民族的权利，另一方面又否认其他少数民族的相应权利。联邦政府正是利用魁北克的这种进退两难之势，使其陷入了进退两难、矛盾相刺的不利局面。总之在保护少数的原则下，加拿大政府在抑制魁北克分离问题上取得了重要的成功。

五　在魁北克实施联邦主义教育项目

联邦政府在推行种种政治的和法律的措施的同时，还大力在魁北克推行爱国主义教育项目，这些项目的推行对于宣传联邦主义，争取魁北克民众的民心起到一定作用。②

第五节　应对新移民少数族裔的多元离心或自我隔离问题

应对新移民少数族裔的多元离心或者说自我隔离问题是加拿大联邦在实践中面临的又一个重要任务。新移民少数族裔群体虽然没有土著民族和法裔民族所谓的主权诉求，但是由于其来源（国）广泛，语言、宗教和文化成分复杂，加上大部分移民选择集中居住等因素，移民各自的族群、宗教和文化认同对加拿大的国家整合与社会团结造成严重冲击。为应对移

① Ronald Rudin, From the Nation to the Citizen: Quebec Historical Writing and the Shaping of Identity, Robert Adamoski, Dorothy Chunn, and Robert Menzies, eds, *Contesting Canadian Citizenship: Historical Readings*, Toronto: University of Toronto Press, Higher Education Division, 2002, p. 103.

② 当然，由于项目实施中存在的大面积的腐败现象，这些项目并没有起到应有的作用。

民的多元离心和自我隔离问题，20 世纪 90 年代以来，加拿大政府开始推行强调公民忠诚和责任的入籍政策，同时，对实行了多年的多元文化主义政策进行调适，强调发展适用于各类移民的国家共同文化，以期消除“连字符公民”，构建淡化族裔差别的“加拿大人”。

一　严格公民入籍政策，强调公民的忠诚和责任

1993 年自由党联邦政府推出“加拿大公民：共享的责任”报告，强调要加强公民的责任意识。1996 年，加拿大公民身份与移民部提出要成为一个加拿大公民就必须“忠诚于加拿大；忠诚于加拿大女王和她的代表；遵守加拿大的法律”①。1998 年 12 月 7 日，自由党政府向议会提交了 63 号法案（Bill C－63：the Citizenship Act of Canada），要求严格加拿大的移民准入政策。在随后的表决中，加拿大公民身份和移民部的官员强调移民入籍加拿大公民必须符合四个条件，即移民申请入籍时必须已经取得永久居住权；必须向加拿大证明自己的忠诚；必须证明自己已经掌握了有关加拿大的知识和加拿大的价值观；必须已经熟练掌握了官方语言。新的公民法案修改了公民宣誓词，增加了“忠诚和拥护加拿大”“捍卫我们的民主价值观”和“履行公民义务”等内容。② 值得注意的是，新公民法案增加了“从今往后”这样的时间节点，强调新移民少数族裔培育新的认同的重要性。

与此同时，加拿大政府采取各种政策措施包括免费官方语言培训、教育和就业培训、社会救助等来强化公民的整合与融入。2000 年开始设立加拿大“公民周”，在每年的 10 月份用一周的时间来宣传国家认同、社会团结和公民责任。进入 21 世纪以来，加拿大的国家认同和公民身份建设进入了一个新的阶段。2002 年的《加拿大公民法》（C－18）正式写入了“新公民必须尊重加拿大的权利和自由并支持民主价值观”，同时官方语言的打分权重新提升到 24 分。此后，通过一系列的新政策和法律修正案，强化了公民身份的授予和管理。2009 年的公民身份法修正案和相关

---

① Michelin Labelle, François Rocher, “Debating Citizenship in Canada: the Collide of Two Nation-building projects, Pierre Boyer,” see Linda Cardinal, David Headon, *From Subjects to Citizens: a Hundred Years of Citizenship in Australia and Canada*, Ottawa: University of Ottawa Press, 2004, p. 266.

② The Citizenship Act of Canada, 1999.

政策对海外出生的加拿大人的第二代的入籍做出了限制性规定。① 2010 年开始实施新的公民入籍考试指南，将移民了解加拿大的内容扩展至政治制度、军队历史和族裔及社群文化等方面，要求入籍人士必须全面了解加拿大历史和主流社会的价值观，自觉参与并融入加拿大社会。新指南强调了加拿大的男女平等政策和理念，明确禁止家庭暴力、荣誉谋杀和女性割礼等一些新移民群体可能带来的陋习。2011 年 7 月，加拿大公民身份和移民部以材料造假等理由宣布撤销 1800 多名移民的加拿大公民身份。这一严厉的处置措施表明，加拿大政府在公民身份准入和公民身份价值建设方面将采取更加严格的标准和措施。

二　调适多元文化主义政策，发展国家共同文化

20 世纪 90 年代以来，加拿大对多元文化主义政策的效果进行评估。在相关报告的基础上，联邦政府决定调适多元文化主义政策的目标，决心以“社会公正、认同和公民参与”为价值原则，建立一个具有包容力和凝聚力的多民族的统一的联邦。为此，在机构设置方面，1991 年联邦政府把 1973 年建立的“多元文化主义部”改为“多元文化主义与公民身份部”，以此来寓意多元文化主义与公民身份建设的联系。1993 年联邦政府又以“加拿大遗产部”取代“多元文化主义与公民身份部”，后者由一个独立的“部级”单位降格为遗产部下的两个亚单位。随后自由党联邦政府又重新整合成立公民身份与移民部，同时将多元文化事务置于遗产部主管加拿大认同的部门。对此机构设置的变化，公民身份与移民部部长塞尔吉奥·马尔奇（Sergio Marchi）解释说是为了“在出生即为加拿大人和入籍为加拿大人之间建立一个共同的纽带”，以此来强调加拿大国家与社会的统一性。马尔奇认为将公民身份与移民并提意味着“除了权利，更强调责任”②。

在调整机构设置的同时，加拿大政府开始逐年调低在多元文化项目上的投入。1998—2001 年，加拿大遗产部对多元文化项目的拨款只占到同

---

① 新法案按规定，海外出生的子女如只有父母一方为加拿大公民的不能自动获得加拿大国籍。

② Christina Louise Gabriel, *Recasting Citizenship: The Politics of Multiculturalism Policy in Canada*, New York University, 1997, pp. 76, 242 - 243.

一时期投向国家认同项目的七分之一多，官方语言项目的近四分之一。[①] 21 世纪以来，加拿大政府继续加大移民安置和培训方面的投入。2005 年联邦政府进一步提高在移民的整合与安置方面的投入，宣布在未来的 5 年内将投入增加到 2.98 亿元。[②] 在“多元文化主义法实施的年度报告（2007—2008 年）”中，加拿大政府提出了整合的多元文化主义（Integrative Multiculturalism）概念，从而将加拿大的多元文化主义发展到一个新阶段。国家对新移民少数族裔群体的整合也相应进入了一个新的阶段。

三 消除连字符公民，尝试构建“加拿大人”

“连字符加拿大人”（Hyphenated Canadians）如“华裔加拿大人”“意大利裔加拿大人”“西班牙裔加拿大人”等是 1971 年以来多元文化主义政策的副产品之一。连字符加拿大人在给新移民少数族裔提供过渡性的身份，化解文化、语言压力的同时，也使得他们产生了身份和认同固化的弊端。最明显的一个例证是，一些二代甚至三代的新移民仍然以“外国人”的眼光看待加拿大。连字符加拿大人不仅受到加拿大主流社会和一些政党的批评，而且一些原本移民加拿大想成为一个“完全意义上”的新移民少数族裔成员也对这一隔离式的概念表达了不满。

基于此，在继续承认多民族、多族裔认同的同时，为促进加拿大国家认同和打造非族裔背景的“加拿大人”，从 1996 年开始，加拿大的人口普查首次把“加拿大人”作为一个单独的族裔来源（ethnic origin）来统计。到 2001 年有 670 万人（占比 23.7%）的加拿大公民认为自己只有单一的加拿大“血统”[③]。2006 年有大约 1006 万人（占比 1/3）的加拿大公民认同自己的加拿大血统，其中 575 万人（占比 24.3%）把加拿大血统视为他们自己唯一的族裔来源。此外，在统计的政治考量方面，还有一个引人注目的变化就是，从 2006 年起加拿大联邦统计局不再突出教育、就业等统计中的民族或族裔身份差别。

---

① Michelin Labelle, François Rocher, “Debating Citizenship in Canada: the Collide of Two Nation-building Projects,” Pierre Boyer, Linda Cardinal, David Headon, *From Subjects to Citizens: a Hundred Years of Citizenship in Australia and Canada*, Ottawa: University of Ottawa Press, 2004, p. 269.

② Irene bloemraad, *Becoming a Citizen: Incorporating Immigrants and Refugees in the United States and Canada*, Berkeley: University of California Press, 2006, p. 251.

③ Vic Satzewich, Nikolaos Liodakis, *Race and Ethnicity in Canada, a Critical Introduction*, Toronto: Oxford University Press, 2007, pp. 152 – 153.

随着加拿大国家认同和公民身份建设的深入推进和联邦政府对多元文化主义政策的调适以及加拿大各民族（族群）在政治参与、经济发展、社会融入等方面的平衡并进，将会有越来越多的出生在加拿大本土的二代、三代新移民少数族裔成员更加认同加拿大血统，甚至将加拿大血统作为唯一的族裔身份认同。加拿大新移民少数族裔的完全融入只是一个时间问题。

结束语

加拿大是一个典型的多民族国家。世界上多民族国家的主要少数民族（族群）类型都能在加拿大找到。在处理纷繁复杂的民族问题的历史过程中，加拿大积累了丰富的经验，也留下了值得思考的历史教训。经验方面：第一，加拿大成熟的宪政体制和相应的机制，使得包括民族问题在内的纠纷、冲突解决具有确定性、可预测性和安全性。第二，司法部门在解决民族问题中发挥了独特的作用，司法中立于政府和少数民族（族群），其"不偏不倚"的裁决不仅有效地约束了行政部门，阻止其权力的滥用，而且也将少数民族（族群）的诉求限制在合理范围内。不仅如此，司法裁决还在少数民族（族群）权利保护的标准认定方面发挥了重要的作用（如土著民族和新移民少数族裔的许多权利诉求都是由司法裁决"盖棺定论"的），此外司法机关尤其是联邦最高法院对加拿大宪法的适用，使得宪法在维护国家利益和少数民族权利方面成为一种"活"的力量。第三，各级行政机关尤其是联邦和省级政府善用协商、谈判、行政裁决的方式解决具体的权利争议，表现出了很高的务实性和灵活性（如在土著民族自治问题上，在宪法没有明确规定、司法没有明确裁决的情况下，联邦政府率先以协商谈判的形式解决问题），极大地提供了解决民族问题的效率。第四，在协商解决民族问题或少数民族（族群）权利诉求的过程中，包括政府和少数民族（群体）在内的各方当事人都善于妥协、善用妥协。可以说，妥协精神是加拿大得以成功解决民族问题、维护联邦统一的重要法宝。第五，整个社会形成了浓厚的包容氛围，表现为主流社会对少数民族（族群）的包容；非土著民族对土著民族的包容；英裔民族对法裔民族的包容，等等。特别值得一提的是，"二战"尤其是多元文化主义政策实施以来，加拿大主流社会的民族主义情绪始终淡薄，人们一般不会为所谓的"国家整合""民族精神"而去支持缺乏包容力的政策或立法。这种普遍包容或宽容的氛围对于加拿大民族问题的和谐、和平解决具有重要的作用。正是因为上述经验，使得加拿大在国内复杂的民族（族群）关系与格局中，保持了长期的政治稳定、经济和社会的良好发展。

教训或不足方面：第一，主权观念的"三元化"问题。由于历史的原因加拿大国家一开始就形成了一种三元化的民族结构，这种民族结构不同于一般的主权框架下的亚民族结构，它是一种三个"Nation"的三元结构即土著民族、英裔民族和法裔民族，其中英裔民族和法裔民族又可以并称为"双头民族主义"。在长期的博弈中，加拿大先后出现了三个"建国民族"。三个建国民族的并存和英裔、法裔双头民族主义的相互激烈竞争，导致加拿大国家始终难以形成一个强有力的主体性文化，联邦的向心力和凝聚力因此受到一定程度的损害。第二，国家结构制度设计的模糊性。虽然加拿大建国时宪法基本明确了国家的联邦性质，并且联邦的国父们（不论是英裔还是法裔）都清楚无误地表示他们所建立的是"一个新的国家（nation）"，一个"新的政治民族"（a new political nationality），"一个单一的大国"（a single great power），"一个屹立于世界民族之林的强大的国家"①，但是由于加拿大国家形成过程的特殊性，联邦（中央）政府与各省（地方）的权力关系始终存在着一定程度的不确定性。一些西部省尤其是魁北克省在某些特殊历史时刻，为了扩大自身权益，有意将加拿大解释成"邦联"而不是联邦。当然，这种国家结构制度解释上的随意性也与加拿大历史上对"confederation"使用和理解有关。② 第三，宪法中的分离权问题。英属北美时期的三个宪法性文件（即1763年《皇室公告》、1774年《魁北克法案》《1791年宪法法案》）以及第一部具有宪法性质的成文法1867年的《不列颠北美法案》及现行的1982年宪法，均没有能够有效地解决省权与联邦权在实际运行中存在的问题，尤其是没有规定省脱离联邦的程序与合法性问题的有关内容。虽然，1995年魁北

① Eugene A. Forsey, How Canadians govern themselves 8th ed. Produced by the Library of Parliament, Canada, This publication is also available online at: www. parl. gc. ca/publications.

② 1867年加拿大自治领建立时，英国殖民者和加拿大人都用"confederation"来指谓"一个联省而成的单一的主权民族国家"。以至于在加拿大"confederation"有着与其本意不相关的、额外的一层意义即"创立或加入加拿大联邦国家的过程"。Eugene A. Forsey, How Canadians govern themselves, First Edition, 1980。

克第二次公投后出台的《清晰法案》和联邦最高法院的有关解释对魁北克分离权的实现和设定提出了条件，但由于魁北克的分离问题本质上是一个宪法问题，而现行的加拿大宪法并没有明确规定组成加拿大的各省的分离权问题，导致魁北克问题的解决始终缺乏宪法依据。退一步来说，即使是现行宪法规定了各省包括魁北克的分离权问题，但由于魁北克省迟迟未加入加拿大联邦宪法，使得通过宪法解决魁北克分离问题的行动一直缺乏正当性（legitimacy）。第四，政党制度的地区化和民族化影响地区和少数民族的整合。像许多西方民主国家一样，加拿大的自由政党制度在解决其民主及民族问题中发挥了重要作用。但是由于种种原因，自由主义的政党制度并没有能够从根本上化解地方主义和地区民族主义给加拿大带来的离心甚至是分离的危险。一些政党被严重的地方化或民族化，成为纯粹的地方或民族主义利益的代言人，第五，族群发展失衡问题依旧突出。无论是传统自由主义体制，还是新兴的多元文化主义制度，均没有从根本上解决各个族群在政治参与、经济分享和文化身份方面的失衡问题。具体表现在：（1）魁北克的高度政治参与并没有消除其分离倾向；（2）新移民的政治参与、经济分享不足与文化身份的冲突严重影响他们的加拿大国家认同；（3）土著民族有限的政治、经济参与及文化上的边缘化严重影响他们对联邦的认同，如此等等。

加拿大在民族治理方面的经验和教训对中国具有重要的启发意义，限于篇幅以下仅纲要性地论及。

第一，加拿大实质意义上的“多元两体”格局在对形成和发展有利于加拿大联邦的多元主义的同时，也对其统一和稳定造成一定的不利影响。“多元（各个民族和族群）”是“权利”与“活力”的源泉，而“两体（英法两个建国民族）”则容易导致一种结构性的矛盾。正如卡尔加里大学社会学教授希勒·哈利所说的那样，如果一个国家处于支配地位的族群只有一个，那么趋向于主导文化特殊本质的现象就会增多；如果存在着诸如英裔和法裔两个相互冲突的族群，那么社会就一直会处于对族群本身的认同状态。① 这样一来，统一的国家认同就会受到明显的不利影响。相形之下，中国的“多元一体”，显然更有利于在保持国家活力的同时，巩

① Hiller Harry H, *Canadian Society: a Sociological Analysis*, Toronto: National Urban League, 1976, pp. 107 – 108.

固和强化统一的多民族国家。

第二，加拿大的经验教训表明，传统的以自决权为理念的隔离式的“民族自治”已不适应全球化和国内高度流动的现实。解决问题的方向在于改革和发展现有的民族自治模式，探索出一种“关联式”（relational）的、“非均质化”的民族自治模式。在我国民族区域自治制度及实践的不断探索与完善就是符合这一方向的一种努力。兼顾民族和地方因素是非均质化民族自治模式的一种典型形式。

第三，在处理中央政府与民族地方关系方面，要适度放权（decentralization），明确中央与民族地方的权力界限，鼓励民族地方与中央政府两个主体的积极性和责任意识，并将其宪法化、机制化，建立一种长久、稳定的中央与民族地方关系。

第四，将解决民族问题——这一特殊性因素纳入公民—国家的普遍主义框架下，用国家主权原则、民主政治原则、宪政主义原则和保护少数原则统领民族问题的解决。如此，不仅可以有效避免统一国家受到特殊主义的腐蚀，而且可以使少数民族（族群）在实现权利保障的同时，避免被主流社会边缘化的危险。也就是说，民族问题的解决须与民主问题的解决同时进行。

第五，由于民族问题是一个既有阶段性特点的“活”问题，又是一个牵动全局的重大原则性问题，在处理民族问题上，不能“以不变应万变”，更不能“以巨变应万变”，而是要踏踏实实地认真研究每一个现实问题，严肃思考每一个相关价值原则，做到既不僵化保守，也不灵活突进。最后，建立一个主动性的、富有前瞻性的民族问题治理智库体系，避免在处理民族问题上陷入疲于应付或“应对”的不利局面。

参考文献

中文类

[加] 沃尔特怀特等:《加拿大政府与政治》，刘经美、张正国译，北京大学出版社 2004 年版。

阮西湖:《加拿大民族志》，民族出版社 2004 年版。

[加] 迪克·加尔诺:《印第安人——加拿大第一民族的历史、现状与自治之路》，李鹏飞、杜发春编译，民族出版社 2008 年版。

[加] 罗伯特·博斯韦尔:《加拿大史》，裴乃循等译，中国大百科全书出版社 2012 年版。

[加] 格莱兹布鲁克:《加拿大简史》，山东大学翻译组译，山东人民出版社 1972 年版。

[英] 温斯顿·丘吉尔:《英语国家史略》（下），薛力敏等译，新华出版社 1985 年版。

姜芃:《加拿大民主与政制》，社会科学文献出版社 1993 年版。

阮西湖主编:《加拿大与加拿大人》（三），中国工人出版社 1994 年版。

阮西湖:《加拿大民族志》，中国社会科学出版社 1986 年版。

贺建涛:《二战后加拿大少数族群公民身份的构建与调适》2013 年，南开大学博士论文。

[美] 菲利克斯·格罗斯:《公民与国家》，王建娥译，新华出版社 2003 年版。

许章润:《“无主土地”:一个法律神话》，《读书》1999 年第 7 期。

[加] 乔治斯·伊拉兹马斯、乔·桑德斯:《加拿大的历史:一位土著人的观点》，钱梁美译，《民族译丛》1994 年第 4 期。

梁妍、李娜等译：《异域风情丛书：加拿大》，中国水利水电出版社 2001 年版。

潘汉典译：《1982 年加拿大宪法文件》，《法学译丛》1982 年第 5 期。

周少青：《非均质化民族自治——多民族国家处理民族自治问题的一种新范式》，《当代世界与社会主义》2013 年第 5 期。

周少青：《多元文化主义视阈下的少数民族权利问题》，《民族研究》2012 年第 1 期。

周少青：《加拿大移民是怎样看待自己的国家认同的》，《中国民族报》2012 年 10 月 12 日。

王俊芳：《加拿大多元文化主义政策》，中国社会科学出版社 2013 年版。

宋家珩：《十八—十九世纪英国对加拿大的殖民政策》，《文史哲》1985 年第 6 期。

张友伦：《加拿大通史简编》，南开大学出版社 1994 年版。

姜梵主编：《加拿大民主与政制》，社会科学文献出版社 1993 年版。

储建国：《当代各国政治体制：加拿大》，兰州大学出版社 1998 年版。

宋家珩：《枫叶国度——加拿大的过去与现在》，山东大学出版社 1989 年版。

甘艳平：《论魁北克的“平静革命”》，《法国研究》2010 年第 4 期。

丁见民：《二战后加拿大的土著民族自治政策及存在问题》，《山东师范大学学报》（人文社会科学版）2007 年第 6 期。

常士訚：《走出“虚假联合”：加拿大多元文化主义政策的现实困境及 21 世纪变革方向》，《西南民族大学学报》（人文社会科学版）2010 年第 9 期。

高鉴国：《加拿大多元文化政策评析》，《世界民族》1999 年第 4 期。

王建波：《魁北克拒绝签署加拿大〈1982 年宪法法案〉的原因探析》，《历史教学》2011 年第 16 期。

孙卫华、刘彦龙：《加拿大魁北克问题论析》，《世界民族》2004 年第 1 期。

［加］安顿 · L. 阿拉哈：《主流族群与少数族群的权利之辨：论加拿大黑人、社会团体与多元文化主义》，《深圳大学学报》（人文社会科学版）2011 年第 3 期。

王英：《民族和解与多元共建》，《民族论坛》2013 年第 1 期。

郭跃：《加拿大政府的土著民族自治政策述评》，《大连大学学报》2010年第4期。
龙太江：《西方民主政治中的妥协精神》，《文史哲》2005年第2期。
朱毓朝：《魁北克分离主义的挑战与近年来加拿大联邦政府在法律和政策上的应对》，《世界民族》2007年第4期。
[英] 阿克顿：《自由史论》，译林出版社2001年版。
[英] 埃德蒙·柏克：《自由与传统》，商务印书馆2001年版。
[美] 罗伯特·达尔：《多元主义民主的困境》，求实出版社1989年版。
[美] 卡尔·科恩：《论民主》，商务印书馆1988年版。
[美] 罗伯特·达尔：《民主理论的前言》，三联书店1999年版。
李节传编著：《加拿大通史》，上海社会科学院出版社2014年版。

英文类

Statistics Canada Official Website.

Anita Kalunta-Crumpton, *Race, Ethnicity, Crime and Criminal Justice in the Americas*, Palgrave Macmillan, 2012.

Douglas R. Francis, Richard Jones and Donald B. Smith, *Origins: Canadian History to Confederation*, Toronto: Nelson Education Ltd., 2009.

Calloway, Colin, *The Scratch of a Pen*: 1763 *and the Transformation of North America*, Oxford University Press, 2006.

Pitamber Kaur, Federalism and Political Separatism, *A Case Study of Quebec in Canada*, South Asian Publishers, 2000.

Derek H. Davis, *Religion and the Continental Congress, 1774 – 1789: Contributions to Original Intent: Contributions to Original Intent*, Oxford University Press, 2000.

Caffrey, Kate, *The Twilight's Last Gleaming: Britain vs. America 1812 – 1815*, New York: Stein and Day, 1977.

Ronald J. Dale, *The Invasion of Canada: Battles of the War of 1812*, James Lorimer & Company, 2001.

A. T. Mahan, "The Negotiations at Ghent in 1814," *The American Historical Review*, Vol. 11, No. 1, Oct., 1905.

Kaufman, Erik. "Condemned to Rootlessness: The Loyalist Origins of Canada's Identity Crisis," *Nationalism and Ethnic Politics*, Vol. 31, 1997.

Hogg, Peter W. , *Constitutional Law of Canada* (*5th ed.*), Toronto, Ontario: Carswell 2007.

Eva Mackey, *The House of Difference: Cultural Politics and National Identity in Canada*, Routledge, 1999.

William Lewis Morton, *the Canadian Identity* (second edition), University of Toronto Press, 1972.

Edgar McInnis, Canada: *A Political and Social History*, Toronto: Holt, Rinehart and Winston, 1982.

Arthur R. M. Lower, *Colony to Nation: A History of Canada*, Toronto: Longmans, Green & Company, 1946.

William Lewis Morton, *the Canadian Identity* (second edition), University of Toronto Press, 1972.

K. McNeil, *Common Law Aboriginal Title*, Oxford: Clarendon Press, 1989.

Shankar A. Yelaja, ed. *Canadian Social Policy*, Wilfrid Laurier University Press, 1987.

Indian Chiefs of Alberta, "Citizens Plus," *Aboriginal Policy Studies*, Vol. 1, No. 2, 2011.

Alan Cairns, *Citizens Plus: Aboriginal Peoples and the Canadian State*, Vancouver: UBC Press, 2000.

William Wuttunee, *Ruffled Feathers*, Calgary: Bell Books, 1971.

Harold Cardinal, *The Unjust Society. The Tragedy of Canada's Indians*, Edmonton: Hurtig, 1969.

Harry B. Hawthorn, ed, *A Survey of the Contemporary Indians of Canada: A Report on Economic, Political, Educational Needs and Policies*, Vol. 1, Ottawa: The Queen's Printer, 1966.

Richard C. Powless, "Native People and Employment: A National Tragedy," *Currents*, 1985 (2).

Edgar J. Dosman, *Indians: The Urban Dilemma*, Toronto: McClelland and Stewart Limited, 1972.

Ronald L. Watts and Douglas M. Brown, eds, *Options for a New Canada*, Toronto: University of Toronto Press, 1991.

J. R. Miller, *Skyscrapers Hide the Sky: A History of Indian-White Relations in Canada*, Toronto: University of Toronto Press, 2000.

Robert Menzies, eds, *Contesting Canadian Citizenship: Historical Readings*, Toronto: University of Toronto Press, 2002.

Augie Fleras and Jean Leonard Elliott, *the "Nations Within": Aboriginal-state Relations in Canada, the United States, and New Zealand*, Toronto: Oxford University Press, 1992.

J. R. Miller, *Skyscrapers Hide the Heavens: A History of Indian-White Relations in Canada*, Toronto: University of Toronto Press, 1989.

Mark A. Scott, *Aboriginals' Quest For Recognition: Assimilation and Differentiated Citizenship*, The University of Western Ontario, 1998.

Kieth Banting and Richard Simeon Eds. *And No One Cheered; Federalism, Democracy and the Constitution Act*, Toronto: Methuen, 1983.

Shankar A. Yelaja, ed. , *Canadian Social Policy*, Wilfrid Laurier University Press, 1987.

Alain Cunningham, *Canadian Indian Policy and Development Theory*, New York: Carland, 1999.

Robert M. Dawson, *the Government of Canada*, Toronto: University Press, 1948.

Reginald Coupland, *The Durham Report*, Oxford: The Clarendon Press, 1946.

Donald Creighton, *Canada's First Century*, Toronto: Macmillan of Canada, 1970.

Kenneth McRoberts, *Quebac: Social Changes and Political Crises*, Toronto: McClelland and Stewart Inc. , 1988.

Francisco Aldecoa and Michael Keating eds. , *Paradiplomacy in Action : The Foreign Relations of Subnational Governments*, London: Frank Cass, 1999.

Ramsay Cook, *Watching Quebec*, *Selected Essays*, McGill-Queen's University Press, 2005.

"Canada-Quebec Immigration Agreements (1971 – 1991) and Their Impact on Federalism," *American Review of Canadian Studies*, Volume 38, Issue 1, 2008.

Robin Mathews, *The Canadian Intellectual Tradition: A Modern People and its Community*, Simon Fraser University Press, 1990.

Jane Jacobs, *Quebec and the Struggle over Sovereignty*, New York: Random House, 1980.

A Hundred Years of Immigration to Canada 1900 - 1999, Canadian council for refugees.

Robert Menzies, eds, *Contesting Canadian Citizenship: Historical Readings*, Toronto: University of Toronto Press, 2002.

Harry Con, Edgar Wickberg, *From China to Canada: A History of Chinese Communities in Canada*, Toronto: McClelland and Stewart in association with the Multiculturalism Directorate, 1982.

Lubomyr Luciuk (ed.), *In Fear of the Barbed Wire Fence: Canada's First National Internment Operations and the Ukrainian Canadians, 1914 - 1920*, Kingston, ON: Kashtan Press, 2001.

John Herd Thompson, *Ethnic Minorities during Two World Wars*, Ottawa : Canadian Historical Association, 1991.

Evelyn Huang, *Chinese Canadians, Voices from A Community*, Vancouver: Douglas & McIntyre, 1992.

Vic Satzewich, *Racism in Canada*, Don Mills, Oxford University Press, 2011.

David Chuenyan Lai, *Chinatown: Towns Within Cities in Canada*, Vancouver: University of British Columbia Press, 1988.

Miriam Verena Richter, *Creating the National Mosaic: Multiculturalism in Canadian Children's Literature from* 1950 *to 1994*, Amsterdam: Rodopi, 2011.

Patrick Macklem, *Indigenous Difference and the Constitution of Canada*, University of Toronto Press, Incorporation 2001, Reprinted 2002.

Erin Tolley, Multiculturalism Policy Index: Immigrant Minority Policies, *School of Policy Studies*, Queen's University at Kingston, 2011.

Will Kymlicka, "Testing the Liberal MulticulturalistHypothesis: Normative Theoriesand Social Science Evidence," *Canadian Journal of Political Science*, Vol. 43/2, 2010.

Peter Moogk, *La Nouvelle France: the Making of French Canada: a Cultural History*, Michigan State University Press, 2000.

ReneLévesque, *A Option for Quebec*, Toronto: McClelland and Stewart Inc. , 1968.

Mario Cardinal, *Breaking Point: Quebec, Canada, The* 1995 *Referendum*, Montreal: Bayard Canada Books, 2005.

Joanna Everitt and Brenda O'Neill, *Citizen Politics: Research and Theory in Canadian Political Behaviour*, Oxford University Press, 2001.

"Frances Swyripa and John Herd Thompson, Loyalties in Conflict, Ukrainians in Canada During the Great War," *Edmonton: Canadian Institute of Ukrainian Studies*, University of Albert, 1983.

Jefferey G. Reitz, Rupa Banerjee, "Diversity, Inequality, and the Cohesion of Canadian Society Research Findings and Policy Implications," University of Toronto, May, 2006.

Carl E. James and Adrienne Shadd, *Talking about Difference: Encounters in Culture, Language and Identity*, Toronto: Between The Lines, 1994.

John R. Mallea & Jonathan C. edited, *Cultural Diversity and Canadian Education: Issues and Innovations*, Young. Ottawa : Carleton University Press, 1984.

Alexander Morris, *The Treaties of Canada with the Indians of Manitoba and the North-West Territories: Including the Negotiations on Which They Were Based and Other Info Thereto*, Toronto: Willing and Williamson, 1880.

Timothy C. Winegard, *For King and Kanata: Canadian Indians and the First World War*, Winnipeg : University of Manitoba Press, 2012.

Tom Flangan, *First Nations? Second Thoughts*, McGill-Queen's University Press, 2008.

Ramsay Cook, "Canadian Centennial Celebration," International Journal, Vol. 22, No. 4, 1967.

Ramsay Cook, "Identities are not like hats," *Canadian Historical Review*, 81, 2, June, 2000.

Peter H. Russell, *Leading Constitutional Decisions*, Carleton University Press, 1987.

Garth Stevenson, *Unfulfilled Union, Canadian Federalism and National Unity*, McGill-Queen's University Press, 2004.

Richard J. Van loon, Richard S. Whittington, *the Canadian Political System: Environment, Structure and Process*, McGraw-Hill Ryerson Ltd. , 1987.

Michael Bliss, "Revitalizing the Mind: the Sundering of Canadian History, the Sundering of Canada," *in Journal of Canadian Studies*, Vol. 26, No. 4, 1991 - 1992 winter.

Raymond Aron, *Democracy and Totalitarianism: A Theory of Political System*, The University of Michigan Press, 1990.

Olive Patricia Dickason, William Newbigging, *A Concise History of Canada's First Nations*, Oxford University Press, 2006.

John Saywell, *Canada: Pathways to the Present*, revised edition, Toronto: Stoddart, 1999.

Robert Adamoski, Dorothy Chunn, and Robert Menzies, eds, *Contesting Canadian Citizenship: Historical Readings*, Toronto: University of Toronto Press, Higher Education Division, 2002.

Linda Cardinal, David Headon, *From Subjects to Citizens: a Hundred Years of Citizenship in Australia and Canada*, Ottawa: University of Ottawa Press, 2004.

Christina Louise Gabriel, *Recasting Citizenship: The Politics of Multiculturalism Policy in Canada*, New York University, 1997.

Irene bloemraad, *Becoming a Citizen: Incorporating Immigrants and Refugees in the United States and Canada*, Berkeley: University of California Press, 2006.

Vic Satzewich, Nikolaos Liodakis, *Race and Ethnicity in Canada, a Critical Introduction*, Toronto: Oxford University Press, 2007.

后　记

本书的收集资料和写作开始于2012年中期，转眼已是2017年年底。五年多来，世界包括加拿大所在的美洲发生了许多与民族问题相关联的大事件：频发的移民（难民）背景的恐怖袭击，猖獗的宗教民族主义，日益蔓延的“伊斯兰恐惧症”，狂飙猛进的白人种族（民族）主义，等等。尤其是加拿大的南邻美国，更是被种族主义、宗教保守（极端）主义和安全问题所困厄。相形之下，加拿大不论是在传统的种族主义问题上，还是在新近发生的宗教极端（保守）主义问题上均表现出相当程度的免疫力。这一点与加拿大政府近半个世纪以来，始终坚持妥善处理民族关系，通过政策和理念大力促进民族间的和谐相处和相互宽容、容忍有着密切的联系。可以说，在困扰美国社会的种族（民族）关系和宗教问题上，加拿大都有着可圈可点的经验或成功做法。尤其难能可贵的是，加拿大能够在与其文化和语言上十分相近的近邻美国的种种不利因素的冲击下，既遏制住了在美国社会猖獗的白人至上种族主义运动，又通过立法严防伊斯兰恐怖症的传播，从而在这个种族（民族）关系紧张、宗教冲突频发的世界上，为其他国家和人民提供了一个各民（种）族和谐相处、各宗教相安无事的范例。所有这一切我们都可以从加拿大特定的国家历史、民（种）族关系结构以及加拿大政府为应对这一特定的国家历史和民（种）族关系结构而付出的巨大努力中寻找到答案。这也是我们推出这本专著的主要目的之一。

关于本书的写作，需要说明几点，第一，由于写作时间拉得过长，成文时相对较新的资料数年之后显得有些陈旧，笔者所使用的“大数据”大多以2006年联邦统计局的大调查数据为主，少数资料更新到2013年左右。考虑到加拿大社会的保守、渐进甚至相对“停滞”等特点，这种时间上的后滞对研究的时效性基本可以忽略；第二，严格说来，本书是国内为数不多的系统研究加拿大“民族问题”的专著，带有某种探索性的特征，因此，不论是从资料的占有，还是在观点和方法方面都存在不少有待完善的地方；第三，本书在写作过程中得到不少中加学者和同行的支持和帮助，他们有的来自英裔族群，有的来自法裔族群，有的来自新移民群体，还有几位来自印第安群体。由于过程太长和时间的侵蚀，笔者已经不能一一道出他们的名字，这里只提及若干直接提供过帮助的人，他们分别是加拿大多伦多大学法学院的 Bruce Chapman、Hamish Stewart、Patrick Macklem、Ian Lee 教授，约克大学的 Susan Henders 教授、Francis Garon 教授以及女王大学的 Will Kymlicka 教授等；中方专家和同行中需要感谢的有天津师范大学的常士訚教授、王坚博士、云南农业大学教授兼中国加拿大研究会会长杜发春博士，《世界民族》杂志编辑部包胜利主任以及许多就加拿大民族问题进行讨论的学者同道。这里尤其要感谢的是南开大学贺建涛博士，在加期间他经常与笔者探讨加拿大的民族问题。贺博士勤学慎思，在研究加拿大的民族问题方面积累了丰富的资料，这些资料特别是一些具有“历史细节”的史料对本书的写作起了重要作用。

今年正值加拿大建国 150 周年，不少加拿大同行希望我在这一重要的年份出版这本著作，他们中有人曾认真地表示要学好中文，争取把我这个不远万里来到加拿大研究“加拿大民族问题”的中国学者的作品翻译成英文，以满足那些迫切想知道一个标准的 outsider 是如何研判加拿大民族问题的。这里，我只想说，希望他不要让我等得太久。

2017 年 10 月于北京时代庐峰